自衛権の系譜（増訂版）

西嶋美智子

自衛権の系譜
戦間期の多様化と軌跡
（増訂版）

信山社

増訂版はしがき

　本書の初版は，2022年3月に出版された。この初版の「はしがき」に，「国家による力の行使をいかに実効的に規律し，国際社会の平和と安全を実現するのかということは，国際法学における難問の一つである」と記した。それから現在まで3年あまりの間に，国際社会の平和と安全を実現することの困難さをより一層実感させるような出来事が世界各地で起こっている。

　たとえば，初版原稿の脱稿後，2022年2月にロシアによる「特別軍事作戦」が開始し，2025年3月現在も戦闘が継続している。2023年10月には，パレスチナ自治区のガザ地区を実効支配するハマスがイスラエルを奇襲したことに端を発し，イスラエルがガザ地区に対して空爆や砲撃を繰り返した。武力不行使原則や武力紛争法をはじめとした国際法規則に明白に違反する行為が繰り返され，国際法の存在意義を問う声すら聞こえてくる。

　しかし，その主張の妥当性や明瞭さは措いておくにしても，ロシア，そしてイスラエルも，自国の武力行使の一つの根拠として国際法上の自衛権を援用しており，国際法の存在自体を否定していないことには一抹の希望を見出すことができる。

　その一方で，自衛権が武力行使の正当化根拠とされることに鑑みると，国家による武力行使を実効的に規律するために，自衛権概念の外縁を明確化する必要性は依然として高いと言える。ロシアによる「特別軍事作戦」が，2022年3月2日の緊急特別総会の場で「侵略」と認定されたのは，自衛権概念の核たる部分が明確であったからに違いない。

　本書は，現在の自衛権概念を明確化することを究極の目的に据え，自衛権概念の歴史的系譜を辿るものである。初版の刊行から3年あまりの間に，書評執筆の労を取ってくださった東京大学の森肇志先生，静岡大学の川岸伸先生をはじめ，諸氏より貴重なご指摘をいただいた。時間的・能力的な制約により，応えられなかったものも多いが，重版に伴い，内容や表現を全体的に見直した。初版第8章は「太平洋戦争」として日本の主張のみを扱ったが，本版ではこれを「第二次世界大戦」に改め，欧州での開戦から太平洋戦争開戦に至るまでの，

増訂版はしがき

　連合国援助を含めたアメリカの国家政策とその自衛権による正当化も検討した。上記「特別軍事作戦」開始後から続くアメリカのウクライナに対する武器供与は、集団的自衛権をもって正当化されてはいないものの、それを迅速にする国内法は第二次世界大戦期の「武器貸与法」という名を冠しており、当時の国家政策に範をとっているものとみなせる。

　本書が、現在の自衛権概念を明確化するための、また諸国家の行動原理を理解するための一助となることを願っている。そして改めて、本書に対するご批判と、ご教示を仰ぎたい。

　筆者は、2023年より久留米大学法学部に身を置き、研究・教育活動に従事している。研究に専念できる環境と志高く温かい同僚に恵まれ、これまで研究を継続することができた。この場を借りて厚く御礼申し上げたい。

　最後に、増訂版の出版にあたっても、信山社の髙畠健一氏には、完成に至るまで細やかな助言と多大なご助力をいただいた。心より感謝申し上げたい。

2025年3月

西嶋美智子

はしがき

　国家による力の行使をいかに実効的に規律し，国際社会の平和と安全を実現するのかということは，国際法学における難問の一つである。本書の根底に据えられているのも，この問いである。

　国家による力の行使の究極の形態である戦争や武力行使は，とりわけ戦間期以降，国際法による規律の対象となっていった。そして国連憲章は，一般的な形で武力行使を禁止した。その一方，国連憲章は，自衛権に基づいた武力行使を例外的に許容している。しかし，この自衛権の発動要件については，国連憲章制定後70年以上を経た現在でも決して明確であるとは言えない状況にある。自衛権概念を明確にすることは，例外的に武力を行使しうる場合がいかなる場合かを明らかにすることである。したがって，国家による武力行使を実効的に規律するためには，自衛権概念を明確化することが必要である。

　筆者の研究は，現在の自衛権概念を解明することを究極の目的に据えるものであるが，本書では，自衛権概念の歴史的系譜を辿り，19世紀から国連憲章制定前までの自衛権概念を明らかにすることを試みた。本書は，2010年に九州大学に提出した博士論文「戦間期の『戦争の違法化』と自衛権 —— 戦間期日本の実行を対象とした議論を中心として」及び初出一覧掲載の論文を基礎とし，これに大幅な加筆修正を加えたものである。

　筆者は，欧州在住中の1991年，ユーゴスラビア紛争に身近に触れ，冒頭の問いの原形を幼少期から持ち続けることになった。大学院では，幼い問題意識のままに国際法を専攻し，自衛権の研究に足を踏み入れることになったが，自身の能力不足を痛感することばかりであった。まがりなりにも現在まで研究が続けられたのは，多くの方々の御指導と御助力あってのことである。全ての方々のお名前を挙げることはできないが，紙幅の許す範囲で，お礼を申し上げたい。

　大学3年生後期に履修した，柳原正治先生の国際法の講義の記憶は，今でも鮮明である。教壇の後ろに果てしなく広がる世界が垣間見え，すぐに先生の研究室の扉を叩いた。それ以来，国際法学に限らず，学問や仕事に向き合う姿勢

はしがき

等，柳原先生にご教示いただいたことは数えきれない。学生時代から現在まで厳しくも温かいご指導を賜った柳原先生に，まずは感謝の意を表したい。吾郷眞一先生には，博士課程の一時期，指導教員を引き受けていただき，また博士論文の審査委員を務めていただいた。研究者として，また実務家として生きる姿勢を間近に見せて下さり，公私ともにたくさんのことを学ばせていただいた。韓相熙先生にも，博士課程の一時期の指導教員を引き受けていただき，また博士論文の審査委員も務めていただいた。複数の言語を駆使した国際法史研究から学んだことは非常に多い。また，壁にぶつかる度に様々な相談に乗っていただき，常に前向きなアドバイスと激励をいただいた。深町朋子先生は，育児をしながら研究を続けることが可能であることを身をもって示して下さり，またそのための工夫とコツを多く教えて下さった。目標とする研究者の一人でもある。以上の先生方，そしてここでお名前を挙げることのできなかった九州大学大学院法学研究院の諸先生方の御指導と御助力なしには，これまで研究を続けることはできなかった。心よりお礼を申し上げたい。

九州国際法学会では，何度も報告の機会をいただき，その度に的確なご批判とご指摘を頂戴した。本書を刊行することができるのも，会員の先生方のお陰である。また，九州大学大学院法学研究院では，国際法専攻者のみならず他分野専攻者との学問的交流の中から研究上の着想を得ることも多く，またその交流が，苦しい研究生活の支えになった。

九州国際大学法学部に赴任後は，自由な研究環境を与えられ，同僚，付属図書館の方々をはじめ多くの方々に支えられてきた。これまで研究を継続できたのも，この研究環境と支援によるところが大きい。

柳原正治先生，沖祐太郎氏，小栗寛史氏には，本書の拙い草稿に丁寧に目を通していただき，詳細なコメントをいただいた。また，久留米大学法学部の森茂樹先生（近代日本政治外交史）には，史料の所在や史実について大変丁寧にご教示いただいた。後藤啓倫氏には，日本政治外交史に関連する部分についての詳細ご指摘を頂いた。記して御礼申し上げる。当然ながら，本書に関する全責任は筆者にある。

出版事情が一段と厳しい中，本書公刊をご快諾下さった信山社の袖山貴氏，稲葉文子氏，今井守氏に，またとりわけ，担当編集者として本書刊行まで筆者

はしがき

を叱咤激励し，また根気強く校正作業に付き合って下さった髙畠健一氏に心からの謝意を捧げたい。

　本書は末延財団の出版助成を受け，2020年度中に出版予定であった。しかし，2020年からのコロナ禍において，多くの大学図書館が外部者の入館を禁止し，感染対策のために他大学への本の貸し出しを謝絶する時期が続いた。本書の刊行準備は，この影響を受けて大きく遅延し，結果的に一年間刊行を遅らさざるを得ない状況となった。末延財団と信山社には，多大なご迷惑をおかけした。心よりお詫び申し上げたい。

　本研究は，学術振興会の科学研究費補助金（特別研究員奨励費15J40127）の成果の一部である。特別研究員（RPD）制度がなければ，出産・育児による研究中断後，研究を再開することは不可能であっただろう。本制度立ち上げのきっかけとなった多くの先達と，本制度の維持に尽力されている方々に深謝申し上げたい。

　最後に，筆者の研究活動を理解し支援し続けてくれている家族にも感謝の気持ちを捧げたい。

　2022年1月

西嶋美智子

目　次

　　増訂版はしがき
　　は し が き
　　初 出 一 覧

◆ 序　　章 ……………………………………………………………………………… *3*

　　1　問題の所在（*3*）
　　2　検討の視座（*10*）
　　3　本書の構成（*13*）

──────── ◆　第Ⅰ部　自衛権概念の萌芽　◆ ────────

◇ 第Ⅰ部の概要（*18*）

◆ 第1章　19世紀の国家実行 ………………………………………………………… *19*

　　第1節　デンマーク艦隊事件（1807年）……… *19*
　　第2節　アメリア島事件（1817年）……… *20*
　　第3節　米墨国境事件（1836年）……… *21*
　　第4節　カロライン号事件（1837年）……… *23*
　　第5節　ヴァージニアス号事件（1873年）……… *24*
　　第6節　ベーリング海漁業事件（1886年）……… *25*
　　第7節　小　括……… *27*

◆ 第2章　19世紀の学説 ……………………………………………………………… *28*

　　第1節　自己保存権……… *28*
　　　1　欧　米（*28*）
　　　2　日　本（*51*）
　　第2節　自己保存権（自衛権）と戦争……… *56*
　　　1　欧　米（*56*）

2　日　本 (62)

　第3節　小　括………68

第Ⅱ部　新たな自衛権概念の出現

◇ 第Ⅱ部の概要 (72)

第3章　第一次世界大戦直後の条約 …………………………………73

　第1節　国際連盟規約………73

　第2節　相互援助条約………75

　第3節　国際紛争平和的処理に関する議定書………77

　第4節　ロカルノ条約………78

　第5節　小　括………80

第4章　不戦条約 ……………………………………………………82

　第1節　新たな自衛権概念………82

　第2節　不明瞭な自衛権概念の外縁………85

　　1　自衛権の範囲をめぐる各国の見解 (85)

　　2　「自己判断」をめぐる各国の見解 (99)

　第3節　小　括………102

第5章　戦間期の学説 …………………………………………………104

　第1節　自衛権論一般………105

　　1　欧　米 (105)

　　2　日　本 (112)

　第2節　先行行為………120

　第3節　権利行使の対象………121

　第4節　正当化される措置………122

　　1　戦争の制限・禁止 (122)

　　2　正当化される措置 (124)

目　次

　　　第 5 節　必要性・均衡性………128
　　　第 6 節　小　括………131

第Ⅲ部　異なる自衛権概念の混在

◇ 第Ⅲ部の概要 (136)

◆ 第 6 章　満 州 事 変 ……………………………………………137
　　　第 1 節　事実の概要………137
　　　第 2 節　日本政府の主張………138
　　　第 3 節　国際連盟の諸機関および諸国家の見解………142
　　　　1　戦争に至らない武力行使について（142）
　　　　2　自衛権について（144）
　　　第 4 節　国際法学者の見解………152
　　　　1　欧　米（152）
　　　　2　日　本（156）
　　　第 5 節　小　括………159

◆ 第 7 章　日 華 事 変 ……………………………………………161
　　　第 1 節　事実の概要………161
　　　第 2 節　日本政府の主張………162
　　　第 3 節　中国および国際連盟の諸機関の見解………166
　　　　1　中国の主張（166）
　　　　2　極東諮問委員会報告書（167）
　　　第 4 節　国際法学者の見解………170
　　　　1　欧　米（170）
　　　　2　日　本（172）
　　　第 5 節　小　括………176

- 第 8 章　第二次世界大戦……………………………………………178
  - 第 1 節　事実の概要………178
  - 第 2 節　日本政府の主張とその評価………181
    - 1　日本政府の主張（181）
    - 2　アメリカの評価（191）
    - 3　日本の国際法学者の見解（193）
  - 第 3 節　アメリカ政府の主張とその評価………203
    - 1　アメリカ政府の主張（203）
    - 2　日本の評価（217）
  - 第 4 節　小　括………219
- 終　章……………………………………………………………………223
  - 1　19世紀〜20世紀初頭の自衛権（223）
  - 2　戦間期〜戦中期の自衛権（225）
  - 3　結　論（229）

主要参考文献（巻末）

索　引（巻末）

初 出 一 覧

本書の内容の一部は，はしがきに示した博士論文と以下の論文を大幅に加筆修正したものである。

第Ⅰ部
　第2章　「十九世紀から第一次世界大戦までの自己保存権と自衛権」『九大法学』第102号（2011年）

第Ⅱ部
　第3章・第4章　「戦間期の『戦争の違法化』と自衛権」『九大法学』第103号（2011年）

　第5章　「一九三〇年代前半から中葉までの自衛権 ── 満州事変を中心として」『法政研究』第78巻第4号（2012年）

第Ⅲ部
　第6章　「一九三〇年代前半から中葉までの自衛権 ── 満州事変を中心として」『法政研究』第78巻第4号（2012年）

　第8章　「太平洋戦争開戦直前の自衛権 ── 日米交渉期の日米を中心として」『法政研究』第83巻第3号（2016年）

　第8章　「第二次世界大戦参戦前のアメリカの連合国援助とその国際法上の正当化根拠」『放送大学研究年報』第36号（2019年）

＊漢字の旧字体は新字体に，変体仮名は現代仮名遣いに，歴史的仮名遣いは現代仮名遣いに適宜改めた。
＊引用文中の下線や強調は，特記がない限り原典にしたがっている。強調記号は統一した。

自衛権の系譜(増訂版)

序　章

1　問題の所在

　2001年9月11日の同時多発テロ事件以降，国際法上の自衛権をめぐる議論はそれ以前にも増して盛んになっている。非国家行為体が国際社会において存在感を増すにしたがって，現在ではとりわけ自衛権を非国家行為体に対しても行使しうるかという問題が激しい議論の対象となっている。

　現代国際法上どのような場合に自衛権を行使しうるかをめぐっては，国連憲章制定直後から論争が繰り広げられ，現在に至ってもなお，国家実行も国際法学者の見解も一致しておらず決して明確であるとはいえない。自衛権は，国連憲章第2条4項が禁止する武力行使を例外的に許容する権利であるが，どのような場合に自衛権を行使しうるのかが明確でなければ，同条項が規定する武力不行使原則の実効性を確保しえない。したがって，武力行使を実効的に規律するためには，国家が自衛権を行使しうる場合を明確にしなければならない。

　国連憲章第51条は，自衛権を規定している最も基本的な条文だとされる。この条文は，「国際連合加盟国に対して武力攻撃が発生した場合には，……個別的又は集団的自衛の固有の権利を害するものではない」と規定しているが，この「国際連合加盟国に対して武力攻撃が発生した場合 (if an armed attack occurs against a member of the United Nations ; dans le cas où un Membre des Nations Unies est l'objet d'une agression armée)」という用語に関連して，大きく分けると以下の三つが論点となる。

　第一に，事項的問題である。自衛権の対象を問題とする。武力攻撃の定義は何か，武力攻撃以外の行為に対しても自衛権は行使しうるか，という問題である。

　第二に，時間的問題である。武力攻撃開始後でないと自衛権は行使できないのか，あるいは先制自衛が許されるのか，といった問題である。

　第三に，人的問題である。自衛権の先行行為の主体・自衛権行使の対象は国家のみなのか，あるいは非国家行為体も含むのか，といった問題である。

序　章

「武力攻撃が発生した場合」という用語をめぐるこれらの三つの論点のうち，上記同時多発テロ以降は，特に第二・第三の問題，すなわち時間的問題と人的問題に焦点が当てられることが多かった[1]。しかし，第一の問題についても，依然として議論の対象とする意義が失われているとは言えない[2]。その理由は以下の通りである。

学説において，自衛権の先行行為は武力攻撃のみであるとする説が有力に主張されている[3]。また，近年の国際司法裁判所の判決を通して，自衛権は武力攻撃に対して行使しうるものとされ，この武力攻撃とは何かということも，不完全ながらも説明されるようになってきた。周知の通り，ニカラグア事件判決では，「最も重大な形態の武力行使」である武力攻撃と，「より重大でない形態の武力行使」とが区別され，武力攻撃に対しては自衛権が，「より重大でない形態の武力行使」に対しては均衡のとれた対抗措置をとることができると判示された[4]。武力攻撃と武力行使をその重大性に基づいて区別するこの判決は，オイルプラットフォーム事件判決，コンゴ領域武力活動事件判決にも大きな影

---

(1) ごく一部の文献のみを挙げると，第二の問題については，Gray, C., *International Law and the Use of Force* (4th ed., Oxford University Press, 2018), at 170-175；浅田正彦「国際法における先制的自衛権の位相──ブッシュ・ドクトリンを契機として」『21世紀国際法の課題（安藤仁介先生古稀記念）』（有信堂，2006年）287-342頁など。第三の問題については，O'Connell, M. E., et al. *Self-Defence against Non-State Actors* (Cambridge University Press, 2019)；Bethlehem, D., "Self-Defense Against an Imminent or Actual Armed Attack by Nonstate Actors," *American Journal of International Law*〔hereinafter, *AJIL*〕, Vol. 106 (2012), at 770-777；浅田正彦「非国家主体と自衛権──「侵略の定義」決議第3条(g)を中心に」『普遍的国際社会への法の挑戦（芹田健太郎先生古稀記念）』（信山社，2013年）821-858頁；川岸伸「非国家主体と国際法上の自衛権（一）〜（三・完）──九・一一同時多発テロ事件を契機として」『法学論叢』第167巻第4号・第168巻第2号・4号（2010〜2011年）；川岸伸「イスラエルによるガザ侵攻と Jus ad Bellum」『国際問題』第722号（2024年）6-15頁；本吉祐樹「'Unwilling or Unable' 理論をめぐる議論の現状──その起源，歴史的展開を中心に」『横浜法学』第26巻第1号（2017年）153-191頁など。双方の問題を論じるものとして，Corten, O., *Le droit contre la guerre : L'interdiction du recours à la force en droit international contemporain*, Troisième édition revue et augmentée (Pedone, 2020), at 647-746など。

響を与えた。ユスフ国際司法裁判所判事は，2012年の論文の中で，ニカラグア

---

(2) 第二，第三の問題についても，学説の対立は続いている。しかし，2016年の Leiden Journal of International Law では，「武力行使の制限的学識の未来（The Future of Restrictivist Scholarship on the Use of Force）」という特集が組まれ，とりわけ第二，第三の問題について扱った論文において，「武力行使についての通説は，制限的見方から拡大的見方に劇的に変わっている」とも指摘される（Van Steenberghe, R., "The Law of Self-Defence and the New Argumentative Landscape on the Expansionists' Side," *Leiden Journal of International Law*, Vol. 29（2016）, at 43）。もっとも，いずれの論点についても，自衛権を制限的に解釈する説も依然として根強い。例えば，Hmoud, M., "Are New Principles Really Needed? The Potential of the Established Distinction Between Responsibility for Attacks by Nonstate Actors and the Law of Self-Defense," *AJIL*, Vol. 107（2013）など。ICJ の立場については，川岸，同上「（一）」107頁や，Gray, *Id.*, at 142-143を参照。また，第三の論点についての見解の対立については，Henderson, C., *The Use of Force and International Law*（Cambridge University Press, 2018）, at 208-211；田中佐代子「非国家行為体に対する越境軍事行動の法的正当化をめぐる一考察——『領域国の意思・能力の欠如』理論（'unwilling or unable' doctrine）の位置づけ」『法學志林』第116巻第2・3合併号（2019年）271-314頁も参照。

なお，他国領域の非国家行為体からの攻撃に対抗するために自衛権を行使するための要件として，近年「領域国の意思・能力の欠如（unwilling or unable）」が国家実行でも主張されるようになり，また学説でもさかんに議論されている。これについては，例えば以下の文献を参照。Deeks, A. S., ""Unwilling or Unable": Toward a Normative Framework for Extraterritorial Self-Defense," *Virginia Journal of International Law*, Vol. 52（2012）, at 483-550；Green, J. A., "Destroying the Caroline: the Frontier Raid that Reshaped the Right to War," *Journal on the Use of Force and International Law*, Vol. 6（2019）, at 338-347；Martin, C., "Challenging and Refining the Unwilling or Unable Doctrine," *Vanderbilt Journal of Transnational Law*, Vol. 52（2019）, at 387-461；田中，同上；本吉，同上など。

(3) Nolte, G., Randelzhofer, A., "Article 51," Simma B. et al eds., *The Charter of the United Nations: A Commentary*, Vol. 2（3rd ed., Oxford University Press, 2012）, at 1403-1406.

(4) *Case Concerning Military and Paramilitary Activities in and against Nicaragua*（*Nicaragua v. United States of America*）, *Merits, Judgment, I. C. J. Reports 1986*, paras. 191, 193, 195, 249. 自衛権をめぐる近年の国際司法裁判所の判決については，次の文献に詳しい。浅田正彦「国際司法裁判所と自衛権——武力攻撃要件を中心に」浅田正彦ほか編『国際裁判と現代国際法の展開』（三省堂，2014年）388-430頁。

序　章

事件判決は，学者の批判にもかかわらず，何が武力攻撃かを評価する基本的基準として引き続き役立ち，武力攻撃概念のさらなる精緻化と微調整は，必然的に，裁判所によって明示された重大性の基準（gravity standard）を基礎としてなされなければならないだろうとの見解を表明した[5]。

しかし，上述したニカラグア事件判決で示された重大性の基準に対しては，根強い批判がある[6]。また，同判決以降の国家実行や学説においても，自衛権の先行行為を武力攻撃に限定しないものが見られる[7]。これは，例えば，上記第三の人的問題に関連して，非国家行為体に対する自衛権行使が認められるとする説の一つとして，「領域国の意思・能力の欠如が（国連＝筆者注）憲章第2条4項を含む国際義務の違反にあたり，その先行行為に対して，被害国は自衛権を行使することが認められる，という主張[8]」という形で田中により類型化されているものである[9]。このように，依然として，自衛権行使の対象を武力攻撃に限定していない見解も根強い。

以上のことから，第一の問題，すなわち，武力攻撃の定義や，武力攻撃以外の行為に対しても自衛権を行使しうるかについても，引き続き議論の対象とする意義は失われていない。

さて，この第一の問題のうち，自衛権は武力攻撃に対してのみ行使しうるか

---

[5] Yusuf, A. A., "The Notion of 'Armed Attack' in the *Nicaragua* Judgment and Its Influence on Subsequent Case Law," *Leiden Journal of International Law*, Vol. 25 (2012), at 470.

[6] Henderson, *supra* note 2, at 219-223 ; Higgins, R., *Problems and Process : International Law and How We Use It* (Oxford University Press, 1994), at 250 ; Dinstein, Y., *War, Aggression and Self-Defense* (6th ed., 2017), at 209-211.

[7] 田中「前掲論文」（注2）284-287頁の本文および脚注。

[8] 田中，同上，284頁。田中は，この説を，バウエットやウォルドックに代表される学者が提唱する従来の学説（後掲注12）の「延長線上」にあるとするが，「延長」された部分に位置するのが，領域国の意思・能力の欠如のみをもって自衛権の先行行為を構成する国際義務違反としてよいのかという問題であることを指摘する（田中，同上，286-287頁）。

[9] 国務省の法律顧問であったソーファーは，先行行為を武力攻撃に限定しないこのような主張の根拠を慣習国際法に置く（Sofaer, A. D., "Terrorism, the Law, and the National Defense," *Military Law Review*, Vol. 126 (1989), at 94）。

をめぐっては，国連憲章制定直後から盛んに議論され，戦後の最も優れた二つの自衛権研究でもこれについて全く異なる結論が提示されていた[10]。この点についての国際法学者の見解の相違は，国連憲章の解釈，国連憲章制定後の国家実行の分析結果が異なることのみ[11]によるのではなく，国連憲章制定前の自衛権の捉え方が異なることにも起因していた。具体的には，国連憲章制定前の自衛権に言及する論者のうち，武力攻撃以外の行為による法益侵害に対しても自衛権を行使しうると捉える者は次のように論じる。すなわち，武力攻撃以外の手段による法益侵害に対する自衛権の行使を許容するような慣習国際法が国連憲章制定前までに存在し，更にはそれが国連憲章制定後も存続しているとみなした上で，国連憲章も武力攻撃を伴わない違法な法益侵害に対して自衛権を行使することを許容する[12]（便宜上①説とする）。

これに対して，国連憲章制定前の自衛権に言及する論者のうち，国連憲章制定後，自衛権は武力攻撃[13]に対してのみ行使しうると捉える者は，国連憲章制定前の慣習国際法上の自衛権は武力攻撃に対してのみ行使しうるものであったと解した上で，国連憲章上の自衛権も武力攻撃に対してのみ行使しうると解釈する[14]（②説）。

---

[10] Brownlie, I., *International Law and the Use of Force by States*（Oxford University Press, 1963）; Bowett, D. W., *Self-Defence in International Law*（Manchester University Press, 1958）. 学説の対立状況について，Ruys, T., *'Armed Attack' and Article 51 of the UN Charter : Evolutions in Customary Law and Practice*（Cambridge University Press, 2010）, at 8–11.

[11] 国連憲章の解釈，国連憲章制定後の国家実行，国際司法裁判所の判決を論拠として，国連憲章制定後の自衛権の範囲を論じるものとして，Franck, T. M., *Recourse to Force*（Cambridge University Press, 2002）; Gray, *supra* note 1など。See also, Nolte, Randelzhofer, *supra* note 3；浅田正彦「憲法上の自衛権と国際法上の自衛権」村瀬信也編『自衛権の現代的展開』（東信堂，2007年）262-265頁。

[12] Waldock, C. H. M., "The Regulation of the Use of Force by Individual States in International Law," *Recueil des cours*, t. 81（1952）; Bowett, *supra* note 10; Higgins, R., *The Development of International Law through the Political Organs of the United Nations*（Oxford University Press, 1963）；筒井若水『自衛権――新世紀への視点』（有斐閣，1983年）など。

[13] 後掲注15も参照。

言い換えると，①説は，国連憲章制定前の自衛権を，武力攻撃以外の行為による法益侵害に対しても行使しうるものと広く捉えるのに対して，②説は，国連憲章制定前の自衛権を，国連憲章上の自衛権と同程度に狭く解する。
　①説と②説の国連憲章制定前の自衛権の捉え方をより詳細に検討すると，これらの説の相違は，戦争の違法化との関係における自衛権の捉え方の違いに帰着することが明らかとなる。すなわち，①説は，武力攻撃によらない法益侵害に対しても自衛権の行使を許容するような慣習国際法が戦間期以前から存在し，更には国連憲章制定後も一貫して存在していると捉える。言い換えると，①説は，戦争の違法化を，自衛権概念に根本的な変化をもたらした事象として重視していない。
　それに対して，②説の中には，一方で戦争の違法化によって戦間期以前の自衛権が制限されたという見解，その一方で，戦争の違法化の帰結として自衛権概念が新たに生じたという見解が存在する。この二つの見解をより詳細に検討すると，以下の通りである。
　前者は，ブラウンリーに代表されるように，戦間期以前の，自己保存権や自助とも同視されていた自衛権が，戦間期の戦争の違法化の過程で，対象行為を武力による攻撃のみとするまでに制限されたと解釈する。この説は，戦間期の戦争の違法化の過程で，特に不戦条約によって自助が制限されたとみなし，それに伴って自己保存権や自助と同視されていた自衛権は，権利一般の保護や紛争の解決のためには行使しえなくなり，武力による攻撃のみを対象とするまでに制限されるようになったとする[15]。
　後者は，アゴーに代表されるように，戦争の違法化がなされたことで戦争禁

---

[14] Brownlie, I., *supra* note 10 ; Ago, R., "The internationally wrongful act of the State, source of international responsibility (part 1) (concluded)," *Yearbook of the International Law Commission*, (1980) Vol. 2, Part One, State Responsibility Document A/CN. 4 /318/ADD. 5 - 7，Addendum to the eighth report on State responsibility, at 51-70；田岡良一『国際法上の自衛権（初版）』（勁草書房，1964年）など。ただし，国連憲章制定時の慣習国際法上は，自衛権は武力攻撃に対してのみ行使しえたのではないと解釈した上で，しかし国連憲章上の自衛権は武力攻撃に対してのみ行使しうると解釈する者も見られる（Nolte, Randelzhofer, *supra* note 3 ; Ruys, *supra* note 8 ；横田喜三郎『自衛権』（有斐閣，1951年）など）。

止の例外としての自衛権概念が新たに生まれたと解する[16]。この説によれば，自衛権は，自助が制限された社会で緊急の場合に例外的に行使することが許されるものであるが，そもそも自助が許されていた国際社会では違法状態の排除を常に自らの手で実行しうるのであり，したがって自衛権の存立基盤は存在し得なかった[17]。しかし，戦間期の戦争の違法化によって自助が制限されたことにより，国際社会にも自衛権の存立基盤が生まれることになる。このようにして生まれた自衛権は，禁止された戦争や武力行使[18]に対してのみ行使しうるものであるとする[19]。

　以上の検討から，自衛権が武力攻撃に対してのみ行使しうるのか否かをめぐる伝統的対立の一つの要因は，戦争の違法化の前とそれが進展する時期の自衛権概念をどのように観念するのかという点の相違にあることが明らかとなる。そうであるならば，国連憲章制定後の自衛権の範囲を明らかにするためには，戦争の違法化前とそれが進展する時期の自衛権の実体を分析し，解明する必要がある。しかし，国連憲章制定前の自衛権概念については，上記①説と②説を支持する論者として挙げた学者の影響力が大きく，それ以降の国際法学者には，これらの論者の説に依拠する者が圧倒的多数であり，国連憲章制定前の自衛権概念の実体を解明しようとする者はごく少数にとどまる。すなわち，国連憲章制定前の自衛権概念は，これまでに検討が尽くされているとは必ずしも言えない状況にある[20]。

---

[15] Brownlie, *Id.*, at 250, 280 ; Brownlie, I., "Use of Force in Self-Defence," *The British Year Book of International Law*, Vol. 37（1961），at 191-219. ただし，ブラウンリーは，国連憲章制定前の自衛権の対象行為として，武力行使（resort to force）や武力攻撃（attack by the forces of a state）といった語を区別せずに用いている。

[16] Ago, R., *supra* note 14 ; 田岡『前掲書』（注14）。

[17] 田岡，同上，1-29頁。

[18] 戦間期の戦争の違法化によって，形式的意味での戦争のみが禁止されたと解釈するか，あるいは武力行使も禁止されたと解釈するかは，論者によって異なる。この点については，第5章第4節1を参照。

[19] 田岡『前掲書』（注14）150-179頁。

[20] 森肇志『自衛権の基層──国連憲章に至る歴史的展開（増補新装版）』（東京大学出版会，2023年）6-7頁も参照。

序　章

　このような認識のもとに，本書は，戦争の違法化が進展する直前の時期である19世紀，そして戦争の違法化が進展した20世紀前半（国連憲章制定前まで）にかけての自衛権概念の変遷を明らかにすることを目的とする。

2　検討の視座

　本書における検討においては，特に以下の三点に着目する。

　第一に，自衛権概念は，自己保存権概念から，いつどのように区別されるようになったのか，また両概念の異同を論者がどのように捉えていたのかということである。後述する通り[21]，19世紀から現代までの国際法の体系書で19世紀の自衛権の先例として扱われる国家実行においては，自己保存権と自衛権は特段区別されることなく使用されていることが多かった。そもそもこの自己保存権とはどのような概念であり，それと自衛権がいつどのように区別されるようになったのか，そして区別されるようになった自衛権はどのような概念であったのかということを解明することが必要である。これはすなわち，自己保存権概念から自衛権概念が独立した過程を描き出すことであり，このことは，歴史上の自衛権概念を明確化するために不可欠な作業である。さらに，自己保存権は緊急権[22]とも区別されていなかったと指摘されることがある[23]。したがって，本書では自衛権と自己保存権との関係のみならず，自己保存権と緊急権との関係にも留意しながら検討を進める。

　第二に，戦間期の戦争の違法化が進展する中で，国家や国際法学者が，自衛権と自助との関係をどのように捉えていたのかということに着目する。上述した通り，ブラウンリーは，戦間期の戦争の違法化の過程で，とりわけ不戦条約によって自助が制限されたとみなし，それに伴って自己保存権や自助と同視されていた自衛権は，権利一般の保護や紛争の解決のためには行使しえなくなり，武力による攻撃のみを対象とするまでに制限されるようになったと解する。この説は，その根拠が必ずしも明確であるとは言えないものの，現在でも引用され[24]，大きな影響力を持っている。自衛権と自助との関係についての，ブラウ

---

[21]　第1章を参照。

[22]　緊急権については第2章第1節1(1)を参照。

[23]　Brownlie, *supra* note 10, at 46-47.

ンリーのこのような理解が妥当であるのかについては，国連憲章制定前の国家実行と学説を分析することによって改めて検証されなければならない。

　第三に着目するのは，19世紀の自己保存権ないし自衛権について，従来の研究においても重視されてきた先行行為のみならず，権利行使の対象[25]，そして正当化される措置が何であったかということである。具体的には，権利行使の対象については，19世紀の自己保存権ないし自衛権のそれは私人のみであったのかということである。また，正当化される措置については，戦争であったのかあるいは平時の権利侵害であったのかに着目する。その理由は以下の通りである。国連憲章に至るまでの自衛権概念の歴史的展開を論じた日本における近年の研究は，19世紀と戦間期の自衛権を次のように区別する。19世紀の自衛権は，領域国あるいは旗国が自国に対する私人による侵害を抑止できない場合に，自国民の生命・財産，場合によっては国家の安全そのものを保護するために，国境を越え，当該領域に侵入しあるいは公海上において，自らの手でそれを排除することを正当化するものであり，当該軍事行動は他国の領域あるいは旗国管轄権の侵害という形で発現し，自衛権の機能も，こうした侵害を正当化するものであった（「治安措置型自衛権」）[26]。一方で，戦間期に確立した自衛権の場合は，軍事行動は他国自体に対して向けられ，防衛戦争，ないし侵略への反撃を正当化するものであり，保護法益は国家の安全そのものであった（「防衛戦争型自衛権」）[27]。「治安措置型自衛権」は，領域侵害あるいは旗国管轄権の侵害という形で発現するが，先行行為の主体も自衛権行使の対象も私人であるのに対して，「防衛戦争型自衛権」は，戦争を正当化し，先行行為の主体も自衛権

---

[24] Nolte, Randelzhofer, *supra* note 3, at 1403；松井芳郎『武力行使禁止原則の歴史と現状』（日本評論社，2018年）53頁．See also, Ruys, *supra* note 10, at 10-11, 54-55.

[25] 「権利行使の対象」は，「先行行為の主体」と密接に関連する。すなわち，後者が私人であれば前者も私人，後者が国家であれば前者も国家となる可能性が高い。しかし，本書が対象とした時代の学説では，後者については言及されないことも多く，権利行使の対象が国家か私人かという観点からのみ論述されていることが多い。したがって，本書では，「権利行使の対象」を主たる検討対象とする。「先行行為の主体」については，論者が言及している場合にのみ取り上げる。

[26] 森『前掲書』（注20）53-97，272頁．

[27] 同上，99-161，272頁．

序　章

行使の対象も国家である。そして，戦間期には「治安措置型自衛権」と「防衛戦争型自衛権」という二つの異なる自衛権概念が並存していたとされる[28]。

しかし，19世紀の自衛権は，他国の領域侵害あるいは旗国管轄権の侵害のみを正当化する概念であり先行行為の主体も自衛権行使の対象も私人であるとの理解，そして，戦間期に上のような二つの自衛権概念が異なる概念として区別され，それらが「並存」していたという理解が妥当なものであるかについては，19世紀の学説上の自己保存権概念や，後述する戦間期の日本の実行も検討することによって，再検証する必要がある。具体的には，19世紀の自衛権（自己保存権）概念が，他国に由来する危険が発生する場合に，その国家に対する権利侵害を正当化することをも含んでいた可能性，戦間期については，上で挙げられた二つの異なる自衛権概念が厳然と区別されていなかった可能性，さらには，これらには分類されない自衛権概念を主張する国家や学説が存在した可能性を検証したい。

本書では，戦間・戦中期に自衛権が援用された事例として，満州事変，日華事変，第二次世界大戦の三つの国家実行を扱う。以下では簡単に，これらの事例を取り上げる意義を述べておきたい。満州事変，日華事変は，いずれも日本が自衛権を援用した事例である。また，第二次世界大戦の時期には，日本およびアメリカが自衛権を主張した。それにもかかわらず，先行研究では，これらの事例における自衛権の主張や，それに対する諸国家・国際法学者の見解は，十分に検討されてこなかった[29]。もっとも，これらの実行や学説を取り上げる理由は，単にこれらが先行研究で十分に扱われてこなかったためだけではない。以下の通り，これらの実行や学説の分析なしには，戦間・戦中期の自衛権概念

---

[28]　同上，165-209頁。

[29]　第二次世界大戦後の自衛権の先行研究で，これらの事例に多くの紙面を割いているのは，日本の研究である。このうち，田岡は満州事変を，横田は満州事変と太平洋戦争を，森は満州事変と盧溝橋事件をそれぞれ取り上げる。しかし，田岡と横田はこれらの事例における日本の行動が国際法に合致した自衛権の行使であったかという観点から，また，森は自衛権が何らかの制限に服するか否かという観点から限定的にこれらの事例を扱っているにすぎず，日本の主張，そしてそれに対する国際連盟，諸外国政府，国際法学者の評価を総合的に検討するものではない。田岡『前掲書』（注14）179-184頁；横田『前掲書』（注14）130-185頁；森『前掲書』（注20）131-135, 137-139頁。

を正確に把握することはできないと考えられるからである。

　満州事変，日華事変は，自衛権を主張する日本にとっては，自国領土を侵略する国家に対して，戦争や武力により反撃した事例ではない。そうではなく，自国領域外における自国の法益や自国民の生命・財産を，他国による侵害から守るために自衛権が主張された事例である。このような日本の主張が，国際連盟，諸外国の政府関係者や国際法学者，そして日本の国際法学者によってどのように評価されたのかを検討することによって，戦間期に，自衛権は，自国領土への攻撃がなくても自国領域外における自国の法益や自国民の生命・財産を守るために行使しうると捉えられていたのか否かを明らかにすることができると考えられる。

　また，第二次世界大戦を取り上げる理由は，以下の通りである。日本およびアメリカが当時主張した自衛権は，自国領土を侵略する国家に対して反撃をすることよりも，はるかに広い行動の自由を許すものであった。日本は，開戦理由の一つとして「自存自衛」を挙げ，自国の行動を対外的に正当化するための国際法上の根拠として「自衛権」を援用した。日本政府が主張したこの「自存自衛」や「自衛権」の実体を解明することによって，当時の，自己保存権概念や自衛権概念についての一つの捉え方を明らかにすることができると考えられる。また，アメリカは欧州での戦争開始から太平洋戦争開戦までの間，自衛権を援用して，連合国援助などドイツの侵攻に対抗するための国家政策遂行を正当化しようとした。アメリカが主張したこの自衛権を検討することで，当時の自衛権のもう一つの捉え方を示すことができると考えられる。

　以上の意味で，上記の三つの事例は，国連憲章制定前の自衛権概念を明らかにするために重要な，自衛権に関する国家実行である。また，戦間・戦中期に多様な自衛権概念が存在した可能性を検証するという本書の目的は，この三つの事例を検討することによって十分に果たしうる。

3　本書の構成

　本書は以下の順序で検討を進める。第Ⅰ部では，19世紀から20世紀初頭[30]ま

---

[30]　おおむね，近代国際法の完成期（1815年-1919年）（柳原正治ほか編『プラクティス国

序 章

でを取り上げ，自衛権概念の萌芽が現れた過程を明らかにする。第1章では，19世紀の国家実行を簡潔に分析する。その目的は，第一に，後に自己保存権や自衛権の先例として扱われる事例において，どのような場合にどのような行為が許されるとされたのかを明らかにすることである。第二に，これらの国家実行では，自己保存権と自衛権とが明確に区別されていなかったことを明らかにすることである。第2章では，まず，当時の学説上，自衛権がその項目の下で扱われていた自己保存権概念を概観する。次に，19世紀後半から「域外措置を正当化する自己保存権[31]」に注目が集まるようになったこと，19世紀末には自己保存権に対する批判の高まりの中で，自己保存権の中でも自衛権のみが唯一許容されると主張する者が現れたことを明らかにする。

　第Ⅰ部における検討は学説の分析に比重が置かれているが，それは以下の理由による。現在の国際法の体系書において，自衛権の先例として19世紀の事例が挙げられるが，それらの事例の中で用いられていた自己保存権や自衛権という語は，国家実行上も学説上も現在の国際法上の自衛権とは異なる内容を有するものであった。19世紀当時の自衛権という用語の，国家実行における意味に関しては，既に優れた先行研究がある[32]。しかし，19世紀の学説における自衛権や自己保存権の意味，そして19世紀の国家実行の積み重なりの中で，学説上の自己保存権や自衛権がどのように変遷していったのかということについては十分に研究されてきたとは言い難い。当時の学説は，現在と比較にならぬほど国際法の法源として重視されていたのであり，また少数の優れた国際法学者が国家実行も十分に反映させながら形成していったものである。学説のつぶさな検討なしには，当時の自己保存権概念および自衛権概念を正確に把握することはできない。したがって，本書では，自己保存権概念，そして自衛権概念の萌芽の過程を，19世紀の学説の分析を通して検討することにする。第1章で国家実行にもごく簡単に触れるものの，既に述べたように，それは自己保存権や自

　　際法講義（第4版）』（信山社，2022年）9頁）を対象とする。ただし，国家実行については，後に自己保存権や自衛権の先例として扱われる1807年のデンマーク艦隊事件も扱う。また，書籍については初版が1815年よりも前のものを取り上げることもある。
(31) 詳細は，第2章第1節1(2)を参照。
(32) 森『前掲書』（注20）；田岡『前掲書』（注14）。

衛権の先例とされる事例において，どのような場合にどのような行為が許されるとされたかを明らかにするため，また自己保存権と自衛権が区別されずに用いられていたということを実証するためである。後述する通り，デンマーク艦隊事件およびアメリア島事件については，外交交渉において当事国が自衛権を主張したという事実はない。しかし，後の国際法学者の一部が，これらの事例を自己保存権や自衛権の先例として扱うこと，またデンマーク艦隊事件については，自己保存権とも区別されていなかった緊急権概念の型に当てはまるものであったことから，重要な国家実行とみなしうる。したがって，これらの事例も第1章で簡単に扱う。

次に，第Ⅱ部ではまず，第一次世界大戦後の国際連盟規約や不戦条約といった，戦争を制限・禁止した条約を取り上げる。そして，このいわゆる戦争の違法化の過程で，それ以前とは異なる新たな自衛権概念が出現したこと，そして不戦条約上の自衛権は，その外縁が不明瞭であり，多様な解釈が見られたことを明らかにする。続いて，戦間期の学説を検討し，学説においてもまた多様な自衛権解釈が存在したことを明確にする。

そして第Ⅲ部では，満州事変・日華事変・第二次世界大戦という三つの国家実行を取り上げる。これらの事例における日本政府の主張，それに対する国際機関や諸国家，国際法学者の見解，そして第二次世界大戦についてはアメリカ政府の主張とそれに対する日本の評価を検討対象とする。この検討により，同じ自衛権という用語で表されていた概念の捉え方が，国や論者により相当に異なっていたことを明らかにする。

第 I 部
自衛権概念の萌芽

◇ 第Ⅰ部の概要 ◇

　第Ⅰ部では，19世紀から20世紀初頭にかけての時期を対象とし，自己保存権や緊急権を基礎として自衛権概念が萌芽した過程を明らかにする。

　第1章では，19世紀に国家が自己保存権や自衛権を援用したか，あるいは後の国際法学者が自己保存権や自衛権の先例と位置付けた国家実行を概観する。

　次に，第2章では学説を検討対象とする。まず，自衛権概念を明らかにする前提として，第1節1(1)で，欧米の学説上の自己保存権論一般を分析する。続いて，(2)で，自己保存権のうち，19世紀後半から注目が集まった「域外措置を正当化する自己保存権」を検討し，(3)で19世紀末から20世紀初頭の，自己保存権を批判する学説とその学説における自衛権概念を分析する。第1節2では，19世紀後半から20世紀初頭の日本の学説上の自己保存権・自衛権概念を検討する。最後に，第2節では，自己保存権（自衛権）と戦争との関係を，欧米・日本の順に検討する。

第1章　19世紀の国家実行

　本章では，19世紀において，国家が自己保存権や自衛権を援用した事例や，国家が自衛権を援用はしなかったものの，後の国際法学者が自己保存権や自衛権の先例と位置付けることがあった事例を取り上げる。具体的には，前者の事例として，1836年の米墨国境事件，1837年のカロライン号事件，1873年のヴァージニアス号事件，1886年のベーリング海漁業事件を扱う。また，後者の事例として，1807年のデンマーク艦隊事件と1817年のアメリア島事件を取り上げる。

第1節　デンマーク艦隊事件（1807年）

　ナポレオン戦争中の1805年，フランス・スペイン連合軍がトラファルガー海戦でイギリスに敗北した。その後，デンマークは艦隊保有量が世界第2位となり，それがフランスの手中に陥るかはイギリスにとっての重大な関心事項であった[1]。当時のデンマークは中立政策をとっていたが，仮にフランスがデンマークの艦隊を入手すれば，フランスはイギリスを攻撃するのに有利な立場に立つ，と考えられていた。

　1807年7月，イギリスは，コペンハーゲン沖に集結させた艦隊を用いた示威の下，自国と同盟を結ぶか，あるいは艦隊を引き渡すことを求め，交渉を開始した。デンマークがこれに応じなかったため，イギリスは同年8月，デンマークに対して攻撃を開始したが，数週間にわたる攻防の末，デンマークは9月に

---

[1]　デンマーク艦隊事件については，Kulsrud, C. J., "The Seizure of the Danish Fleet, 1807 : Background," *AJIL*, Vol. 32（1938), at 280-311 ; Hall, W. E., *A Treatise on International Law* (2nd ed., Clarendon Press, 1884), at 248-250 ; Oppenheim, L., *International Law : A Treatise : Peace*, Vol. 1（Longmans, Green and Co., 1905), at 179-180 ; 位田隆一「デンマーク艦隊引渡要求事件」国際法学会編『国際関係法辞典（第2版）』（三省堂，2005年）638-639頁；田岡良一『国際法上の自衛権（初版）』（勁草書房，1964年）61-63頁を参照。

◆第Ⅰ部　自衛権概念の萌芽

降伏し10月には艦隊をイギリスに引き渡した。しかし，この攻撃により，イギリスとデンマークの間で戦争状態が開始した。

　このイギリスの実行についてイギリス政府は，フランスがデンマーク艦隊を利用してイギリスに侵入する「危険が確実であり，急迫しており，著しいものであったため，緊急かつ重大な必要（urgent, paramount necessity）ある事態を構成しており，他に選択の余地がなかった」と述べた。

　この事例で，「当事国が self-defence を主張し，この主張をめぐって外交論争がなされたという事実はない」[2]。しかし，近年の研究では，イギリス政府が「本件における政府および海軍の行動は，フランスがデンマーク艦隊を手中に収める差し迫った危険を排除するための，『緊急避難（necessity）』ないし『自己保存（self-protection）[3]』に基づく措置であるとして正当化を試みた[4]」ことが明らかにされている。

　これが正当な自己保存権の事例であるか否かについては争いがあったものの[5]，後の国際法学者の一部は，この事例を自己保存権や自衛権の事例として扱っている。

第2節　アメリア島事件（1817年）

　アメリア島は現在のアメリカ合衆国フロリダ州北東に位置し，1817年当時はスペイン領であった[6]。19世紀の初頭は，南米のスペイン植民地が独立のため

---

(2) 田岡，同上，30頁。森肇志『自衛権の基層──国連憲章に至る歴史的展開（増補新装版）』（東京大学出版会，2023年）54頁も参照。

(3) 「自己保存」は，通常，self-preservation の訳語として用いられることから，本書では本引用を含めた引用部分を除き，self-protection には「自己保護」の訳語を充てる。

(4) 和仁健太郎『伝統的中立制度の法的性格──戦争に巻き込まれない権利とその条件』（東京大学出版会，2010年）174頁。森は，英国軍の総司令官によってなされた最後通牒の中で「自衛として」との文言が見られるが，これがデンマーク政府に対してではなく，デンマーク艦隊が停泊していた地域の住民に向けられたものであり，その性格が明確ではないことを指摘する（森『前掲書』（注2）93頁注161）。

(5) 第2章第1節1(2)(a)参照。この事例は，自己保存権とも区別されていなかった緊急権概念の型に当てはまるものであった。

(6) アメリア島事件については，Wharton, F., *A Digest of the International Law of the United*

の反乱を起こしていた時期である。その最中の1817年，マクレガーと称する冒険家が率いる集団が同島を占領し，この島を拠点としてスペインおよびアメリカの船を無差別に襲撃した。また，この島は，アメリカに向けた奴隷の密輸の中継地となり，アメリカから逃亡する奴隷をかくまう場所となり，またあらゆる種類の密輸のための基地となった。

スペインは，島の奪還を試みたものの，成功には至らなかった。そのため，アメリカは軍艦を派遣して略奪者を排除し，島を占拠した。

この事件において，実際の外交交渉で当事国が自衛権を主張したという事実はないが[7]，本件はカロライン号事件における状況と類似しており，後の体系書の中で自己保存権あるいは自衛権の事例として扱われることが多い。

第3節　米墨国境事件（1836年）

19世紀前半より，アメリカとメキシコの国境付近に居住していたメキシコ・インディアンは，アメリカ，メキシコ両国の住民を度々襲撃していた[8]。1836年4月21日，フォーサイス国務長官は，ゴロスティーサ駐米メキシコ公使に，テキサスのメキシコからの独立運動激化，懸念されているメキシカン・インディアンの敵対行為，アメリカの領域や国境管理に従事する米墨両国の監視員達を守る目的でゲインズ陸軍大将を国境に派遣するつもりである旨を伝えた。そして，軍隊が国境を超える可能性があること，そしてある地域を占領したとしても，それは敵対的感情を示すものでもないし，国境条約で正当化されない領有や主張をしたいということでもなく，その地域の混乱が終わり次第終了するものだと述べた。同年4月23日，ゴロスティーサは，軍隊が国境を超えることについて，独立国家としての権利に影響するのみならず，同国の利益を侵害するとの見解を表明した。

States, Vol. 1（Government Printing Office, 1886）, at 222-224；Moore J. B., *A Digest of International Law*, Vol. 2（Government Printing Office, 1906）, at 406-408；Oppenheim, *supra* note 1, at 180；田岡『前掲書』（注1）48-51頁を参照。

(7) 田岡，同上，30頁；森『前掲書』（注2）54頁。

(8) 米墨国境事件については，Moore, *supra* note 6, at 418-425；森『前掲書』（注2）56-61頁を参照。

◆ 第Ⅰ部　自衛権概念の萌芽

　1836年7月，テキサスのメキシコ・インディアンが騒乱を企てているという情報を受け，アメリカの軍隊がメキシコ領内に侵入し占領した。この侵入と占領に対して，メキシコは抗議した。
　アメリカは，自己保存と自衛の双方を援用して，侵入と占領を正当化した。アメリカの主張は以下の通りである。メキシコ領域のメキシコ・インディアンによる，アメリカ国民に対する敵意のある襲撃をメキシコが抑制できないため，アメリカは自国民保護の他の手段を取らなければならなくなった。その手段は，危険の性質に依存する。国境を越えた場所を占領する必要があれば，自己保存の義務は，そのような占領の権利を与える。このように，自己保存の大原則に基づいて，占領は正当化されるとする[9]。同じ措置は，自衛として必要な措置[10]，不変の自衛原則[11]に基づくものであるとも主張された。
　メキシコは，アメリカが自衛原則にのみ依拠しているとした上で，自衛原則が許されるのは，危険が急迫しており，他の手段で危険を避けることができず，予想される侵害が（自衛の手段の行使により）これから生じさせようとしている侵害よりも無限に大きいという，絶対的必要性がある場合とした。そして，メキシコの領域侵害が，以上の3つの不可欠な条件を伴う，このような性質の必要性から生じたとの結論にはまだ達せないと述べた[12]。
　以上のように，少なくともアメリカは，自己保存と自衛という語を厳格に区別することなく用いていた。メキシコは自衛原則にのみ言及しているが，この時点で既に，以下で検討するカロライン号事件でも提示された原則と同様の条件を提示していたことは注目に値する。

---

[9] "Asbury Dickins, Acting Secretary of State of the United States, to Manuel Eduardo de Gorostiza, Mexican Minister to the United States, October 13, 1836," in Manning, W. R., (ed.), *Diplomatic Correspondence of the United States : Inter-American Affairs 1831 –1860*, Vol. 8（Mexico 1831–1848 (Mid-Year)）(Carnegie Endowment for World Peace, 1937), at 67.

[10] *Id.*

[11] "Forsyth to Ellis, December 10, 1836," *Id.*, at 73.

[12] "Manuel Eduardo de Gorostiza, Mexican Minister to the United States, to Asbury Dickens, Acting Secretary of State of the United States," *Id.*, at 369–371.

第 4 節　カロライン号事件（1837年）

　1837年，当時イギリスの植民地であったカナダにおいて，イギリスからの独立を企図した反乱が起こった[13]。その際，半世紀前に同じくイギリスから独立したアメリカの国内各地，とりわけカナダとの国境沿いでは反乱に同情的な動きがあり，叛徒への参加・武器の援助等が行われた。カロライン号もまた，米国側からイギリス領カナダ内のネイヴィ島に増援者や物資を運搬する目的で利用されていた汽船であった。このような援助の動きに対してアメリカ政府は自国民の取り締まりを試みたが，何ら実効的な措置をとることはできなかった。その結果同年10月29日，アメリカの港内に停泊中のカロライン号をイギリス兵が襲撃し，33名の乗員およびアメリカ市民のうち十数名が殺害されまたは行方不明となった。その後，カロライン号は放火され，ナイアガラ瀑布へ落下した。

　1838年1月5日，フォーサイス国務長官はフォックス在ワシントンイギリス公使に，カロライン号事件についての苦情を書簡で伝えたが，フォックスは同年2月6日の返事の中で，カロライン号襲撃を「自衛および自己保存の必要性（necessity of self-defence and self-preservation）」に基づいた行為であると主張した。それに対してアメリカの次期国務長官ウェブスターは，「目前にさし迫った重大な自衛の必要が存在し，手段の選択の余地がなく，また熟慮する時間がなかったこと」を示すようイギリスに要求し，またその手段は「その必要によって限定され，明らかにその限界内に留まるものでなければならない」とした。

　フォックスは，自衛と自己保存という語を，区別することなく同義のように用いていた。また，ウェブスターは，「自衛（self-defence）の正当な権利は，個人と同様国家にも付随し，両方の保存（preservation）に等しく必要である」と述べ，自衛（self-defense）を保存（preservation）の手段であるかのようにも述べている[14]。

---

[13]　カロライン号事件については，Jennings R. Y., "The Caroline & McLeod Cases," *AJIL*, Vol. 32 (1938), at 82-92 ; Moore, *supra* note 6, at 409-414 ; McNair, A. D. (ed.), *International Law Opinions*, Vol. 2 (Cambridge University Press, 1956), at 221-230 ; 田岡『前掲書』（注1）32-37頁；森『前掲書』（注2）33-35頁；森肇志「カロライン号事件」国際法学会編『前掲書』（注1）158-159頁を参照。

第5節　ヴァージニアス号事件（1873年）

　キューバがスペインの支配を免れる目的で起こしたキューバ十年戦争中の1873年10月31日，アメリカの国旗を掲げた汽船ヴァージニアス号は，公海上でスペイン軍艦によって拿捕された[15]。追跡は公海上で始まり公海上で終わった。ヴァージニアス号は，キューバのサンティアゴに引致され，ヴァージニアス号のアメリカ人，イギリス人，キューバ人の乗組員および船員は，キューバの軍事裁判にかけられた。海賊の罪によって53人は射殺され，その他の者は収監された。海賊の科罪は，ヴァージニアス号が，キューバ反乱軍のために武器や人員の輸送に従事していたことを理由とする。

　同年11月8日，イギリスは軍艦をサンティアゴに送り，死刑に処せられていないイギリス人については更なる調査がされるまで処刑しないことと，既に執行されたイギリス人の処刑に関する賠償を要求した。ヴァージニアス号の拿捕と乗組員の抑留については，「切迫した損害を予期して自衛（self-defence）のためになす行為は，個人の場合と同様に国家の場合にも，免責される事情がある。ヴァージニアス号の拿捕及び乗組員の抑留それ自体は，たとえ船が公海上にあったとしても，自衛のためのやむを得ない手段と認めることができる」としてスペインの責任は追及しないことにした。しかし，「ヴァージニアス号の拿捕と乗組員の抑留が実行された後は，自衛（self-defence）の急迫した必要性は主張しえない」と述べており[16]，ヴァージニアス号の拿捕と乗組員の抑留については自衛の急迫した必要があったと捉えていた。

　一方アメリカは，ヴァージニアス号の返還，ヴァージニアス号の乗組員でまだ処刑されていない者の解放と引渡し，サンティアゴ港におけるアメリカ国旗

---

(14)　Jennings, *Id.*, at 91.

(15)　ヴァージニアス号事件については，Moore, *supra* note 6, at 895-903；Hall, *supra* note 1, at 250-253；Curtis, G. T., *The Case of Virginius, Considered with Reference to the Law of Self-Defence* (Baker, Voorhis & Co., 1874)；田岡『前掲書』（注1）51-55頁；森『前掲書』（注2）69-74頁；安保公人「ヴァージニアス号事件」国際法学会編『国際関係法辞典』（三省堂，1995年）51頁を参照。

(16)　Cited in Hall, *Id.*, at 252.

への敬礼,船の拿捕と乗員・船員の処刑に関わった官吏の処罰を要求した。その後,ヴァージニアス号はアメリカ国旗を掲げる権利を持っていなかったことが判明し,アメリカ国旗への敬礼の要求は取り下げられた。スペインは,ヴァージニアス号を返還し,同船の乗組員を引き渡した。1875年3月,米国とスペインとの間に補償のための協定が結ばれ,スペインがアメリカに賠償金を支払って事件は解決した。スペインは,拿捕は自己保存(self-preservation)により正当化されると主張したが,アメリカは,この主張の正当性に同意も否定もする必要がないとしながらも,自己保存権は,捕えられた人を裁判にかけたり処罰したりする権利を国家の裁判所や軍当局に与えないと主張した。そして,仮に,スペインが拿捕後にヴァージニアス号と乗組員をアメリカ法に従って扱うべきものとしてアメリカに引渡していたら,自己保存権の主張の適切さもより明白に思われたであろうとし[17],裁判とそれに基づく処罰の事実がなければ自己保存権による正当化も受け入れえた可能性を示唆した。

　本件では,イギリスは一貫して自衛という語のみを用いていたが,アメリカは自己保存(self-preservation)と自衛(self-defense)の双方を用いていた[18]。

第6節　ベーリング海漁業事件(1886年)

　1867年の条約により,ロシアはアメリカにアラスカ及び事件の舞台となったプリビロフ諸島を含む隣接諸島を売却した。その後アメリカは,オットセイの保護を目的とした一連の国内法を制定したが,イギリス漁船は引き続き公海上で多くのオットセイを捕獲していた。1886年,アメリカは海岸から60～70マイルの公海上で英国漁船を拿捕し,米国国内法違反を理由として乗組員を処罰した。1887年にも他のイギリス漁船が拿捕される事件が起き,1888年には拿捕は実施されなかったが,1889年にも新たにイギリス船舶が拿捕される事件が起きた。1887年から両国は外交交渉に入ったが解決には至らず,1892年に仲裁裁判

---

[17] "Admiral Polo de Bernabé to Mr. Fish, February 2, 1874," *Papers Relating to the Foreign Relations of the United States* [hereinafter, *FRUS*] *1875*, Vol. 2 (Government Printing Office, 1875), at 1177；"Mr. Fish to Admiral Polo de Bernabé, April 18, 1874," *Id.*, at 1192. 森『前掲書』(注2) 71-72頁も参照。

[18] "Mr. Fish to Admiral Polo de Bernabé, April 18, 1874," *Id.*

のための条約を締結し，紛争を仲裁裁判にて解決することで合意した。結局，仲裁裁判では，ベーリング海のアメリカの諸島に現れるオットセイについて，それが通常の3海里領海の外で見つかった場合は，アメリカはいかなる保護権も所有権も持たないと判示された[19]。

1887年からの英米交渉において，フェルプス在ロンドン米公使は，「人や財産に関する自衛権は，他の場所と同様にそこ（公海―筆者注）でも完全に妥当する」と述べ，自国の措置を自衛権の行使だと主張した。また，彼の手による仲裁裁判の陳述書でも，「国家の自衛権（the right of self-defense）は，他の全ての権利が従属する完全かつ最高の権利であり，いかなる国際法理論においても放棄されてこなかった。それは，守られるべき重要な，国家の全ての本質的利益に及び，時間，場所，方法，執行の程度については，個々の事案の現実の必要性にのみ制限される。したがって，その必要性が明確に表れているのであれば，陸におけるのと同様に公海上でも，また平時関係にある国の領域においても行使し得る」と主張された[20]。アメリカ側の弁護人カーターは，力によって自分の権利や財産を守ることができるのと同様に，国家も，同じ種類の自衛の力（self-defensive power）を行使できると述べた[21]。

イギリス側の弁護人ラッセルは，「本件では，目前にさし迫った重大な自衛の必要が存在せず，手段を計画する時間があり，熟慮する時間があり，外交的忠告や説明をする時間があったため，この事件を自衛や自己保存（self-defense or self-preservation）の必要性のある事件として扱おうとすることは，怠慢である」としてアメリカの自衛権の主張を否定した。

アメリカもイギリスも，本件において自衛（および自己保存）の必要性があっ

---

[19]　Moore, J. B., *A Digest of International Law*, Vol. 1 (Government Printing Office, 1906), at 913. ベーリング海漁業事件については，Moore, *Id.*, at 890-923 ; Moore, J. B., *History and Digest of the International Arbitration to Which the United States Has Been a Party*, Vol. 1 (Government Printing Office, 1898), at 755-961；田岡『前掲書』（注1）77-82頁；森『前掲書』（注2）74-83頁；山本草二『国際漁業紛争と法』（玉川大学出版部，1976年）75-84頁；高島忠義「ベーリング海オットセイ事件」国際法学会編『前掲書』（注1）785-786頁を参照。

[20]　Moore, *Id.*, (*History and Digest*), at 840.

[21]　*Id.*, at 867.

たか否かを検討するという論理構成をとっている。アメリカは，おおよそ一貫して[22]自衛権（self-defense）という語を用いていたが，イギリスは，自衛と自己保存（self-defense or self-preservation）を併記し，両者を区別せずに用いていた。

第 7 節　小　括

　以上の19世紀の国家実行は，国家に対する危険が発生していたり，国家の本質的利益が脅かされたりしている場合に，他国領域内で，あるいは公海上で，その危険を排除するための措置をとったものであった。このような措置を正当化するために，国家は，自衛権と自己保存権（デンマーク艦隊事件においては，緊急避難や自己保護）を援用することがあった。そしてそれらが援用される場合には，国家は，自衛権と自己保存権を明確に区別していないことが多かったことが明らかになった。デンマーク艦隊事件やアメリア島事件においては，当事国が明確な形で自己保存権や自衛権を援用することはなかった。しかし，これらの事件は，後の学説において自己保存権や自衛権の先例として位置づけられることがあった。

---

[22]　ただし，アメリカが指名した裁判官モーガンは，提出した修正案の中で，「自己保護（self-protection）および自衛（self-defense）」というように，自衛に加えて自己保護という語も用いている（*Id.*, at 919–920）。

◆第Ⅰ部　自衛権概念の萌芽

第 2 章　19世紀の学説

　本章ではまず，第1節1(1)で，19世紀の欧米の国際法学者達が観念していた自己保存権概念を検討する。そして，自己保存権に基づく措置として，他国の権利を侵害しない国内的措置と，他国の権利を侵害する措置の双方が挙げられていたことを明らかにする。次に，(2)では，国家実行が積み重なっていく中で注目が集まるようになった「域外措置を正当化する自己保存権」を検討する。そして，(3)で，19世紀末から自己保存権への批判が強まる中で，自己保存権に基づく措置として国内的措置を排除する者が現れるようになったこと，また，自己保存権の中で自衛権が唯一許されると主張されるようになっていったことを明らかにする。なお，日本においては，19世紀末になってから，国際法の概説書や講義録が多数残されるようになった。欧米に遅れて発展した日本の学説は，第1節2で，欧米のものと分けて扱う。最後に，第2節で，自己保存権(ないし自衛権) と戦争との関係についての学説を，欧米・日本の順に検討し，19世紀末までは自己保存権の行使と戦争に訴えることが厳然と区別されていたわけではなかったことを明らかにする。

第 1 節　自己保存権

1　欧　米

(1) 自己保存権論一般

　オッペンハイムは，19世紀の最後の20年までの全ての法学者は，国際社会の構成員が国家の基本権を持つという点で一致していたと述べた[23]。この国家の基本権は，19世紀後半までの国際法理論の根幹をなすものであったが，その数や名前，内容について見解の一致がなかった[24]。とはいえ，多くの場合，最も

---

[23] Oppenheim, *supra* note 1, at 158.
[24] Id.

第 2 章　19世紀の学説

本質的で重要なものとしての位置づけが与えられていたのが自己保存権であった[25]。それは，他のすべての権利の基礎となる絶対的権利とされることがあり，さらに，自己保存は国家の権利であるのみならず国家の義務であるとも言われた[26]。以下では，まず，19世紀前半の時期の国際法学者が，自己保存権に基づいて許容されるとみなしていた措置を検討する。

　19世紀の前半には，マルテンス，クリューバー，ホウィートンらが自己保存権を論じ，この権利に基づいて，自国の安全と独立を維持するために，徴兵，軍備増強，同盟条約などの条約の締結，要塞の構築，自国領域や人口を拡大することなどができると述べた[27]。ここで列挙されている措置は，他国の権利を

---

[25]　例えば, Wheaton, H., *Elements of International Law : With a Sketch of the History of the Science*（Carey, Lea & Blanchard, 1836）, at 81 ; Pradier-Fodéré, P., *Traité de droit international public européen et américain, suivant les progrès de la science et de la pratique contemporaines* t. 1（A. Pedone, 1885）, at 358.

[26]　Wheaton, *Id.* ; Pradier-Fodéré, *Id.*, at 358 ; Bonfils, H., *Manuel de droit international public（droit des gens）: destiné aux étudiants des facultés de droit et aux aspirants aux fonctions diplomatiques et consulaires*（2ème éd., A. Rousseau, 1898）, at 119 ; Halleck, H. W., *International Law, or, Rules Regulating the Intercourse of States in Peace and War*（H. H. Bancroft & Co., 1861）, at 91–92. 自己保存が義務である理由は，ヴァッテルによると，「多数の人間が国家を形成する結社行為において，個人は公共の利益をもたらすことを全体に対して約し，全体は個人に対して必要を満たす手段と，自己の保護と防衛をする手段を与えることを約した。このような相互の約束は，政治的結社の維持によってのみ果たされることは明らかである。したがって，国家はこの結社を維持する義務がある」というように説明されている（de Vattel, E., *Le droit des gens, ou, principes de la loi naturelle : appliqués à la conduite et aux affaires des nations et des souverains* Vol. 1（Reproduction of Books I and II of Edition of 1758, The Carnegie Institution of Washington, 1916）, at 24）．

[27]　Wheaton, *Id.* ; de Martens, G. F., *Précis du droit des gens moderne de l'Europe fondé sur les traités et l'usage*（2ème éd., Dieterich, 1801）, at 185–197 ; Klüber, J. L., *Droit des gens moderne de l'Europe*, t. 1（J. G. Cotta, 1819）, at 71–73. ただし，マルテンスは自己保存権という語は用いておらず，「自国の安全と独立を維持することに関する国家の権利」という章を設け，国家は，自国の防衛のための軍備増強，条約締結，自国を拡大すること，勢力を均衡させることができると論じている。クリューバーは，自己保存権（droit à conservation de soi-même）は，次の四つを保障すると述べる。自国の生存すなわち自国の組織，行政，そして全ての構成員 ―― 集団と同様個人も ―― の保全，全て

29

侵害することはない，いわゆる国内的措置である。マルテンス，クリューバー，ホウィートンらが自己保存権に基づく措置として想定していた主要な措置は，このような国内的措置であった。

　ホウィートンは，すでにこの時期に，自己保存権の項目の中で自衛権という語を用いていた数少ない学者である。彼によると，自衛権は，自己保存権の付随的権利の一つであるという。付随的権利とは，自己保存権の主要な目的を達成するための手段として不可欠な他の全ての権利であって，このような付随的権利を国家は必然的に有する。自衛権は，全国民の軍事的サービスを求める権利，徴兵する権利，要塞を構築する権利，これら全ての目的のために税を課し徴収する権利を含み，他国の同等の権利か条約によってのみ修正されうる[28]。このように，ホウィートンは自衛権という語を用いてはいるものの，そこで列挙された措置は，他の学者が自己保存権に基づく措置として挙げている国内的措置と大きく異なるところはなかった。

　さらに，論者の中には，自己保存権に基づいて，上述のような他国の権利を侵害しない措置をとりうるのみならず，他国の権利を侵害する措置をとることもできると述べる者も見られた。そのような措置が許される場合は，第一に，他国が異常なまでに軍備を増強している状況において，説明を求めても説明を拒否したり，曖昧な説明をしたりした場合である。このような場合には，暴力や戦争にすら訴えることができる[29]。第二に，自己の保存が問題となるような緊急時である。緊急時に他国の権利を侵害する措置をとることを許容する権利は，伝統的に，緊急権（*jus necessitatis*, droit de nécessité, right of necessity）として自然法学者によって論じられていたものである。権利という用語と緊急

の種類の物を獲得する自由，国家自身あるいはその構成員に属する全ての権利の行使，相当の公的敬意，である。そして，自己保存権の名において，領土の人口減少を予防したり，軍備を増強したり，援助条約や同盟条約などを締結するなどの措置をとることができるとする。

[28] Wheaton, *Id.*, at 81-82. See also, Haggenmacher, P., "Self-defence as a General Principle of Law and its Relation to War," Eyffinger, A., Stephens, A., Muller, M. (eds.), *Self-defence as a Fundamental Principle*（Hague Academic Press, 2009）, at 11-13.

[29] Klüber, *supra* note 27, at 73. See also, de Martens, *supra* note 27, at 187 ; Wheaton, *Id.*, at 81-82.

第2章　19世紀の学説

(nécessité) という用語はグロティウスによって初めて結びつけられたとされるが[30]，緊急権はグロティウス以降の国際法学者の支持を集め，18世紀にはヴァッテルをはじめとした学者，そして19世紀にはクリューバーなどの学者が論じた[31]。

　クリューバーは，自己保存権の項目の下に緊急権を扱っている。彼は，「自己の保存の義務は他の全ての義務に優位するために，明白で絶対的な緊急時に，他国に対する何らかの義務と自己保存の義務との間に立たされた国家が，後者を選択し，緊急性を考慮して（緊急権とさえ呼ばれる）正義を厳格に守らない場合，いかなる権利侵害も免責されなければならない[32]」と主張する。緊急権

---

[30] Pradier-Fodéré, *supra* note 25, at 369. See also, Rodick, B. C., *The Doctrine of Necessity in International Law* (Columbia University Press, 1928), at 2-8. 本来，nécessité の語は「必要性」と訳すべきであろうが，droit de nécessité に「緊急権」の訳語を充てているため，nécessité の訳語も「緊急」とした。この「緊急権」と「緊急避難」との関係については，別途検討を要する。

[31] 後の国際法学者に頻繁に参照されたグロティウスとヴァッテルは，次のように述べて緊急権を認めている。グロティウスは，究極の緊急時には，共有であるかのように物を利用しうる原初的権利が復活すると説く (Grotius, H., *De jure belli et Pacis*, Vol. 2, The Translation by Kelsey, F. W. with the Collaboration of Boak, A. E. R., Sanders, H. A., Reeves, J. S., and Wright, H. F. (Clarendon Press, 1925), at 193-195)。ただし，この権利については，次の三点の注意が必要であるとされる。第一に，他の手段で緊急状態を回避するようまず努めるべきこと，第二に，その物の所有者が同様の緊急状態にないこと，第三に，可能な場合は返還がなされるべきこと，である (*Id.*, at 194-195)。そして，この権利に基づき，正戦を遂行する者は，敵対行為のない国の場所を占有することができる。ただし，このようなことをなすには条件を伴う。敵がその場所を奪取し回復不能な損害を引き起こす確実な危険があること，さらに，防衛に必要なもの以外何ら取得せず，必要性がなくなり次第占有地を返還する意図があることである (*Id.*, at 195)。ヴァッテルもまた，緊急時に原初的共有が復活することを認め，緊急権とは「その行動をとらなければ重要な義務を満足させることが不可能な場合に，緊急である場合にのみ本来違法である行動をとることを許す権利である」(de Vattel, *supra* note 26, at 341) と述べる。なお，ヴァッテルは，義務がその事例において真に不可欠であり，当該行動がその義務を満足させる唯一の手段でなければ緊急権を行使しえないと付言する (*Id.*)。See also, Rodick, *Id.*, at 20-21.

[32] Klüber, *supra* note 27, at 78-79. この部分の記述は新版（1861年）でも変わっていない。

に基づいて他国の権利を侵害しうるのは、自己の保存が問題になるような明白で絶対的な緊急時であると限定されてはいるものの、特定の先行行為の存在は必ずしも前提とされているわけではない。また、正当化されるのは、他国の権利を侵害することであり、「いかなる権利を」侵害してもそれが免責されるという。

以上のように、19世紀前半には、自己保存権や緊急権に基づいて他国の権利を侵害しうると述べられることもあった。とはいえ、自己保存権に基づいてとりうる措置としては、主として他国の権利を侵害しないような国内的措置が学者の念頭に置かれていたことは確かである。

19世紀中葉以降の国際法学者は、第1章で検討したカロライン号事件などの事例を自己保存権の項目で取り上げるようになっていった[33]。これらの事例は、国家が自国領域外で自己保存ないし自衛の措置をとったものであったことから、19世紀中葉以降、自己保存権に基づいて許容される措置のうち、域外措置に一層注目が集まるようになる。以下では、19世紀中葉以降の自己保存権概念と自衛権概念を検討する。

19世紀前半と同様、19世紀中葉以降の国際法学者の中にも、自己保存権はその主要な目的を達成するために不可欠な付随的権利を含むとし、その付随的権利の一つとして自衛権を挙げる者が見られた[34]。この自己保存権や自衛権は、どのような権利とされていたのであろうか。

まずは、自己保存権の行使としてとりうる措置についてであるが、19世紀中葉から後半にかけて、自国の生存、独立や安全を守るために、国家は大きく分けると次のような措置をとることができると論じられた[35]。第一に、将来の防衛に備えること、例えば、軍隊の組織、要塞の構築、武器の製造、同盟条約の締結などの措置をとることである。そして、第二に、領土を拡大し、富や国力

---

[33] Phillimore, R., *Commentaries upon International Law*, Vol. 1（T. & J. W. Johnson, 1854), at 189-190； Hall, *supra* note 1, at 246-253. ただし、アメリカの一部の論者は、中立法の解説の中で、自己保存権に基づく中立侵犯の事例としてカロライン号事件を取り上げている（後掲注65）。

[34] Halleck, *supra* note 26, at 92-93.

[35] 横田喜三郎『自衛権』（有斐閣、1951年）21-24頁も参照。

を増加させるといったように,自己を完成させ発展させることである。そして第三に,国外からの危険が存在する場合に自国を守る措置をとることである[36]。

第一の措置,すなわち将来の防衛に備えるための措置は,通常他国の権利の侵害を伴わない[37]。また,第二の措置,すなわち自己を完成させ発展させることを自己保存権の内容とみなしていた学者も,それが他国の権利と衝突しない範囲内で許されると理解していた。要するに,第一の措置と第二の措置としては,他国の権利侵害を伴わないものが想定されていた。後述するように[38],19世紀末には,自己保存権に対する批判が現れ,自己保存権の内容として自国の領域内で行いうる措置を挙げることは適切ではないことが指摘されるようになるが,それ以前の19世紀中葉から後半にかけての著作では,自己保存権に基づいて許される措置として,他国の権利を侵害しない措置がその主たるものとして列挙された。

第一の措置と第二の措置が他国の権利侵害を伴わないものであったのに対して,第三の措置は,自国の生存や安全に対する危険が存在する場合に自国の領域外で行動すること,そしてその結果として他国の権利を侵害する措置を包含していた[39]。このような域外措置は,19世紀以降の国家実行の積み重なりの中

---

[36] Bonfils, *supra* note 26, at 119-121 ; Piédelièvre, R., *Précis de droit international public ou droit des gens*, t. 1 (Cotillon, F. Pichon, Successeur, 1894), at 173-177 ; Pradier-Fodéré, *supra* note 25, at 412-414 ; Phillimore, *supra* note 33, at 188 ; von Holtzendorff, F., *Handbuch des Völkerrechts*, Bd. 2, (J. F. Richter, 1887), at 52, 54 ; Twiss, T., *The Law of Nations Considered as Independent Political Communities : on the Rights and Duties in Time of Peace* (Longman, Green, Longman, and Roberts, 1861), at 144, 146-147 ; Fiore, P., *Nouveau droit international public : suivant les besoins de la civilisation moderne*, t. 1 (2ème éd, A. Durand et Pedone-Lauriel, 1885), at 391, 400 ; de Martens, F., *Traité de droit international : traduit du russe par Alfred Léo* (A. Chevalier-Marescq, 1883), at 389-391.

[37] もっとも,ある国家がとる将来の防衛に備えるための国内での措置によって平和と安全が脅かされる他国は,その措置を行う国家に対して説明を求めることができるとされる(Halleck, *supra* note 26, at 93 ; de Martens, *supra* note 27, at 186-187 ; Phillimore, *Id.*, at 188 ; Twiss, *Id.*, at 145 ; Pradier-Fodéré, *Id.*, at 414-415. See also, Klüber, *supra* note 27, at 73 ; Fiore, P., *Id.*, at 392-393)。

[38] 本節1(3)参照。

で，一層注目を集めることになった。要するに，第 1 章で扱った事例は国家がまさにこのような域外措置をとったものであり，19世紀中葉以降の国際法学者がこれらの事例を自己保存権の項目で扱うようになり，自己保存権に基づいた域外措置に一層注目が集まるようになったということである。自己保存権のうち，自国の生存や安全に対する危険が存在する場合に自国の領域外で行動することを，本書では便宜上「域外措置を正当化する自己保存権」と称することにする。これについて詳論する前に，自衛権について簡単に述べておく。

　19世紀中葉から後半にかけての国際法の著作の中で，自衛権という語が用いられていることは多くはないが，用いられたものの内容を検討すると，他国の権利を侵害しない国内的措置をとることがその主たる内容として挙げられていた[40]。

　もっとも，トウィスは，仮にある国家が異常な程度にまで軍事力を増強させた場合，他国は自衛権の行使として説明を求めることができ，もしも説明を拒否した場合は，敵対的な抑制という直接的措置（immediate measures of hostile repression）をとることすら正当化されると述べていた[41]。

　ハレックは，自衛を平和的権利（a pacific right of self-defense）としながら，他国からの侵攻を受けた国家が領域不可侵を守るために発動する領域侵害の権利（right of territorial transgression）を自衛権の付随的権利とするなど，国内的措置のみをその内容として考慮しているわけではなかった[42]。

　以上のように，トウィスもハレックも，上のような状況において他国の権利を侵害することを自衛権と称していたが，これは，次に論じる「域外措置を正当化する自己保存権」とは異なる場面で発動されるものである[43]。

----

(39) この措置と戦争との関係については，本章第 2 節 1 を参照。
(40) Twiss, *supra* note 36, at 144–145 ; Halleck, *supra* note 26, at 92–94.
(41) Twiss, *Id.*, at 145. トウィスのこの論は，上述したクリューバーらに倣ったものである。本章注29に対応する本文を参照。
(42) Halleck, *supra* note 26, at 95–96.
(43) トウィスもハレックも，「域外措置を正当化する自己保存権」を，「自衛権」ではなく「自己保存権」と称していた。ハレックは，自衛権を平時の権利とも位置付けていたが，戦争の正当因としても自衛を挙げる。また，「域外措置を正当化する自己保存権」は敵対的な行為であり，不完全戦争であるとする。本章第 2 節 1 を参照。

(2)「域外措置を正当化する自己保存権」
(a) 理論的根拠

19世紀中葉から後半にかけての国際法学者が，自己保存権に基づいて自国領域外で措置をとりうると主張する場合，その理論的根拠はクリューバーの緊急権の理論[44]に置かれることが多かった。論者によっては，ヴァッテルの次の説を根拠とする。すなわち，交戦国の一方は，中立国がその領土を敵国に有利に利用させるとき，その中立国の領域を越えて敵国を追跡できるとの説，あるいは究極の緊急時（extrême nécessité）に中立国の町を一時的に奪取することができるとする説[45]である。

フィリモアは，国際法において，自己保存権は領域不可侵権に優位し，自己保存権と領域不可侵権が衝突する場合は，領域不可侵権を犠牲にして自己保存権を行使することが正当化されるとする[46]。そして，例を交えつつ，次のよう

---

[44] クリューバーの緊急権理論については本章前掲注32に対応する本文を参照。

[45] ヴァッテルによると，第三国である隣国（A国とする）が，自国（B国とする）に敗北した敵軍（C国軍とする）に避難場所を提供することによって，敵軍（C国軍）に，回復して自国（B国）を新たに攻撃する機会をうかがう時間を与えることは，自国（B国）の安全および利益にとって極めて有害であり，このような行為は中立とは相容れない。したがって，自国（B国）の敵軍（C国軍）が敗北し，隣国（A国）に避難し，隣国（A国）が共感から彼ら（C国軍）の通過と安全を拒めない場合，隣国（A国）は彼ら（C国軍）をできるだけ早く通過させなければならず，自国（B国）を新たに攻撃するために待機させてはならない。さもなければ，（B国は）自ら隣国（A国）まで敵軍（C国軍）を追跡する（aller chercher）権利があるという（de Vattel, E., *Le droit des gens, ou, principes de la loi naturelle : appliqués à la conduite et aux affaires des nations et des souverains*, Vol. 2 (Reproduction of Books Ⅲ and Ⅳ of Edition of 1758, The Carnegie Institution of Washington, 1916), at 102）。さらに，ヴァッテルは，交戦国は，究極の緊急時には，中立国が自国を守りえなければ，中立国の一部の場所を一時的に奪取し，敵から自国を守るため，あるいは敵国がその場所に対する計画を実行するのを防ぐため，そこに駐屯軍を置くことができるとする（de Vattel, *Id.*, at 96）。

[46] カルボやハレックは，領域侵害を「権利」として認める説を次のように批判した。カルボは，力の濫用を招き主権への深刻な侵害をもたらすとしてフィリモアのように自己保存権が領域不可侵権に優位すると認めるのは行き過ぎ（c'est aller trop loin）であると述べた（Calvo, C., *Le droit international théorique et pratique, précédé d'un exposé historique des progrès de la science du droit des gens*, t. 1 (2ème ed., A. Durand et Pedone-

に説明する[47]。

　国家が国内の暴動を抑えることに従事しているにもかかわらず、叛徒の一群が国境を越え、他国の保護の下に避難し、そこから、回復した兵員と新たな道具で、脱出してきた国家への侵入を再開する。侵入された国家が抗議しても、行政部が、叛徒を支持しているかあるいは微弱であるために抗議が無視されるか、あるいは少なくとも、訴えた害悪が矯正されないとする。この場合、その場合の事態が正当に必要とするため、侵入された国家は国境を越え、叛徒を捕えたり消散させたりすることであれ、彼らの拠点を破壊することであれ、自国の安全のために必要な措置をとりうることが国際法によって保証されている。

　そして、この見解を強く支持しているとするヴァッテルの説[48]を引用した。トウィスはフィリモアを引用しながら、自己保存権は領域不可侵権に優位するとし、国家の安全が危険にさらされているとき、自己保存権に基づいて自国領土を超えて予防措置をとることができ、その目的のために、隣国の領域に侵入することさえできると述べる。そして、ある国家が第三国に対する敵対的軍事行動を遂行するために他国領域を占有する場合、その第三国は自己保存権に基づいて、敵国軍を撃退する目的で、占有された当該国家の領域の境界を合法的に超えることができるとする。また、緊急で明白な危険がある場合、より有利に敵対行為を遂行する目的で敵国が中立国領域を占領するのを防ぐため、その中立国が自国領域を守る能力あるいは意思がない場合、その国を占領することさえできると論じている。クリューバーはそれを緊急権とみなすと述べた。さらにその部分の脚注で、ヴァッテルの以下の部分を引用している。すなわち、究極の緊急時には、中立国が自国を守りえないときは、中立国の町を一時的に奪取し、敵から自国を守るため、あるいは敵国がその町に対する計画を実行するのを防ぐため、そこに駐屯軍を置くことを認めた部分である[49]。

　ホールは、自己保存権に基づく措置について、他国領域内の私人に対して向

Lauriel, 1870), at 259)。ハレックは、権利には対応する義務があるが、国家には領域の不可侵を受け入れる義務はないとして、領域不可侵の権利を侵害する措置を「権利」として認めるフィリモアを批判する（Halleck, *supra* note 26, at 95)。

[47] Phillimore, *supra* note 33, at 189.
[48] 前掲注45参照。
[49] Twiss, *supra* note 36, at 149-150. もっとも、ヴァッテルの引用個所は Vattel, L.Ⅲ. c. 3. §122となっているが、c. 7 の誤りだと考えられる。

けられる場合と友好国あるいは中立国に対して向けられる場合という二つの場合に区別した。前者については，他国の領域の保護を受けた私人による明白な攻撃がある場合，攻撃された国家は，当該私人を保護する国家の領域内において権限あるいは暴力を行使することができる，すなわち，主権を侵害することができるとする。また，後者については，友好国あるいは中立国が，その地位や資源が原因で敵国によって危険な効果をもたらすように利用されうる場合で，利用するという周知の意図があり，機先を制しなければ友好国あるいは中立国の無力あるいはその国家の中の集団の策略を通して敵国が成功することが確実であれば，自己保存権に基づいて友好国あるいは中立国に対して暴力行為を行うことが正当化される場合があるとする(50)。そして，両者に共通して，クリューバーが緊急権を論じた個所が，また前者については，ヴァッテルが中立国がその領土を敵国に有利に利用させるときその中立国の領域を越えることができるとした部分も引用されている(51)。

以上のように，自己保存権に基づいて，他国の権利を侵害しうる場合があるとされていたが，その理論的根拠は，緊急権理論や，中立国がその領土を敵国に有利に利用させるときその中立国の領域を越えたり，究極の緊急時には中立国の町を一時的に奪取したり駐屯軍を置いたりすることができるとする説に置かれた。

第1章第1節のデンマーク艦隊事件は，イギリスを中心とした後の国際法学者の著作では，自己保存権や自衛権の先例として取り上げられるようになっていった(52)。これが自己保存権の事例であるか否かという点については学説が割れていた(53)。とはいえ，この事例の事実関係自体は――真に明白で絶対的な緊

---

(50) Hall, *supra* note 1, at 245, 247-248.

(51) 前者については，加えてフィリモア，トウィスの，後者については，グロティウス，ヴォルフ，ランプレディ，トウィスの著書を挙げる（Hall, *Id.*）。

(52) Hall, *supra* note 1, at 248-250 ; Oppenheim, *supra* note 1, at 179-180など。ウェストレークについては，本章後掲注101に対応する本文参照。

(53) ハーシーは，デンマーク艦隊事件におけるイギリスの行動は，大陸の研究者によってほぼ一致して非難されてきたとした（Hershey, A. S., *The Essentials of International Public Law*（The Macmillan Company, 1921), at 145, 150)。マルテンスは，自己保存の口実の下に武力を行使した濫用の事例だとする（de Martens, F., *supra* note 36, at

◆第Ⅰ部　自衛権概念の萌芽

急時であったと仮定すれば――伝統的に緊急権として説明されていた概念の型に当てはまるものであった。デンマーク艦隊事件が19世紀の体系書の自己保存権の章の中で扱われることは，19世紀の自己保存権が，緊急権と区別されていなかった，あるいはその名残を残していた証左だと言える。

以下では，「域外措置を正当化する自己保存権」の先行行為，権利行使の対象，そして正当化される措置がそれぞれ何であると捉えられていたのかを検討する。

(b)　先　行　行　為

まず，「域外措置を正当化する自己保存権」の先行行為について検討する。19世紀中葉から後半にかけて，「域外措置を正当化する自己保存権」に基づく措置が許容されるのは，権利侵害の対象となる国家に由来する危機が存在し，それをその国家が抑制しない場合だということに言及する論者が見られるようになっていった[54]。この説は，「域外措置を正当化する自己保存権」の理論的基礎を緊急権に置いていたとしても，緊急権が，権利侵害の対象となる国家自身に危険が由来する場合に限らず他国の権利侵害を許容するのと比較すると，「域外措置を正当化する自己保存権」をそれよりも制限された権利として捉えているものとみなしうる。

例えば，ハレックは，隣国で組織され発生する海賊の襲撃に遭う国家は，自衛として，そして自己保存のために何もしてはならないのかということ，そして，侵略勢力を攻撃して破滅させることが可能になる前にその勢力が国境を越えるのを待たなければならないのかが問われうるとする。彼はそれを否定して，次のように論じる。すなわち，隣国が，意思あるいは能力の欠如により，このような出撃を防止しないか，そのような勢力が組織されることを抑圧しない場合に，脅威を受けた国家は，国境を越えて危険を攻撃するか，あるいは破滅させることができる。このような行為[55]は，その事例における状況および隣国の

389）。

[54]　Phillimore, *supra* note 33, at 191 ; Halleck, *supra* note 26, at 96 ; Calvo, *supra* note 46, at 259-260 ; Hall, *supra* note 1, at 245, 247-248. トウィスは既述の通り，中立国の領域を占領しうるのは，中立国が自国領域を守る意思や能力がない場合だと述べている（Twiss, *supra* note 36, at 150）。

第 2 章　19世紀の学説

過失ある怠慢（culpable neglect）によって正当化される[56]。

　また，カルボの論は以下の通りである。自国領域内における，隣国の友好国に対する敵対的な結集を妨げない政府，政治的陰謀・暴力的になりうる行為の準備や実行を黙認する国家は，最も重要な国際的義務の一つに違反し，説明を求められうる道徳的責任を負う。したがって，もし，過失や加担についての正当な疑いを覆すことを要求されているにもかかわらず，満足な説明をしないか，あるいはただちに他国の中立を尊重させ注意が喚起された危険を避けるために可能な措置をとらないのであれば，安全が急迫した危険にさらされた国家は，隣国が防ぐことを拒否した反乱の発生地まで追跡する権利を得る[57]。

　以上のように，上で挙げた論者達は，他国の領域を侵害して危険を排除することができるのは，その他国から生じている危険をその国家が抑止しない場合であるという。ただし，その危険を他国が排除しないことが国際義務違反を構成するのか否か，そしてその義務違反が域外措置をとるための要件となるのかということについては，多くの者は論じていない。

　この点に関連して，この時期には，次のような説をとる者が現れるようになった。国家は，その排他的主権に服する支配領域内で他国またはその国民を害する行為が行われないように，注意を払う義務を負い，その領域内で発生するすべての作為・不作為については，一応は（prima facie），国家の意思と判断に一致して行われたと推定される。私人の侵害行為についても，それぞれの事態に適合した注意をもってすれば，通常はこれを知り，その発生を防止し排除するための法的な能力と実力をもつものと期待される。したがって，私人の侵害行為の防止または処罰を怠った場合には，国家は，反対の立証をなしえない限り，容認または宥恕に基づく加担があったものとして，過失責任を問われるという説である[58]。

---

[55]　このような行為と戦争との関係についてのハレックの解釈については，本章第2節1を参照。

[56]　Halleck, *supra* note 26, at 96.

[57]　Calvo, *supra* note 46, at 259–260.

[58]　山本草二『国際法における危険責任主義』（東京大学出版会，1982年）79頁。このような説をとる代表的論者として，Hall, *supra* note 1, at 52–53, 193–194 ; Phillimore, *supra*

39

◆第Ⅰ部　自衛権概念の萌芽

　このような説をとる代表的な論者として，フィリモアを挙げることができる。上述した通り⁽⁵⁹⁾，フィリモアは，国際法において，自己保存権は領域不可侵権に優位し，自己保存権と領域不可侵権が衝突する場合は領域不可侵権を犠牲にして自己保存権を行使することが正当化されると述べており，自己保存権のためであればいかなる場合にも領域不可侵権を犠牲にすることができると捉えているようにも解せる。しかしフィリモアは，自己保存権に基づいて他国の領域に侵入できる場合を，以下のように侵略の発生が政府の脆弱さを原因としている場合に限定している⁽⁶⁰⁾。

　一国の領域が他国によって侵略される全ての場合 ── 侵略軍が侵略される国家からの亡命者によって構成されるのであれ，他国の国民により構成されるのであれ，それら双方から構成されるのであれ ── 侵略された国家は，侵略の発生地である国家が容認や宥恕(either by *sufferance* nor *reception*(*patientia aut receptu*))により侵略を知りながらそれを援助あるいは支持をしたのではないということについて十分な説明を受ける権利がある。侵略の発生地である国家は，そのような責めを一掃しなければなければならない。さもなければ，侵略が発生したことがその政府の脆弱さを原因とするのであれば，侵略された国家は，その領域に侵入

---

note 33, at 190-191. 山本によると，これは，過失責任主義の創始者とされるグロティウスの理論を継承したものである。すなわち，「彼によれば，私人の行為について国家の国際責任を負うためには，国家の側に過失があることが必要である。そして，その場合の過失（culpa）とは，国家が私人の侵害行為を防止すべき義務を負うに関わらず，これを怠ったという『容認』（patientia）の場合と，犯罪人引渡しを拒否したり実行者をみずから処罰しないなど，その処罰を阻止したという『宥恕』（receptus）の場合とをいう，と述べている（『戦争と平和の法』第3巻第2部第17・20・21章）。このように国家は，容認または宥恕という形で国際法上の義務違反に黙示的に加担したものとみとめられ，過失に基づく国際責任が追及される，という趣旨である」（山本，同上，78頁）。田畑茂二郎は1938年の論文で，このグロティウスの考え方は，「その後，ズーチ（Zouche）プフェンドルフ（Pufendorf）ヴァッテル（Vattel）等によって一般化せられると共に，今世紀（20世紀—筆者注）に至るまでは殆んど国際法学界に於ける支配的な考え方となっていた」のであり，「近いところに於ては，例えばホール（W. E. Hall）カルボー（C. Calvo）ボーチヤード（E. M. Borchard）等の名をその中にあげることが出来る」と述べている（田畑茂二郎「私人行為に依る国家の国際責任（一）」『法学論叢』第39巻第5号（1938年）760頁）。

⑸⁹　本節1⑵(a)参照。
⑹⁰　Phillimore, *supra* note 33, at 190-191.

し，そこでの自国に対する戦争準備を破壊することにより不正を正すことができ，あるいはそのような準備が政府に奨励されたのであれば，その国家自身への戦争権を有する。

このように，そこから侵略が発生する国家が，侵略を容認したか宥恕したとの推定を反証できない場合に，その国は私人の侵害行為を防止すべき義務に違反し，その国の領域を侵害したりその国に対して戦争を遂行したりすることができるということが論理的帰結となるはずである。

一方，ホールは次のように論じる[61]。

　国家は，国家自身が法に従わなければならないだけではなく，自国領域（doimions）内で違法行為が行われないように合理的注意（reasonable care）を払わなければならない。外国は，ある国家の領域で行われた行為が一応はその国家の意思に一致したものと解する権利がある。なぜなら，実効的な意思を実施することについて他から支配されない権力が存在する所においては（Where uncontrolled power of effective willing exists），反証がない限り，意思が作用する範囲内で行われた行動は全て，それによってなされたか許可されたと推定されなければならない。したがって，国内法によって，合理的な程度まで（to a reasonable extent），他国の権利に対して有害な行為が私人によって行われることを禁じる国内法を制定すること，そしてそのように制定された法の実施について合理的な力（reasonable vigour）を使うことが必要となる。

このように，ホールは，国家が自国領域内で違法行為が行われないように合理的注意を払わなければならず，領域内の行為は一応国家意思に一致したものと解されると説く。しかし，自己保存権の行使については，必ずしも注意義務違反を要件としているわけではないと解しうる。ホールは，他国内における出来事（occurence）や，他国で準備された侵略（aggression）で，その他国政府がそれらを防止できないか，防止できないと主張することにより，国家の安全が深刻で切迫した脅威にさらされている場合，あるいは先制的措置をとらなければそれらが起きるという急迫した確実性がある場合に，自己保存権が他国の独立を尊重する義務に優位するとする。ホールは，領域国がこのような「出来事」や「侵略」が行われないように合理的注意を払わなければならないが，必ず実効的に防止することまでは要求していないと考えうる[62]。

---

(61)　Hall, *supra* note 1, at 52–53.
(62)　Hall, *supra* note 1, at 52–53, 193–194.

以上のように,「域外措置を正当化する自己保存権」の行使として他国の権利を侵害しうるのは,権利侵害の対象となる国家に由来する危険がある場合だと主張されるようになった。危険を発生させることが国際義務違反であるか否かに言及する者は少ないが,「域外措置を正当化する自己保存権」の行使を,権利侵害の対象となる国家に由来する危険が発生している場合に限定しようとする見解には,自己保存権と,危険が権利侵害の対象となる国家自身に由来するか否かに関わらず行使しうる緊急権との区別の萌芽が見られる。

(c) 権利行使の対象

上述の通り[63],19世紀中葉から後半の国際法学者による「域外措置を正当化する自己保存権」の理論的根拠は,クリューバーやヴァッテルの説に置かれる。18世紀から19世紀初頭のこれらの説は,「国家」を対象とした権利侵害や中立侵害をなすことを想定しており[64],「域外措置を正当化する自己保存権」の行使対象についても,国家は排除されていなかった。より端的に,カロライン号事件について,アメリカをカナダの内戦に対する中立国とみなし,この事件での自己保存権の行使を,中立国アメリカに対する敵対行為を正当化するものと捉える見解が見られる[65]。このような取り上げ方をする論者は,中立国アメリカという「国家」からの危険がある場合に,自己保存権に基づいて「中立国」の領域を侵害しうると捉えていたと言える。

19世紀に,カロライン号事件のように権利行使の対象を私人とする国家実行が積み重なっていくにしたがって,権利行使の対象が私人である場合に力点が置かれるようになった。このようにして,「域外措置を正当化する自己保存権」に基づく措置の対象は,国家と私人,いずれでもありうるとする説が唱えられ

---

[63] 本節1(2)(a)を参照。

[64] クリューバーについては,本章前掲注32に対応する本文を,ヴァッテルについては本章注45参照。

[65] Halleck, *supra* note 26, at 520-522; Woolsey, T. D., *Introduction to the Study of International Law* (3rd ed., Scribner, Armstrong & Co, 1874), at 270-271; Woolsey, T. S. (ed.), *Lectures on International Law in Time of Peace by John Norton Pomeroy* (Houghton, Mifflin and Company, 1886), at 90-91; Lawrence, T. J., T*he Principles of International Law* (4th ed., D. C. Heath & Co., 1911), at 610. See also, Kearly, T., "Raising the Caroline," *Wisconsin International Law Journal*, Vol. 17 (1999), at 335-336.

た。例えばホールは，上述したように[66]，自己保存権行使の対象が私人の場合と国家の場合とを明確に区別し，その双方を自己保存権の行使の場合として位置づけた[67]。

このように，この時期の国際法学者は，「域外措置を正当化する自己保存権」の行使対象として，私人と国家の双方を想定していた。

(d) 正当化される措置

「域外措置を正当化する自己保存権」に基づいて正当化される措置[68]は，自国の生存[69]や安全[70]に対する危害を排除するための措置である。そのような措置について，次のように，侵害される権利に具体的に言及する論者も多かった。上記(2)(a)でも述べたように，フィリモアやトウィスは，自己保存権のために「領域不可侵権」を犠牲にしうるとした[71]。ホールは，措置の対象が私人の場合はその私人の領域国の主権侵害や公海上での旗国管轄権の侵害が，対象が国家の場合は友好国・中立国への暴力行為が，それぞれ正当化されるとする[72]。

「域外措置を正当化する自己保存権」に基づいてとられる措置として，第2節でも述べるように，平時の権利侵害に加えて戦争が正当化される場合がある，あるいはそもそも「域外措置を正当化する自己保存権」に基づく措置は，戦争行為であると捉える論者も見られた。

---

[66] 本節1(2)(a)を参照。

[67] Hall, *supra* note 1, at 245, 247-248.

[68] 「域外措置を正当化する自己保存権」と戦争との関係については，本章第2節1で扱う。

[69] Hall, *supra* note 1, at 244. もっとも，ホールは，国家の生存が問題になっている場合のみならず，国家に対する深刻な侵害（serious hurt）がある場合にも，その国家は一定の通常の法規則を無視しうるとした（*Id.*, at 244-245）。

[70] Calvo, *supra* note 46, at 260 ; Phillimore, *supra* note 33, at 189 ; Twiss, *supra* note 36, at 149. マルテンスは，自己保存の措置は，国家の権利利益，あるいは社会階級や私人の利益を防衛する目的を持つと述べる（de Martens, F., *supra* note 36, at 391）。

[71] Phillimore, *supra* note 33, at 189 ; Twiss, *supra* note 36, at 149.

[72] Hall, *supra* note 1, at 245, 247-278, 250.

◆ 第Ⅰ部　自衛権概念の萌芽

(3) 自己保存権と自衛権
(a) 自己保存権に対する支持と批判

　19世紀には，それまで支配的であった自然法理論が完全にとは言えないまでも[73]徐々に支持を失い，意思実証主義が支持を集めていった。そのような状況において，個人の自然権を模型とした国家の基本権に対する批判が高まっていった。既述した通り，国家の基本権は，その数や名称，内容について見解が一致しておらず[74]，また濫用の危険性があったことなどをその主たる理由とする[75]。19世紀末以降の欧米では，とりわけ自己保存権に対する批判が徐々に高まり，自己保存権の中で自衛権のみが認められるとする説が提唱されるようになっていく。以下では，19世紀末から20世紀初頭の著作における，自己保存権および自衛権を検討対象とする。

　19世紀末から20世紀初頭にも，国家の基本権理論を踏襲し，自己保存権そして緊急権を依然として支持する見解や，自衛の内容がその実，自己保存権と異ならない見解も多数存在した[76]。例えば，国際法のみならずローマ法にも造詣が深かったリヴィエは，1896年の体系書の中で，「国家の不可欠の権利（des droits essentiels des États）」の一つとして「自己保存権（droit de conservation）」を挙げた。リヴィエは，自己保存のために用いる方法として，他国の権利を侵害しないものを主として想定している。しかし，他国の自己保存権を尊重する義務と自国の自己保存権が対立する場合は，自己保存権がこの義務に優越し，政府は，自国の救済のためには他国の権利を侵害することが許容され，ある場

---

[73]　Vec, M., "Sources of International Law in the Nineteenth-Century European Tradition: The Myth of Positivism," Besson S. and d'Aspremont, J. (ed.) *The Oxford Handbook of the Sources of International Law*（Oxford University Press, 2017）, at 121-145.

[74]　Oppenheim, *supra* note 1, at 158.

[75]　国家の基本権理論の問題性については，大沼保昭『人権，国家，文明 ── 普遍主義的人権観から文際的人権観へ』（筑摩書房，1998年）48-50頁を参照。

[76]　Rivier, A., *Principes du droit des gens*, t. 1 (Librairie nouvelle de droit et de jurisprudence Arthur Rousseau, 1896), at 274-279；Despagnet, F., *Cours de droit international public*（L. Larose, 1894）, at 163-165；Gareis, K., *Institutionen des Völkerrecht*（2. Aufl., Giessen: E. Roth, 1901）, at 93-94；Lawrence, T. J., *The Principles of International Law*（D. C. Heath & Co., 1895）, at 117-118. 本章後掲注88のウォーカーも参照。

合にはそれが義務づけられすらすると述べる。これが，レゾンデタの適用,「緊急の免責事由（l'excuse de nécessité)」であり，合法的な免責事由である。そしてこれを「緊急権（le droit de nécessité)」とも呼ぶ，と述べた[77]。このように，19世紀末から20世紀初頭にも，伝統的な国家の基本権の枠内で自己保存権や緊急権を論じる学者が存在した。

その一方で，19世紀末から20世紀初頭にかけて，国家の基本権が厳しい批判に晒されるようになっていった。例えばイェリネックは，国家の基本権について，国家が国家である権利を持つということを述べているにすぎず，同義反復であると批判した[78]。国家の基本権のうちで最も本質的で重要とされることが多かった自己保存権も，後述するように，批判の対象となった。さらに，同じ時期には，緊急権に対しても，濫用への扉を開くものとして批判が強まっていった[79]。

ただし，国家の基本権を否定する論者にあっても，自己保存権の行使として伝統的に認められていた措置全般を否定したのではない。例えば，オッペンハイムは，国家の基本権は国際法の専門書から完全に消滅すべきだとの見解に賛同していた[80]が，国家の基本権という名称の下に論じられてきた権利と義務に

---

[77] Rivier, *Id.* リヴィエは，「緊急の免責事由（l'excuse de nécessité)」という語とともに，それと区別せずに「緊急権（le droit de nécessité)」という語も用いていること，また，これが自己保存権の章の中で論じられていること，そして，ヴァッテルを引用していることからも，権利としての緊急権を認めているようにも考えられる。しかし，その一方で上のような内容が「緊急の免責事由」という項目の中で記述されていること，そして「緊急の免責事由」は，常に個人に認められているのであるからましてや国家に認めないということはないだろうというように，国内法の緊急避難のアナロジーで国家の緊急時の行為を捉えていると解しうる記述も見られることなど，自己保存上の緊急の場合に他国の権利を侵害することは免責行為とみなしていると捉えうる部分もあり，権利と免責事由のいずれとみなしているのか明確ではない。

[78] Jellinek, G., *System der subjektiven öffentlichen rechte*（J. C. B. Mohr, 1892), at 302.

[79] Bonfils, *supra* note 26, at 119; Mérignhac, A., *Traité de droit public international*（F. Pichon & Durand-Auzias, 1905), at 246-247; Piédelièvre, R., *Précis de droit international public ou droit des gens*, t. 1（Cotillon, F. Pichon, Successeur, 1894), at 175-176).

[80] ウェストレークも，国家の基本権理論を否定する論者の一人である（Westlake, J., *International Law*, Part I（Cambridge University Press, 1904), at 293-296)。オッペン

ついて，次のようにも述べる(81)。

　何百年もの間，基本権という誤った項目の下，多数の正しい記述がされてきたのであり，その多数の真の権利と義務は，国際社会の構成員であることそのものに由来し，慣習的に認められているものである。これらは，多数国家間の国際条約から生じる権利と義務ではなく，国際的人格（International Persons）として国家が慣習的に保持しているものであり，国際社会の構成員として相互に与え，受け取っているものである。

　このようにオッペンハイムは，伝統的に基本権として国家が持つとされてきた権利や義務を，国家が慣習的に持つ権利義務としてその内容を捉えなおそうとした(82)。国家の基本権を批判する論者達も，なおも自己保存権（ないし自衛権）として許容される措置は何か，許容されない措置は何かということを模索した。既述の通り(83)，19世紀末に至るまでは，自己保存権として許される措置の中には，国内的措置が含まれていた。しかし，19世紀末の著作においては，自己保存権として正当化される措置として，国内的措置を挙げないものが見られるようになった。軍隊を設け，軍備を整えるといった自国の領域内でとりうる措置は，他国の権利を侵害することが無い以上，そもそも国際法の許容する行動の自由の範囲内に属するためである。このような理由から，他国の権利を侵害する措置のみが，自己保存権として許される措置として扱われるようになっていく(84)。

　　ハイムは，1905年の体系書において，ウェストレークが国家の基本権を否定する論者に加わったとしてその名前を挙げている（Oppenheim, *supra* note 1, at 159）。

(81)　*Id.*.

(82)　オッペンハイムの慣習国際法理論については，小栗寛史「オッペンハイムの慣習国際法理論──黙示の同意と国際法の普遍性」『法政研究』第83巻第3号（2016年）277-280頁を参照。

(83)　本章第1節1(1)を参照。

(84)　Oppenheim, L. (ed.), *The Collected Papers of John Westlake on Public International Law*（Cambridge University Press, 1914）, at 116（本引用個所は，ウェストレークによる *Chapters on the Principles of International Law*（Cambridge University Press, 1894）の一部である）; Oppenheim, *supra* note 1, at 177-181; Heilborn, P., *Das System des Völkerrechts entwickelt aus den völkerrechtlichen Begriffen*（Verlag von Jurius Springer, 1896）, at 288. See also, Strupp, K., *Das Völkerrecht Delikt*（W. Kohlhammer, 1920）, at 129-130.

このような他国の権利を侵害する措置が,「自衛」あるいは「自衛権」のための措置であるとされ,これこそが自己保存権の中でも唯一許される措置とみなされた。ウェストレークは,「自己保存の真の国際的権利」はただ自衛の権利のみである[85]と述べている。また,オッペンハイムは,自己保存による他国への侵害が免責されるのは,「緊急の場合のみ(in case of *necessity* only)[86]」であり,自己保存のためにこのような侵害が免責されるのは「自衛のために必要な(necessary in self-defence)[87]」場合のみであると論じた。

このようにして,従来の学説では,国内的措置を正当化するものとして用いられることも多かった「自衛」や「自衛権」という語を,他国の権利を侵害する措置のみを正当化するものとして用いるものが出てきた[88]。もっとも,国家の基本権,そして自己保存権を批判する論者であっても,それを批判したりその内容を検討したりするにあたって,依然として「自己保存」あるいは「自己保存権」という語を用いたり,そのような項目を設けたりするのが一般的であった。

(b) 自己保存権(自衛権)の内容

それでは,このような「他国の権利を侵害する措置」について,その発動要件や正当化される措置はどのように論じられていたのであろうか。オッペンハイムは,上述の通り,伝統的に自己保存権とされた権利を,国家が慣習的に持

---

[85] Westlake, *supra* note 80, at 299.

[86] Oppenheim, *supra* note 1, at 178.

[87] *Id.*

[88] ウォーカーの体系書では,他国への干渉の唯一法的に十分な根拠として,自衛が挙げられている。もっとも,索引では,この自衛の節を参照させるための語として自己保存を用いている。また,この節では,イギリス外務大臣も務めたカースルレーを引用することで自衛の説明に替えている。この要点は,国家には自国の目前の安全か死活的利益が,他国の国内の出来事(internal transactions)によって深刻に危険にさらされている場合に他国に干渉をする権利があること,そして,この権利は,最も強い必要性によってのみ正当化され,またそれによって制限され規制されるべきであるということである(Walker, T. A., *A Manual of Public International Law* (Cambridge University Press, 1895), at 24)。ウォーカーが「自衛」の節で論じている内容は,上記「域外措置を正当化する自己保存権」の内容と相違しない。

◆第Ⅰ部　自衛権概念の萌芽

つ権利として捉えなおそうとしており，その内容を明らかにするためには国家実行の分析が重要になる。彼は，自己保存の行為として何が免責されるかということについて，厳格なルール（hard and fast rule）を決定するのは不可能であり，全ては，特別の事例の状況と条件によるとする。そしていくつかの事例を挙げている[89]。ただし，「もしも急迫した侵害（violation）あるいは既に始まった侵害の継続が，危険にさらされた国の側による他国の侵害以外の方法によって防止でき，補償しうるのであれば，後者の侵害は必要でなく，したがって，免責も正当化もされない[90]」と述べており，自衛の必要により他国の権利侵害ができるのは，「急迫した侵害あるいは既に始まった侵害の継続」がある場合を想定していると捉えうる。しかし，こうした内容が，一般的な形で提示されているとは言い難い。

　一方，ウェストレークは，「自己保存の真の国際的権利」すなわち自衛権が，どのような内容を持つかを詳細に説明している。自衛権についてのウェストレークの記述は，後の多くの国際法学者に参照され[91]，とりわけ後述する日本の国際法学者に多大な影響を与えたため[92]，以下ではウェストレークの自衛権

---

[89]　オッペンハイムは，自衛の事例としてデンマーク艦隊事件，アメリア島事件，カロライン号事件を挙げる（*supra* note 1, at 179-180）。

[90]　*Id.*, at 178.

[91]　一部の例を挙げると，Fenwick, C. G., *International Law*（The Century Co., 1924), at 143；Hyde, C. C., *International Law ; Chiefly as Interpreted and Applied by the United States*, Vol. 1（Little, Brown, and Company, 1922), at 119；Stowell, E. C., *Intervention in International law*（John Byrne & Co., 1921), at 392-414；Basdevant, J., "Règles générales du droit de la paix," *Recueil des cours*, t. 58（1936), at 542-543；高橋作衛『平時国際法論』（日本法律学校，1903年）258-250頁；立作太郎「自衛権概説」『国際法外交雑誌』第31巻第4号（1932年）1-26頁；松原一雄『国際法概論』（厳松堂書店，1934年）432-446頁など。

[92]　とりわけ，第5章第1節2(1)(a)で扱う立作太郎は，ウェストレークを頻繁に引用している。立が，自衛権は先行違法行為を前提とすること，自衛権は領土のみならず法益を擁護しうると捉えるようになったことについて，ウェストレークが大きく影響を与えた国際法学者の一人であったと考えうる。
　深井英五は，ウェストレーク著の *Chapters on the Principles of International law*（前掲注84）を翻訳した（『国際法要論』（民友社，1901年））。その「序」には，次のように

論を概観しておくことにする。

　ウェストレークによると，侵害または危険が，通常の行動[93]をとることに伴う遅れを許さない場合がしばしばある。国内においても，警察はいたるところに存在しているわけではないので，市民が自分の力で現実の攻撃を撃退し攻撃の脅威を除去することが必要であるが，国際警察といった組織は存在しないから国家間にはそのような必要性がより一層生じる。このような場合に国家は，自らの手で防衛をすることができるのであり，他国の領域内で武力を用いることさえできるのであるが，そのような異常な行動は緊急性（emergency）が要求する限度に制限されることを条件とする[94]。しかし，自衛権の要件は，緊急性の存在のみではない。国内社会であれ国際社会であれ，社会の第一の関心は正義（justice）にあり，義務に違反していない国家が他国の保存や完成のための侵略を受けるのであれば，正義に反する[95]。国際法上，自国を防衛することができる場合は，「他国からの攻撃，攻撃の脅威，あるいは攻撃の意図が当然に懸念される準備その他の行動」がある場合である。自衛権の対象となる「攻撃（attack）」は，自国や自国民の法的権利の一切の侵害であり，それは国家による場合のみならず，他国の国民による場合（この場合は，その国民が属する国家によってなされるべき抑制がないか（without due repression），事件の性質が賠償を許すのであれば十分な賠償がない場合）も含む[96]。そのなされるべき抑制とは，

　　記されている。「訳者は，欧州大家の著書中余りに専門的の煩細に渉らず，然も教科書的の平板に流れずして，宏潤の見地より国際法の原理を通論したるものを我国の読者に紹介せんと欲し，ジヨン，ウエストレーキ氏の"Principles of International Law"は其の目的に適合するに庶幾きを以て之れを選べり」（同上，2頁）。このことからも，当時の日本において，ウェストレークは欧州の「大家」の一人とみなされていたことが分かる。

[93]　ウェストレークによると，通常は，攻撃されたり，攻撃の脅威にさらされたりした国家が自国の主権の範囲内，すなわち自国領域，そして自国の旗国船舶における措置によって自国を防衛することができない場合に，とがめられるべき国や，国内の私人がとがめられるべき国に対して，損害賠償や攻撃を繰り返さないという保証などの救済を求める義務があるとする（Oppenheim (ed.), *supra* note 84, at 115-116）。

[94]　*Id.*, at 116.

[95]　Westlake, *supra* note 80, at 299.

[96]　*Id.*, at 299-300.

◆第Ⅰ部　自衛権概念の萌芽

軽い権利侵害以外の全ての権利侵害を実効的に防ぐようなことを意味しており，その抑制の欠如には，問題となる政府の能力不足による場合も含むというように解されている[97]。

　このように，ウェストレークの見解において自衛権の先行行為は極めて広く解されている。すなわち，自衛権の先行行為である違法な「攻撃」は，国家の独立，安全，生存に対するものに限らず，法的権利の一切の侵害とされ，その行為の主体は国家の場合と私人の場合の双方を含んでいる。また，自衛権に基づいて正当化される措置は，そのような「攻撃」から自国を守る措置であり，自衛権を行使する国家は，対外的に攻撃的措置であっても本質的に防衛的な方法であればよく[98]，他国の領域内で武力を行使することもできるとされている[99]。

　そして，ウェストレークはこのような自衛権の例として，カロライン号事件とヴァージニアス号事件[100]を挙げる。また，攻撃やその脅威がない場合であっても，自衛権を行使しうる場合があるとして，デンマーク艦隊事件を取り上げている[101]。しかしこの場合も，責めに帰すべき事由がなければ権利侵害を受けることがないという原則は侵されていないという。というのも，自国の領土や自国の資源が非友好的に利用されるのを防ぐことができない国家は，その利用によって危険が迫る国家によって適切な自己保護措置（proper measures of self-protection）がとられることを許さなければならず，そうでなければ，許可を拒絶することが招く必然的結果を意図しているとみなされなければならない。言い換えると，自己の行動の必然的結果を意図しているとみなされなければならないというのが法原則である[102]。

　以上のようなウェストレークの自衛権論は，自己保存権概念とその内容を大きく異にする。すなわち，自己保存権は，本来その行使の対象となる国家の違

---

(97)　*Id.*, at 300.

(98)　*Id.*, at 299. *Id.*, at 169も参照。

(99)　Oppenheim (ed.), *supra* note 84, at 116.

(100)　ヴァージニアス号事件については，Westlake, *supra* note 80, at 167から始まる「平時における公海上の自衛権」の中で詳述している。

(101)　Oppenheim (ed.), *supra* note 84, at 116-121.

(102)　Westlake, *supra* note 80, at 303.

法行為を必ずしも前提とせず、その代わりに他国の権利を侵害することができるのは自国の安全、生存が危機に瀕する場合に限られていた。しかし、ウェストレークが自己保存権の中で唯一認められるとする自衛権は、その行使の対象となる国家自身による権利侵害か、あるいは私人による侵害については国家による抑制か賠償がないことを前提とする。言い換えると、自衛権行使の対象となる国家の違法行為の存在が、自衛権発動の要件であった。その代わりに、自衛権の行使として他国の権利を侵害することが許されるのは、自国の生存や安全が危機に瀕している場合に限らず、一切の権利の侵害あるいはその危険がある場合であった。この自衛権は、先行行為の違法性を前提とする点、そして権利一般の侵害に対して行使できる点で、緊急権とも異なる[103]。

以上のように、自衛権は先行違法行為を前提とすると捉える者は、19世紀末から20世紀にかけて徐々に増えていく[104]。ただし、第5章で述べるように、戦間期の学説においても、自衛権が先行違法行為を前提とすることを明記していないものも見られる。

2 日 本

日本においては、19世紀末以降、国際法の概説書や講義録が多数残されるようになっていった。これらの書籍では、「自衛権[105]」以外にも、「国家維持権[106]」、

---

[103] ウェストレークの論じる自衛権の機能は、自助手段である平時復仇の機能と近似する。
[104] von Liszt, F., *Das Völkerrecht* (O. Haering, 1898), at 128-129. See also, Anzilotti, D., *Cours de droit international* (traduction française d'après la troisième édition italienne, revue et mise en courant par l'auteur, par Gilbert GIDEL, R. Sirey, 1929)（イタリア語版の原典は1928年出版), at 506-515. アンチロッチの書籍の翻訳書は、一又正雄訳『アンチロッチ 国際法の基礎理論』（巌松堂書店、1942年）。
[105] 倉知鉄吉『国際公法』（日本法律学校、1899年）163頁；秋山雅之介『国際公法講義 平時』（講法会、1900年）240頁；有賀長雄『国際法』（東京専門学校出版部、1901年）51頁。寺尾亨は、出版年不詳の『国際公法 上』における「国際法上の国家の権利義務」という章の「絶対的権利」という節に、「自衛権」という項目を設けている（寺尾亨『国際公法 上』（出版社・出版年不詳、九州大学附属図書館中央図書館貴重書室所蔵）42頁以下）。秋山雅之介については、後掲注113、114も参照。
[106] 中村進午『国際公法論』（東華堂、1897年）315頁。

◆第Ⅰ部　自衛権概念の萌芽

「邦国防衛権[107]」,「自国維持の権（自衛の権）[108]」など，論者によって異なる名称の項目が設けられた。その内容は，19世紀後半に欧米で説かれていた自己保存権と同様のものもあれば，自己保存権を否定し自衛権に基づく行動のみが許されると説くものもあった。

　名称の如何を問わず，実質的に自己保存権を論じるものには，この権利に基づいて取りうる措置に，域外措置のみならず，軍備拡張，他国と同盟を結ぶこと，造営物によって境界を保全することなどの国内的措置を依然として含めている[109]ものが多い[110]。域外措置については，多くの場合，その対象が私人の場合と国家の場合とに区別され，その双方が対象となりうることを前提とする[111]。このような自己保存権は，19世紀の後半に欧米の国際法学者が論じたものと異ならない。

　19世紀末から20世紀初頭にも，このように自己保存権を支持する者がいた一方で，広範な措置を含む自己保存権ではなく，より限定された自衛権のみを扱う者が多くなっていく[112]。以下では，自己保存権ではなく，自衛権という項目

---

(107) 三崎亀之助『国際公法』（東京法学院，1892年）67頁。

(108) 千賀鶴太郎『国際公法 全』（京都法政大学，1903年）128頁。

(109) 本章第1節1(3)で述べた通り，同時期の欧米の著作には，このような国内的措置を自己保存権の内容として列挙しないものが見られた。

(110) 中村『前掲書』（注106）315-316頁；三崎『前掲書』（注107）68頁；有賀『前掲書』（注105）53頁；寺尾『前掲書』（注106）43頁。有賀が「自衛権」と称する権利は，実質的には自己保存権に基づいて許されるとされていたような広範な行為を含んでいる。

(111) 千賀『前掲書』（注108）131-136頁；倉知『前掲書』（注105）165-168頁。中村は，国家維持権は，自然に対するものと人為に対するものがあるとし，後者を，外国からの攻撃または劃策，移住等に反抗する権利と，国内の謀反，無政府集団，社会集団等に対する防衛に区別する（中村，同上，315頁）。

(112) 秋山『前掲書』（注105）240頁以下；倉知，同上，163頁以下；高橋作衛『国際法』（清水書店，1914年）525頁以下；立作太郎『平時国際公法』（東京帝国大学法科大学講義，非売品）90-92頁（立のこの体系書の目次の前頁に，「本書は東京帝国大学法科大学に於ける最近の立博士講義」であるということが「大正元年十二月」に書かれているが，講義が行われた正確な年月日は不明である）。

　もっとも，高橋は，「国際的自衛権」の英語として International Rights of self-preservation を充てている。また，立は，「国家の自衛権（狭義の自己保存権）」という節を設け

第 2 章　19世紀の学説

を設けている論者の自衛権論を検討する。

　まず，この自衛権には，自己保存権に基づいて許されるとされた国内的措置は含まれない。例えば，外交官でもあり，東京専門学校や和仏法律学校で教鞭もとっていた秋山雅之介は，1900年の講義録では，自己保存権に基づく措置として国内的措置を含めることに対して，次のように否定的な立場をとる[113]。まず，学者の中には，国家を存続発展させるために自ら選択する方法に従って内政外交をすることができる権利をも自己保存権（「自存権」）中に入れる者があるが，そのような論じ方では自己保存権の範囲が広大であり，主権の行使全体を指すに至ると指摘する。そして，他国の権利を侵害しない限り任意に内政外交をなすことができることを独立権に分類する。軍備を設けること，他国と同盟条約を締結することなどは独立権の作用として自衛権から除外されている[114]。

　このように，国内的措置は自衛権に基づく措置としては挙げられなくなっていったが，この時期の国際法学者の説く自衛権は自己保存権の影響を色濃く残している。そのため，自衛権は，国家の生存に対する危険が存在する場合にその生存を守るために行使しうるとする者が多い[115]。この点は，戦間期の日本の国際法学者に，自衛権は生存を守るために行使しうるのみならず，権利を守るためにも行使しうるとする者が増える[116]こととは対照的である。

　自己保存権や自衛権に基づいて許されるのは，他国の権利の侵害であり[117]，侵害される権利を領域不可侵の権利と特定するものも見られた[118]。この権利侵

　　　ているが，Right of self-preservation と併記されている。
[113]　ただし，1893年には，「自存権並に独立権」という一章を設け，「自衛」は，独立国に例外的に干渉する論拠の一つとして，「独立権」の項目において扱われていた（秋山雅之介『国際公法』（東京専門学校，1893年）19-29頁）。
[114]　秋山『前掲書』（注105）241頁。1902年には，この引用個所の「自存権」は「自衛権」に置き換えられている（秋山雅之介『国際公法』（和仏法律学校，1902年）406頁）。
[115]　秋山，同上（『国際公法講義　平時』），240頁；倉知『前掲書』（注105）163頁；高橋『前掲書』（注112）529頁。
[116]　第5章第1節2参照。
[117]　秋山『前掲書』（注105）240頁；中村『前掲書』（注106）320頁；倉知『前掲書』（注105）163-168頁；立『前掲書』（注112）93頁。
[118]　三崎『前掲書』（注107）69頁。

◆第Ⅰ部　自衛権概念の萌芽

害は，平時における他国に対するもの，あるいは局外中立国に対するものだとされ[119]，論者によっては，自衛権の行使は他国に対して敵意を有することがないことを要件とし[120]，この点を明確にする。自衛権に基づく措置を，他国内の私人を対象としその結果として他国の権利が侵害される場合と，他国を対象とするものに区別し，その双方を自衛権行使のケースと位置付ける論者も見られた[121]。

また，自衛権行使の原因となる危険が，自衛権行使の対象となる国家に由来するというように限定するものも見られる[122]。ただし，多くの国際法学者は，自衛権行使の対象となる国家の違法行為の存在を自衛権行使の前提とはしていなかった。

例えば，高橋作衛は，ウェストレークの上記理論を詳細に紹介しながら自己の説を展開したが，高橋自身の見解とウェストレークの見解とで異なる点もある。ウェストレークは，自衛権を行使しうる場合を「先方に罪過ある場合」に限定しているが，高橋はそのような制限は必要がないと述べる。その理由は，国際法においては，国家が正当または有罪と声明する場合，それが妥当であるかを判定することが困難な場合が多いからである[123]。

また，立作太郎[124]は，「一個人の正当防衛行為に比すべき一種の権利行為」と「個人の緊急状態行為に比すべき一種の許容される行為」とを，先行行為の

---

[119]　戦争の正当因としての自己保存権（自衛権）概念については，本章第2節2参照。

[120]　秋山『前掲書』（注105）242頁。三崎『前掲書』（注107）69-71頁；倉知『前掲書』（注105）167頁も参照。

[121]　立『前掲書』（注112）93頁；倉知，同上，165-168頁；秋山『前掲書』（注105）243-245頁。

[122]　秋山，同上，240頁。

[123]　高橋『前掲書』（注112）528-529頁。高橋は，戦争後にいたって初めて正不正や有罪無罪等を判別することができる場合があり，そうである以上，国際法上の自衛は正当でなければならないとしてその他の自衛はこれを是認しないというのは著しく不適切であるとする。この点については，本章第2節2を参照。松原一雄『最近国際公法原論』（東京法学院大学，1904年）206-215頁も参照。

[124]　立の経歴については，一又正雄『日本の国際法学を築いた人々』（日本国際問題研究所，1973年）114-123頁を参照。

違法性の有無に基づいて次のように区別する。前者は，緊急状態が他国の不法行為またはその責任の懈怠によって生じ，その国家に対して権利侵害をするものであるのに対し，後者は，緊急状態の原因を作った国家に対する行為ではないが，許容される行為である[125]。このような区別をするのが正確であり，国際慣例もこの区別をようやく認める傾向にあるが，まだ国際慣例が確立しているということはできないとの認識を表している[126]。このように，立は，「一個人の正当防衛行為に比すべき一種の権利行為」と「個人の緊急状態に比すべき一種の許容される行為」とは一応区別しながらも，その双方を自衛権の項目で扱っており，自衛権が先行違法行為を要件とするという立場を採用していたわけではなかったと言える[127]。この点も，戦間期の日本の国際法学者に，自衛権が先行違法行為を要件とする者が増える[128]のとは対照的である。

以上のように，この時期の日本の学説を検討すると，自己保存権を支持しているものもあれば，より限定された自衛権のみを扱っているものも見られた。自衛権のみを扱っている論者においても，その自衛権は，国家の生存に対する

---

[125] 立『前掲書』（注112）90-92，95頁。
[126] 立作太郎『平時国際公法講義 上巻』（大正二年度東京帝国大学講義，非売品）92頁。
[127] 1920年代には，立は自衛権を次のように定義している。「国家自身，その機関またはその国民の危害が切迫している場合に発動する非常権であって，この権利なしと仮定すれば他国家の権利を侵す不法行為となる行為を権利行為として行うことを許容する。」立作太郎『平時国際公法』（大正九年度中大講義，石田正七編輯兼発行，非売品，1923年）53-54頁；立作太郎『平時国際公法』（大正十二年度中大講義，石田正七編輯兼発行，非売品，1923年）55-56頁。より具体的な条件は，「(1)国家自身，其機関又は其臣民の危害が切迫せること(2)已むを得ざるに出でたる（他の手段を以てしては到底自衛の目的を達する能はずして其手段を執るの緊急の必要あること）(3)自衛のためにする行為は自衛に必要なる限度を超へざること(4)危害が自衛を行ふ国家（又は其機関）の不法行為に基きたるものにあらざること(5)危害が自衛行為の加へらるべき国家（又は其機関）の不法行為に因りて起れるか又は少くとも其国家（又は其機関）が危害の生ずるを防ぐの責任を全ふせざること」というものである（立，同上（大正十二年）59-60頁）。この(4)を除いた四つの条件を具備した場合の自衛行為は，自衛上の緊急状態が存在するために国際法上許容されるとする（同上，57-58頁）。この自衛行為も「自衛権」の項目で扱われている。
[128] 第5章第1節2参照。

◆第Ⅰ部　自衛権概念の萌芽

危険がある場合に国家の生存を守るための権利であるとされたこと，先行違法行為を必ずしも要件としていなかったことなど，自己保存権の影響を大きく残していたことが分かる。

第2節　自己保存権（自衛権）と戦争

1　欧　米

　続いて，学説上の，自己保存権や自衛権と戦争との関係を検討する。第一次世界大戦以前の国際法関係は，戦時と平時の「二元的構造[129]」を持つと言われる[130]。戦争状態が開始する，すなわち戦時になると，交戦国間には戦時国際法のうちの交戦法規が適用され，中立国と交戦国との関係には中立法規が適用される。このような戦争状態においては，戦時国際法上の制限が国家に課されるものの，その制限の範囲内であれば国家はいかなる行動をもとることができた。一方，平時においては，国家の行動については様々な規制があり，例えば，国家は領域不可侵の権利を持つために，通常は他国の領土に許可無く侵入することは認められなかった。このように，同じ一つの行為に対して，平時であるか戦時であるかによって全く異なった評価が与えられた。以下では，19世紀の学説における，自己保存権や自衛権と戦争との関係を検討する。

　国際法学者が，自己保存権や自衛権に基づいて戦争を遂行しうるとみなしていたか否かという問題は，各々の戦争観と密接に関連する。以下では，19世紀の戦争観を概観した後，自己保存権や自衛権が戦争の遂行を許容する概念とみなされていたのかを検討する。

　中世以降のヨーロッパでは，戦争を正しい戦争と不正な戦争とに区別し，正当因に基づく正しい戦争は罪とならないとする正戦論が支持を集めていたが，

---

[129]　石本泰雄「国際法の構造転換」『国際法の構造転換』（有信堂，1998年）6-7頁。

[130]　伝統的国際法が平時・戦時の二元的構造を持つものではなかったとする近年の研究として，和仁健太郎「『戦争状態』理論の再検討」岩沢雄司ほか編『国際法のダイナミズム（小寺彰先生追悼論文集）』（有斐閣，2019年）627-650頁。しかし，この研究（未刊行段階での原稿）への反論（松井芳郎『武力行使禁止原則の歴史と現状』（日本評論社，2018年）6-8頁）で述べられている通り，伝統的国際法は平時・戦時の二元的構造を持つものであったとの見方が妥当であると考えられる。

18世紀後半から19世紀の初めになるとそれは徐々に支持を失っていった[131]。

19世紀においてどのような戦争観が支持されていたのかに関しては，様々な説がある。一方で，19世紀においては単一の戦争観が支配していたという見解がある[132]。その一方で，当時は単一の戦争観が支配していたのではなく，異なる戦争観が存在したという見解が有力に主張されている[133]。この問題については，後者の見解が正しいと解される。19世紀には，以下で詳述するように多様な戦争観が存在しており，当時，単一の戦争観が支配していたとは到底言えない状況にあった。例えば，依然として正戦論を支持する学者，法理論上は戦争には正当因が必要だとしながらも実質的に自由に戦争を遂行できたと捉える学者，戦争はその開始の局面では法とは切り離された出来事であると捉える学者などが存在していた。このように，多様な戦争観の存在を前提とする場合，自己保存権や自衛権に基づいて戦争が許容されると捉えるか否かということは，各々の国際法学者の戦争観に依存するものであった。

正戦論においても，自衛は戦争の正当事由の一つとして挙げられていたし，18世紀にも，国家は自己保存や自衛のために戦争に訴えることができると主張されることもあった[134]。19世紀について述べると，国際法学者の大多数が自己

---

[131] 伝統的正戦論の理論的変容，そしてその放棄については，柳原正治「戦争の違法化と日本」『日本と国際法の100年 第10巻 安全保障』（三省堂，2001年）266-268頁。また，田畑茂二郎『国際法（第2版）』（岩波書店，2008年）（原本は1966年刊行）358-369頁；西平等「戦争概念の転換とは何か──20世紀の欧州国際法理論家たちの戦争と平和の法」『国際法外交雑誌』第104巻第4号（2006年）63-65頁をも参照。

[132] 日本の体系書においては，19世紀には「無差別戦争観」という戦争観が支配的であったとされることがある。例えば，田畑，同上，366-369頁；田中忠「武力規制法の基本構造」『現代国際法の指標』（有斐閣，1994年）276-277頁。

日本における「無差別戦争観」については，柳原正治「いわゆる『無差別戦争観』と戦争の違法化」『世界法年報』第20号（2001年）4-6頁を参照。

[133] 柳原，同上，14-15頁に挙げられている著作，von Elbe, J., "The Evolution of the Concept of the Just War in International Law," *AJIL*, Vol. 33 (1939), at 684-685. この時代を一つの「無差別戦争観」という戦争観が支配していたと捉える見解に対する批判は，柳原，同上，13-15頁を参照。また，柳原「前掲論文」（注131）268-271頁，本章注154も参照。

[134] de Vattel, *supra* note 45, at 1-2, 21-22. 正戦論が支持されていた時代における，戦争

◆第Ⅰ部　自衛権概念の萌芽

保存権の行使と戦争に訴えることとを明確に区別していた，とは言い難い[135]。

　19世紀に多様な戦争観が存在していたことは既述の通りであるが，19世紀にも，依然，戦争を正しい戦争と不正な戦争，あるいは合法な戦争と違法な戦争に区別して，戦争は一定の場合にのみ許されるとする説は有力に唱えられていた。このような主張をしていた国際法学者の中には，自己保存権の行使と戦争の遂行とを厳然と区別していたとは言い難いものも見られる。

　19世紀前半には，例えばクリューバーは，戦争を正しい戦争と不正な戦争に区別し，戦争の正当事由に，現存するか急迫した権利の侵害があることを挙げている。彼は，自己保存権の項目の中の「国家とその権利を保存することに関

の正当因としての自衛については，次の論文を参照。伊藤不二男「自衛権の法史」『国際法外交雑誌』第59巻 第1・2合併号（1960年）30-42頁；Žourek, J., "La notion de légitime défense en droit international," *Annuaire de l' Institut de Droit International*, Vol. 56（1975），at 12-18.

[135]　国家実行を見ると，19世紀から第一次世界大戦までの時期には，戦争の開始に際して国家は説得力のある理由によって自国の戦争を正当化することを試みていた（von Elbe, *supra* note 133, at 685-687；Brownlie, I., *International Law and the Use of Force by States*（Oxford University Press, 1963），at 41. See also, Wright, Q., "The Outlawry of War," *AJIL*, Vol. 19（1925），at 89）。その正当化事由として，自己保存権ないし自衛権と解しうるものも多く見られた。その一つの例を挙げると，第一次世界大戦における各国の宣戦布告には，他国による「侵略行為」，「戦争行為」，「敵対行為」，「領土の侵略」が存在したこと，あるいは「自国民の生命と財産の保護」，「自国の権利と利益の保護」，「自国領土の保護」を目的とすることなどが明言されていた（Naval War College, *International Law Documents*（Government Printing Office, 1917）. See also, Wright, *Id.* 無論，これらの理由の全てが当時の自己保存権あるいは自衛権の内容に含まれるか否かは別に検討を要する。なお，日露戦争に際して日本が発布した宣戦布告の中では，次のように主張されている。韓国の存亡が「帝国安危の繋る所」であるにもかかわらずロシアが満州を占拠しついにこれを「併呑」しようとしている。もしも満州がロシアの領有に帰したら，韓国の保全は支持する理由がなく，極東の平和はもとより望むべくもない。したがって，妥協によって時局を解決し，平和を恒久に維持することを提案したが，ロシアはそれを受け入れない。韓国の安全が危急に瀕しており，「帝国の国利は将に侵迫」されようとしており，平和の交渉によって求めようとした将来の保障は，今日これを「旗鼓の間」に求める以外にない（「露国に対する宣戦の詔勅」外務省編『日本外交年表竝主要文書・上』（原書房，1965年）223頁）。

第 2 章　19世紀の学説

する行動」という章の中で，各々の国家は，自国の保存と持続，特定の物の取得，自国の名声等を保障する権利の侵害に対する直接のあるいは間接の侵害を予防しうるのみならず，これらの権利の存在にもたらされる損害を自らの手で回復することができるとしていた。そして，自己保存を保障する権利に対する現実の侵害あるいはその脅威がある場合に戦争を行い得ると捉えていた[136]。彼はより端的に，他国の自己保存権の措置について説明を求めた場合，その国家が説明を拒否したり，曖昧な説明をしたりした場合，暴力や戦争にすら訴えることができるとも述べていた[137]。

また，マルテンスは，戦争の正当事由に，独立の侵害や占領や条約によって得た権利の，過去の，現在の，あるいは将来懸念される侵害などを挙げている。マルテンスが，他の論者が自己保存権と称する権利に対応する権利を「自国の安全と独立を維持することに関する国家の権利」と称していることを考慮すると[138]，自国の独立に対する現在のあるいは将来懸念される侵害，すなわち自己保存に対する現在のあるいは将来懸念される侵害は，戦争の正当事由になりうると解していたものと考えうる[139]。

19世紀の中葉から後半にも，戦争を正しい戦争と不正な戦争，合法な戦争と違法な戦争に区別する者は多いが[140]，その中には，戦争の正当事由として自国の防衛を挙げ，自己保存あるいは自衛のために戦争を遂行しうる場合があると

---

[136] Klüber, *supra* note 27, at 78 ; Klüber, J. L., *Droit des gens moderne de l'Europe*, t. 2 (J. G. Cotta, 1819), at 367-373, 375-377. 戦争をはじめとした暴力を行使しうるのは，自然権や，実定法上の権利が紛れもなく侵害される場合であって，かつ，より簡単でより暴力的でない手段がない場合である (*Id.*, at 369-370)。

[137] 前掲注29に対応する本文を参照。

[138] 前掲注27参照。

[139] de Martens, *supra* note 27, at 387.

[140] Halleck, *supra* note 26, at 311-315 ; Twiss, T., *The Law of Nations Considered as Independent Political Communities : on the Rights and Duties in Time of War* (Longman, Green, Longman, and Roberts, 1863), at 56 ; Calvo, C., *Le droit international théorique et pratique*, t. 4 (4ème éd., Guillaumin, 1888), at 27 et seq ; Pradier-Fodéré, P., *Traité de droit international public européen et américain, suivant les progrès de la science et de la pratique contemporaines*, t. 6 (A. Pedone-Lauriel, 1894), at 573-582. See also, Brownlie, *supra* note 135, at 21 note 2.

59

捉える者も見られる[141]。特に,「域外措置を正当化する自己保存権」は,不完全戦争（guerre imparfaite, imperfect war）[142]と呼ばれることもあった[143]。不完全戦争は,通常の戦争状態とは区別されていたものの,戦争の一種であるとみなされていた[144]。ハレックは,国境を越えて隣国からの危険を攻撃するか,あるいは破滅させることは,「自衛の平和的権利の行使ではなく,敵対行為であり,国家はこれを交戦権の行使として行っている」とする[145]。

自己保存権や自衛権に基づく措置を平時の措置だと捉えるのは,ホール,オッペンハイム,ウェストレークである。

ホールは,自己保存権の措置が他国領域内の私人に向けられる場合と,他国自体に向けられる場合の各々について,次のように論じる。まず前者について,自己保存のために他国の領域を侵害することは,敵対的意図をもって行われるのではないし,また,自己保存のための行為は,国家に対して,あるいは国家に属することを理由としてその国家に属する私人や財産に対して向けられたものではなく,自国に損害を与える行為を理由として私人に向けられるため,通常の戦争行為とは重要な点で異なり,領域が侵害された国家がそれを敵対的意図で行われたとみなさない限り,戦争とみなす必要は全くないとする[146]。次に

---

[141] Twiss, *supra* note 36, at 12 ; Woolsey, T. D., *Introduction to the Study of International Law* (James Munroe and Company, 1860), at 257-262 ; Halleck, *Id.*, at 314-315 ; Calvo, *Id.*, at 35-36.

[142] 場所,人,物について限定されている戦争と説明される（Wheaton, *supra* note 25, at 213 ; Calvo, C., *Le droit international théorique et pratique*, t. 2 (2ᵉᵐᵉ éd, A. Durand et Pedone-Lauriel : Guillaumin, 1872), at 14 ; Halleck, *Id.*, at 345）。

[143] Halleck, *Id.*, at 96 ; Calvo, *supra* note 46, at 260 ; Pradier-Fodéré, *supra* note 25, at 422-423.

[144] 不完全戦争については,平時と完全に断絶しているわけではなく,単に特定のものに限り断絶しており,それ以外に関しては平時が存続しているという見方もあった(Burlamaqui, J. J., *Principes du droit de la nature et des gens : avec la suite du droit de la nature, qui n'avait point encore paru*, t. 5 (Nouvelle éd, B. Warée, 1821), at 100)。

[145] Halleck, *supra* note 26, at 96. 引用文中の「自衛の平和的権利」については,本章前掲注42に対応する本文も参照。

[146] Hall, *supra* note 1, at 245-246 note 1. See also, Woolsey, T. S. (ed.), *supra* note 65, at 85-86.

第 2 章　19世紀の学説

　後者について，自己保存権に基づく措置が向けられる国家が，自己保存権を行使する国家を敵国と見なさず戦争が勃発しない限り，自己保存のための措置をとる国家は，自国の措置を友好的性格（friendly nature）と称しうると述べる[147]。すなわち，ホールは，「域外措置を正当化する自己保存権」に基づく措置を，平時の措置として実施しうるとする。ここでホールの戦争観について述べると，彼は，理論的には戦争を正当に開始しうる事由を決定しなければならないが，戦争の正当事由を法は決定しえないために，戦争は，その開始の正当性とは無関係に，その当事国が選択すれば開始しうると捉える[148]。このように，戦争の開始については正当事由を問題とせず，戦争開始の意思を国家が持つか否かという点を重視することから，当事国が戦争開始の意思を持たない限りにおいて，その措置は平時の措置だとされることになる。

　19世紀末から20世紀初頭に，自然法の流れをくむ正戦論を支持することなく，戦争はその開始後は法によって規制されるがその開始の局面では法とは切り離された出来事であると捉えた代表的な国際法学者は，オッペンハイムとウェストレークである[149]。

　オッペンハイムは，「戦争は国際法によって承認され，多くの点で規制される事実であるが，国際法によって創設される事実ではない」と述べていたし，ウェストレークは，「国際法は戦争を創設したのではなく，戦争が既に存在していることを発見したのであり，戦争がより人道的であることを目的としてそれを規制しているのである」とした[150]。戦争がその開始の局面では法と切り離

---

[147]　Hall, *Id*., at 248.

[148]　Hall, *Id*., at 59-61. この戦争観は，後述のウェストレークやオッペンハイムのものに近似している。Wright, Q., "Changes in the Conception of War," *AJIL*, Vol. 18（1924），at 757-758；McNair, A. D., "Collective Security," *The British Year Book of International Law*, Vol. 17（1936），at 150-152も参照。

[149]　Westlake, J., *International Law*, Part Ⅱ (Cambridge University Press, 1907), at 3-4；Oppenheim, L., *International Law : A Treatise : War and Neutrality*, Vol. 2（Longman, Green and Co., 1906), at 56. See also, von Elbe, J., *supra* note 133.
　19世紀は，戦争は法と切り離された出来事だという捉え方が多数派であったとするものとして，Wright, *Id*., at 757. 19世紀における戦争観の捉え方が一様ではないことについて，柳原「前掲論文」（注132）13-15頁。

され，その開始の合法性が問題にされないということになると，戦争を正当化するために自己保存権や自衛権を援用することには，道徳的意義はあったとしても法的な意義はなくなる。

　オッペンハイムもウェストレークも，自己保存権や自衛権を，国際法の体系書の第1巻「平時」で扱っている。

　オッペンハイムは，自己保存はそれに基づいた侵害を他国が許容する義務がある「権利」ではなく，他国への侵害を一定の条件の下で免責する「免責事由」として捉えたが，免責されるのは「他国の権利侵害（violations of other States）」である(151)。彼が自己保存の措置がとられた事例として挙げるのは，デンマーク艦隊事件，アメリア島事件，カロライン号事件であり，これらは自衛の措置として平時における他国の権利侵害がなされたか，あるいは交戦国による中立国の権利侵害がなされた事例である(152)。

　ウェストレークは，他国からの攻撃やその脅威がある場合，領域という物理的制限を越えて防衛措置をとることができ，他国領域内で武力を行使することもできると述べる(153)。自衛権の例として取り上げる事例は，平時に他国の領域を侵害したカロライン号事件，平時に公海上で他国の旗国管轄権を侵害したヴァージニアス号事件，交戦国が中立国の権利を侵害したデンマーク艦隊事件であり，自衛権は戦争を正当化する概念としてではなく，平時における他国の権利侵害，あるいは交戦国が中立国の権利を侵害することを正当化する概念として理解されていた。

2　日　本

　19世紀末から20世紀初頭の日本の国際法学者においても，単一の戦争観が存

---

(150)　Oppenheim, *Id.*；Westlake, *Id.*

(151)　Oppenheim, *supra* note 1, at 177-178.

(152)　ただし，戦争の制限・禁止が進展した後に出版されたローターパクトによる『国際法（第5版）』では，第2巻「戦争法」の中でも自衛権が扱われており，「戦争の放棄」という章で，自衛権は武力行使に加えて戦争をも許容するものとして扱われている。Oppenheim, L., *International Law : A Treatise : Disputes, War and Neutrality*, Vol. 2 (5th ed., Longmans, Green and Co., 1935), at 157-160. 森『前掲書』（注2）198-199頁も参照。

(153)　Oppenheim（ed.），*supra* note 84, at 115-116.

在していたとは決して言えない状況にあった[154]。当時の日本の国際法学者は，自己保存権や自衛権に基づいて戦争を遂行しうるか否かについて記述していないことが多いが，自己保存権や自衛権が，戦争の正当因と捉えられていると解しうるものがあった。以下では，この時期の日本の国際法学者の戦争観について，自己保存権や自衛権と戦争との関係を検討する上で必要な範囲で簡潔に論じる。

　この時期の日本の国際法学者には，一方で，戦争を正当因に基づいて正しい戦争と不正な戦争とに区別する者が存在した。寺尾亨や千賀鶴太郎は，戦争を正当な戦争と不正当な戦争に区別した。寺尾によると，正当な戦争と不正な戦争を区別する基準の一つ[155]は，戦争を起こした理由が正当か否かである。正しい戦争の第一の条件[156]は，「他国より受けたる重大なる不正行為の恢復の為め」であることであり，戦争をするためには常に権利の侵害がなければならない[157]。

　千賀は，法律上正当な理由があって自力の執行として開戦するものに限ってこれを正当な戦争とみなすべきであると述べる。すなわち，戦争は法理上においては，自国の権利の保護もしくは正当な干渉のためでなければ開始してはならないという[158]。

　そうすると，寺尾が「自衛権」，千賀が「自国維持の権（自衛の権）」と称する「権利」を保護するためには，戦争を遂行しうるという結論が導かれるはず

---

[154] この時期の日本の国際法学者の戦争観については，易平『戦争と平和の間──発足期日本国際法学における「正しい戦争」の観念とその帰結』（Torkel Opsahl Academic EPublisher, 2013年）に詳しい。易は，この時期について「戦争違法化の動きが未だ本格的に現れていないにもかかわらず，そこには戦争を肯定する契機と否定する契機がともに含まれ，決して『無差別戦争観』の用語で一括りにできるものではなく，むしろ多様な戦争観が噴出した時期であった」と評価する（同上，8頁）。

[155] もう一つの基準は，正式に宣戦をなしたか，戦争中に戦争法を遵守したか等の形式的なものである（寺尾亨『国際公法（戦時の部）』（日本法律学校，1901年）14頁）。

[156] 第2の条件は，戦争が権利防衛のための最終手段であること，第3の条件は，権利の回復を得るかまたは回復を得ることが確実なときは直ちに戦争を中止することである（同上，17-19頁）。

[157] 同上，14-20頁。

[158] 千賀『前掲書』（注108）517頁。

である。寺尾は，明確に，戦争は「個人間の正当防衛と同じ[159]」と述べており，「自衛権」の行使として戦争を遂行しうる場合もありうると捉えているものとみなしうる。寺尾は，平時の国内的措置や，力の行使といったものも自衛権に基づく措置として許されると記述しているが，学者によっては自国の危害を鎮圧するために外国の範囲内に踏み込むことができるとする者があることに触れ，このような行為を「準戦争」と位置付けている[160]。

　以上のように，戦争を正しい戦争と不正な戦争に区別する国際法学者がいた一方で，正しい戦争と不正な戦争の区別を，理論上，あるいは実質的に放棄する学者も見られた。有賀と秋山は，理論上は戦争を遂行しうる場合を限定しながら，国家を超えた判定者が存在しないことを主たる理由として，実質的に戦争の正，不正を区別できないという立場を取る。中村，高橋，立は，理論上もそもそもこのような区別を採用しない。いずれにしろ，戦時国際法は交戦国双方に平等に適用されるとみなしている[161]。

　有賀は，戦争は，国民の発達の目的上から必要な要求を貫徹させるため，やむを得ない場合に，最後に用いる「強制方便」であるとして，戦争を遂行しうる場合を限定的に解する。しかし，「戦因」（開戦の理由たるに足るもの）の有無により正当の戦争・不当の戦争に区別する「戦因論」は排斥されたと述べた。その理由は，理論上は，戦争の当否を区別しても，実際には戦争当事国の上に立って裁断を下す権力がない以上は，何らの効力も存在しないからである。そして，いったん開戦となった以上は，「戦因」の如何によりその交戦国であることの権利関係を異にさせてはならないとする[162]。

　秋山は，戦争の開始は交戦国双方の権利であって，国際公法においては，戦争に関し国家がその戦争を開始するに至った原因如何とその原因の当否とを問

---

[159]　寺尾『前掲書』（注155）16頁。
[160]　寺尾『前掲書』（注105）43頁。
[161]　ただし，次の通り，秋山は，*jus in bello* のレベルで，戦時国際法が平等に適用されることに加えて，*jus ad bellum* のレベルでも，開戦の権利が平等に容認されると述べる。また，高橋は，*jus ad bellum* でのレベルで，交戦国双方が有する交戦権を行使することを重視する。
[162]　有賀長雄『戦時国際公法』（早稲田大学出版部，1903年）1－9頁。

う必要はないと述べる。その主たる理由は，まず，古来より戦争の原因は複雑であり，戦争開始の宣言のみを見て原因の正否を知ることができないため，国際法においては国家が戦争を惹起することができる原因について容易に一定の法則を設定することができないためである。また，仮にその法則を設定したとしてもその原因の当否を判定して法則の執行を保障する機関がなく，その法則の実効性がないためである。そして，戦争の原因如何に関わらず等しく国際法上の戦争とみなして交戦者双方を同一の地位に置き，各々がその戦争に関して開戦の権利があるものとみなし，単に戦争の進行上，その行為に関する権利義務を論定するしかないとする[163]。

中村は，戦争目的の存在は戦争の要素ではなく，戦争には原因の正否を問わないと述べる[164]。前者の戦争目的について，中村は，目的が存在することを戦争の要素にすると，戦争の一方当事者は戦争目的の存在をもって戦争を遂行していることになり，結果として戦時国際法が適用されるが，他方当事者は戦争目的の不在をもって戦争を遂行していることにはならず，戦時国際法が適用されないという誤謬に陥るためであるとする。すなわち，中村は，戦時国際法を戦争当事者双方に平等に適用することが妥当であると解するがゆえに，双方の戦争目的の如何を問わず戦争とすべきと主張する。以上のように，前者の戦争の目的については，一つの戦争について，一方当事者にとっては戦争であり，他方当事者にとっては戦争ではないという状態が想定されている。これに対し，後者の戦争の原因については，原因が正しい場合は戦争と称し，それが不正な場合は戦争と称しないというように，ある戦争それ自体を正不正に基づいて戦争であるか否か判定しうることが想定されている。中村が，後者のように，戦争原因の正否を問わないとするのは，国際法には主権者[165]がいないことをもっ

---

[163] 秋山雅之介『国際公法（戦時）』（法政大学，1903年）19-21頁；秋山雅之介『戦時国際法』（明治大学出版部，1910年）13-14頁。もっとも，秋山は，以上のように実質的に戦争の正否を区別できないと論じた後で，少なくとも理論上は戦争を遂行しうる場合を限定しようとする。すなわち，戦争は，国際紛争を決する最後の手段であって，兵力を用いた行動は必ずその必要がある場合でなければならないという（秋山，同上（『国際公法（戦時）』），21-23頁）。

[164] 中村『前掲書』（注106）840-841頁；中村進午『国際公法論』（清水書店，1916年）485頁。

◆第Ⅰ部　自衛権概念の萌芽

て原因の正否を決定する手段がないことと，不正な戦争に戦時国際法を適用できないとすると，戦争か否かについて議論が生じるためである[165]。

　高橋は次のように論じる。すなわち，今日，戦争法の原則によれば交戦国は双方ともに正当な権利として交戦権を行使することができる。そしてこのためには，少なくとも交戦国双方を等しく正当だと仮定することを要する。もし戦争原因の正否をもって戦争の正否を分ければ，不正義な戦因を有する交戦国はその権利として交戦権を行使することができないことになり，よって，戦争にはその原因の正不正を問うべきものではないことが明らかである[167]。このように，高橋は，交戦国双方が交戦権を行使できるようにするために，戦争原因の正不正を問うべきではないと解釈している。

　立は，次のように，戦争を正当，不正当とに区別することは不可能であり，重要でもないと述べる。国際法には未完成な点があるため，法規上，戦争の正当，不正当を判然と決定することができず，また，多くの戦争の原因は国際法上の正当，不正当に関係ない利害または思想感情の衝突であって，これらの原因について国際道徳上又は国際政策上の正当，不正当の議論をすることはできても，国際法上，正当，不正当を区別することはできない。さらに，たとえ権利侵害の救済を得るために戦争を起こすことが国際法上正当ということができる場合があったとしても，交戦国の一方から見て戦争を起こす原因が正当であるのであって，二国以上の国家間の状態である戦争そのものの正当，不正当を決めることはできない。また，交戦国間に交戦法規適用上の区別をすることは国家の上に立つ権力者が存在しないために到底実行しえず，戦争原因が正当であるか否かは交戦法規の適用において何の関係もない。以上のことから，戦争

---

(165)　中村は，国家が主権を持つことは当然ながら認めているため，ここでの「主権者」とは，判定者のことだと推察される。

(166)　中村『前掲書』（注106）840-841頁；中村『前掲書』（注164）485頁。

(167)　高橋作衛『戦時国際法要論』（清水書店，1905年）39-40頁。ただし，高橋は，国際法においては一国が正当または有罪と声言することがはたして当たっているか否かを判定することが困難である場合が多く，戦争後に至って初めて正不正と有罪無罪等を判断することができる場合があると述べる（高橋『前掲書』（注112）529頁）。このことから，戦争の結果が，遡及的に戦争の正不正，国家の有罪無罪を決定すると捉えていると解しうる。

の原因の問題は国際法上重要ではない[168]。このように，立は，国際法上，戦争原因の正・不正を区別することはそもそも不可能であること，一つの戦争を正当，不正当と決めることはできないこと，戦争原因如何に関係なく交戦法規は交戦国間に等しく適用されることなどを理由として，戦争原因の正当・不正当を区別することはできないし，それは重要でもないと主張した。

上述した寺尾や千賀とは異なり，以上のように正しい戦争と不正な戦争の区別を理論上，あるいは実質的に放棄し，戦争の正当因を問わなければ，少なくとも法的には戦争を正当化する意義は存在しない。自衛権は，平時における他国に対する，あるいは局外中立国に対する，権利侵害を正当化する概念とみなされる[169]。これこそが自衛権概念の意義であった。

有賀は，自衛権を国境外で行使する場合について「陸軍は戦時に非ずして国境外に出ずることなきものなれば一国が其の国境外に於て自衛権を決行するは常に海軍の力に依れり[170]」と述べ，ヴァージニアス号事件とカロライン号事件という，平時に他国領域内で「自衛権」が行使された事例を挙げる[171]。

秋山は，自衛権行使の対象となる国家に対して，「敵意を有することな」いものとする[172]。

自衛権をどのような場合に行使しうるかについて，日本でも様々な議論があったことは本章第1節2で述べたが，戦争について問題とされた判定者の不在は，当然自衛権にも当てはまる。そうすると，ある国家の行動が自衛権に基

---

[168] 立作太郎『戦時国際法』（中央大学，1913年）13-15頁；立作太郎『日本大学明治45年度法律科第2学年講義録 戦時国際公法』（日本大学，1912年）1-2頁。

[169] 有賀『前掲書』（注105）58-59頁；秋山『前掲書』（注105）240，242頁；立『前掲書』（注112）90-95頁。中村は，七年戦争中の1756年，フリードリヒ2世がザクセンを攻撃して自ら開戦をしたことも正当防衛権であると論究してはならないことはないと述べる（中村『前掲書』（注106）318頁）。しかし，中村の上記戦争観を考慮すると，正当防衛権を戦争を法的に正当化する概念と捉えていたかどうかについては疑問が残る。高橋は，正当な自衛的行為と称するものが，結果的に戦争となる場合があることを認めていた（高橋『前掲書』（注112）529頁）。

[170] 有賀，同上，58頁。

[171] 同上，58-60頁。

[172] 秋山『前掲書』（注105）242頁。

◆第Ⅰ部　自衛権概念の萌芽

づいたものか否かを判断するのは，究極的には自衛権を行使する国家のみということにならざるを得ない。この問題は，戦間期を通して多くの国家や国際法学者によって取り上げられ，自衛権をめぐる重要な論点の一つであり続けた。

第3節　小　括

　本章では，19世紀の学説を検討対象とした。19世紀前半の学説においては，自己保存のために，自国の生存や安全を維持することを目的として，徴兵，軍備増強，同盟条約などの条約の締結，要塞の構築，領土を拡大し，富や国力を増加させるといった他国の権利を侵害しない国内的措置をとりうると説明された。しかし，このような国内的措置に限らず，他国が異常なまでに軍備を増強している場合に，十分な説明が得られない場合には，敵対行為，暴力行為，戦争をすることができるとされた。また，絶対的な緊急時に自己保存のために他国の権利を侵害することすらできると論じる者も見られた。この時期には，自衛権という語が用いられる場合であっても，それは自己保存権の目的を達成するために不可欠な権利とされ，それに基づいて許される措置としては主として国内的措置が挙げられた。

　19世紀後半の体系書で，19世紀の国家実行の分析に基づいて自己保存権概念が論じられるようになることに伴い，自己保存権に基づいて，国内的措置のみならず，域外措置を実施することができる（「域外措置を正当化する自己保存権」）というように，正当化される措置として域外措置を挙げる論者が一般的になっていった。もっとも，自己保存権に基づいて他国の権利が侵害できるということは，この時期になって初めて主張され始めたわけではない。この措置の理論的根拠は，ヴァッテルやクリューバーといった18世紀から19世紀初頭の国際法学者の説にもとめられた。

　この「域外措置を正当化する自己保存権」が従来の自己保存権や緊急権と異なるのは，同権利に基づいて他国の権利侵害が許されるのが，権利侵害の対象となる国家に由来する危険が存在し，その国家が危険を防止しない場合であるとされていたことである。危険を防がないあるいは防げないことを違法であると捉えた上で，それを同権利行使の要件とするか否かについては記されていないことが多いものの，これらの見解は，自己保存権を，危険の発生が権利侵害

の対象となる国家に由来する場合に限っていない緊急権よりも厳格な発動要件を持つ権利として捉えるものである。ここに、「域外措置を正当化する自己保存権」と、危険が権利侵害の対象となる国家自身に由来するか否かに関わらず行使しうる緊急権との区別の萌芽が見られる。

　19世紀末から20世紀の初頭には、国家の基本権、そしてその一つと位置付けられた自己保存権、さらには緊急権に対しても厳しい批判が展開されるようになっていった。まず、自己保存権に基づいて許される措置として、国内的措置が挙げられないようになっていく。そして、自己保存権の措置の中でも、他国の権利を侵害する措置のみが許容されるものとみなされるようになっていき、そのような権利（あるいは免責事由）が自衛権や自衛と称された。もっとも、この時期を境にして自己保存権が完全に支持を失ったわけではなく、戦間期にも伝統的な自己保存権を支持する論者は依然として見られた。

　19世紀末から20世紀初頭に、国家の基本権理論に対する批判を展開した論者の一人であったウェストレークの自己保存権論、そして自衛権論を検討すると、何よりも重要なのは、まず「自己保存の真の国際的権利」はただ自衛の権利のみであると述べて自己保存権の中で自衛のみを論じたこと、そして、自衛を先行違法行為を前提とする概念として定義したことである。同時期には、国家責任法の文脈においても、自衛権は、先行違法行為を前提とするとするものとして論じられるようになっていった。先行違法行為を前提とする自衛権は、従来の自己保存権概念や緊急権概念と峻別しうる概念である。また、従来の「域外措置を正当化する自己保存権」は、自国の生存や安全が危機に瀕している際に行使しうるとされるのが一般的であったのに対して、ウェストレークの論じた自己保存権は、権利一般の侵害に対して行使しうるとする点で、従来の自己保存権概念とは異なる。この点は、とりわけ戦間期の日本の国際法学者に参照され、影響を与えていく。

　次に、自己保存権と戦争との関係を検討した。自己保存権が戦争を正当化する概念と捉えるか否かは、それぞれの論者の戦争観に依存していたが、19世紀になっても依然として正戦論を支持する論者は、自己保存を戦争の正当因の一つとみなしていた。その一方で、戦争は、正当因とは無関係に開始しうる関係、戦争の開始の局面では法とは切り離された出来事であると捉える論者は、自己

◆第Ⅰ部　自衛権概念の萌芽

保存権や自衛権を，戦争を法的に正当化する概念としてではなく，平時に本来違法な他国の権利侵害，あるいは，交戦国による中立国の権利侵害を許容する概念として位置づけていた。

　以上のように，19世紀の自己保存権論は，国際法学者達が19世紀以前からの学説を基礎とし，また19世紀の国家実行を分析しながら確立していったものであった。自己保存権には，①正当化される措置として国内的措置も含まれ，②保護されるのは自国の生存や安全であるとされるのが一般的であり，③特定の先行行為を要求しない，という特徴があった。19世紀後半から，国家実行の積み重なりをうけ，他国の権利侵害を許容する「域外措置を正当化する自己保存権」に多くの紙面が割かれた。これについては，上記①②の特徴はそのままであったが，③について，その行使対象となる国家に由来する危険の存在が前提とされ，自己保存権を行使して域外措置をなしうる場面が，限定的に解されるようになった。19世紀末になると，依然として自己保存権が支持されてはいたものの，自己保存権の中で自衛権のみが許されると主張されるようになった。この自衛権は，①その措置として国内的措置を含まなかった。さらにウェストレークの自衛権は，②権利一般に対する侵害に対しても行使でき，③先行行為の違法性を要求する。

　このように，緊急時に他国の権利を侵害することを許す権利は，自己保存権や緊急権の内容の一部として発展し，19世紀末には，自己保存権の中でも唯一許される自衛権として論じられるようになっていった。

第 II 部
新たな自衛権概念の出現

◇ 第Ⅱ部の概要 ◇

　第Ⅱ部では，まず，戦間期に戦争を制限・禁止した条約やそれを目的とした条約案を検討し，次に戦間期の学説を分析する。

　第3章では，第1節から第4節で，戦争の制限・禁止を規定する条約や条約案のうち，第一次世界大戦直後である1920年代前半のものを取り上げ，これらの文書における戦争の制限・禁止，そして自衛権概念を検討する。そして，戦間期に新たな自衛権概念が出現したことを明らかにする。

　第4章では，不戦条約を取り上げる。戦争制限・禁止を試みた戦間期の条約の中で，不戦条約について独立した章を設ける理由は，この条約が，戦間期に戦争の禁止を最も徹底したものであったという意味でも，自衛権についての豊富な議論を生んだという意味でも，他の条約と比して特に重要であるためである。この章では，不戦条約締結過程における諸国家の見解を扱う。第1節では，諸国家が不戦条約締結によっても毀損されないとの共通認識を持っていた自衛権概念の核たる部分を明らかにし，第2節では，各国が観念していた自衛権概念の外縁が不明瞭であったことを明確にする。

　第5章では，戦間期の欧米および日本の学説における自衛権論を分析する。そして当時は，同じ「自衛権」という用語で表される概念が，論者によって相当に異なっていたことを明らかにする。この分析に際しては，それぞれが戦争の違法化との関係においてどのように自衛権を観念していたのかという観点から，一定の類型化を試みる。

第3章　第一次世界大戦直後の条約

　第一次世界大戦直後より[1]，国際連盟規約をはじめ，戦争の制限・禁止の規定が盛り込まれた複数の条約が起草された。しかし，これらの条約も，国家の自衛権行使を妨げるものではないとみなされていた。本章では，第一次世界大戦直後に戦争を制限・禁止した条約や条約案を対象とし，各条約の戦争禁止規定，そして諸国家の自衛権の捉え方を概観する[2]。具体的には，国際連盟規約，相互援助条約，国際紛争平和的処理に関する議定書，ロカルノ条約の4つの条約および条約案を取り上げる。

第1節　国際連盟規約

　国際連盟規約は，第一次世界大戦の平和条約の第1編として1919年に採択され1920年に発効した[3]。前文は，締約国が戦争に訴えない義務を受諾したことを謳い，第12条，第13条，第15条は，次のように一定の場合に戦争に訴えることを禁止した。まず，国際連盟加盟国間に国交断絶に至るおそれがある紛争が

---

(1) 第一次世界大戦前にも実定国際法による戦争制限はみられた。1907年の第2回万国平和会議において締結された，「契約上ノ債務回収ノ為ニスル兵力使用ノ制限ニ関スル条約」がその例である。この条約は，契約上の債務を回収するために兵力を使用することを制限する条約であったが，この制限は債務回収の局面に限られており，その戦争禁止の効果は限定的であった。

(2) 戦間期のアメリカ平和主義者における自衛権の位置づけ，とりわけ「戦争違法化」運動を主導したレヴィンソンが自衛のための武力の合法性を基本的に認める立場をとったことについて，三牧聖子『戦争違法化運動の時代——「危機の20年」のアメリカ国際関係思想』（名古屋大学出版会，2014年）140-143頁。

(3) 1934年段階における国際連盟加盟国については，藤田久一『国連法』（東京大学出版会，1998年）20-21頁を参照。国際連盟加盟国の国際連盟の脱退年，不戦条約およびラテンアメリカ不戦条約（サーヴェドラ・ラマス条約）の加盟状況は同書55-56，64頁を参照。国際連盟による法典化事業については，高橋力也『国際法を編む——国際連盟の法典化事業と日本』（名古屋大学出版会，2023年）を参照。

◆ 第Ⅱ部　新たな自衛権概念の出現

発生するときには，当該事件を仲裁裁判もしくは司法的解決または連盟理事会の審査に付す義務があることを規定し，仲裁裁判官の判決もしくは司法裁判の判決後，または連盟理事会の報告後3カ月間は戦争に訴えることを禁止している（第12条1項）。また，3か月経過後であっても，裁判の判決を履行している国家や連盟理事会の報告書の勧告に応じている国家に対して戦争に訴えることを禁止した（第13条4項，第15条6項）。以上の義務に反して戦争に訴えた国家は，他の全ての国家に対して戦争行為をなしたものとみなされ，非軍事的措置と軍事的措置の対象となりうる（第16条）。

このように，国際連盟規約第12条，第13条，第15条は，一定の戦争を禁止する規定である。しかし，これらの条文で禁止された場合以外には，戦争に訴えることができると解釈する余地が残された。すなわち，仲裁裁判もしくは司法的解決の判決または連盟理事会の報告後3ヶ月を経過した後であれば，判決や報告書に服さない国家に対して戦争に訴えることができると解釈することが可能であった。また，第15条7項は，紛争当事国を除く連盟理事国全ての同意がある報告書が得られない場合には，連盟加盟国は，正義公道を維持するため必要と認める処置を執る権利を留保することを明記しており，この「必要と認める処置」の中に戦争が含まれるとの解釈が可能である。以上に加えて，国際連盟規約の戦争禁止規定において「戦争」という語が用いられたため，規制されたのは法的意味での戦争であって，それに至らない武力行使（事実上の戦争）は禁止されていないという解釈がなされる余地も残された[4]。

このように，法的意味での戦争，さらにはそれに至らない武力行使も許されるとの解釈が可能であったとはいえ，国際連盟規約が，一定の場合に戦争に訴えることを禁止したことは確かであった。

続いて，国際連盟規約は自衛権の行使を妨げないと捉えられていたのかを検討する。国際連盟規約には，自衛権に関する明文上の規定はなんら存在しない。また，国際連盟規約締結当時は，同規約によっても排除されていないとされていた自衛権概念についての議論は盛んではなかった。

---

(4) 戦間期の戦争の違法化によって，法的意味での戦争のみが禁止されたのか，あるいはそれに至らない武力行使も禁止されたのかをめぐって1930年代になされた議論については，第5章第4節1，第6章第3節1を参照。

しかし，そのことは，国際連盟規約が自衛権の行使を想定していなかったことを意味するものではない。後述する本章第2節・第3節の国際連盟内での取り組みにおいては，国際連盟規約の戦争制限が，自衛権を排除していないという認識が示されていた。さらに，国際連盟規約を不戦条約と調和させるために必要な改正について検討する任務にあたった小委員会の1931年の報告書では，「不戦条約においても現在の国際連盟規約においても，戦争に訴えることの禁止が正当な自衛権を排除していないことは，議論の余地がない点(5)」であることが確認されていた(6)。

第2節　相互援助条約

前節で確認されたように，国際連盟規約は一定の戦争を禁止したものの，戦

---

(5) "Amendment of the Covenant of the League of Nations in Order to Bring It into the Harmony with the Pact of Paris (Report Submitted by the Sub-Committee)," *League of Nations Official Journal Special Supplement* [hereinafter, *LNOJss*], No. 94 (1931), at 146.

(6) ウェバーグは，1928年に，「自衛戦争は決して国際連盟規約によって禁止されていない。非常に普及した見解によると，国家の軍事的防衛は，国家の権利であるのみならず国際連盟加盟国の義務ですらある」(Wehberg, H., "Le problème de la mise de la guerre hors la loi," *Recueil des cours*, t. 24 (1928), at 164) と述べていた。See also, Wehberg, H., *The Outlawry of War* (Carnegie Endowment for International Peace, 1931), at 10 ; Giraud, E., "La théorie de la légitime défense," *Recueil des cours*, t. 49 (1934), at 715 ; Ago, R., "Le délit international," *Recueil des cours*, t. 68 (1939), at 540 ; Brownlie, I., *International Law and the Use of Force by States* (Oxford University Press, 1963), at 61-62 ; Bowett, D. W., *Self-Defence in International Law* (Manchester University Press, 1958), at 124. 国際連盟規約の締結当時は，日本においても，同規約の締結によって自衛権の行使が妨げられるか否かという点についての議論は盛んではなかった。しかし，1930年代になってからは状況が変わり，たとえば，立作太郎と松原一雄は，自衛権の行使が国際連盟規約に反しないと論じている（立作太郎『新法学全集第26巻 国際法Ⅱ 国際連盟規約（二）』（日本評論社，1937年）60頁；松原一雄『国際法概論』（厳松堂書店，1934年）444頁）。1930年代の立と松原の自衛権論については，第5章第1節2(1)(a)，同(c)を参照。国際連盟期の自衛権についての近年の研究としては，Kolb, R., "La légitime défense des états au XIXe siècle et pendant l'époque de la Société des Nations," Kherad, R. (édit.), *Légitimes défenses* (L. G. D. J., 2007), at 25-70.

争に訴える余地が残されていた。相互援助条約[7]と国際紛争平和的処理に関する議定書は，この抜け道を塞ごうとする国際連盟の枠内での試みとして作成された。

　国際連盟第2回総会において軍縮問題が議題に上がったが，1922年に，軍縮は安全保障と併行して進められねばならない，という趣旨の決議14が採択されたことを受け，武力行使の脅威を受けた国家を援助する特別の保障を提供することを目的として[8]，翌年の第4回連盟総会に相互援助条約案が提出された。この条約案の第1条1項は次のように規定した。

　　締約国は，侵略戦争が国際犯罪であることを厳粛に宣言し，どの締約国もその罪を犯さないことを各自に約す。理事会の全会一致の勧告，常設国際司法裁判所の判決，あるいは仲裁判決を受諾した紛争当事国が，それらを受諾していない締約国に対して戦争を遂行するのであれば，前者の国家が後者の国家の政治的独立や領土保全を侵害する意図がない限りにおいて，その戦争は侵略戦争とはみなされない。

　国際連盟規約が，戦争の開始に一定の制限を課すにとどまり，戦争自体を禁止していなかったのに対して，本条約は戦争を一般的に禁止し，戦争は例外的場合にのみ許容されるものとした画期的条約であった。しかし，国際連盟内外からの反対が強く，この条約は最終的に発効に至らなかった[9]。

　侵略戦争が禁止された一方，自衛戦争が許容されることについては条約案の理論的支柱であった集団安全保障論者の一致した見解であったとされる[10]ものの，本条約案中にもその形成過程においても自衛権についての言及は見られない[11]。

---

[7] "Draft Treaty of Mutual Assistance," *LNOJss*, No. 16（1923），at 203-206.

[8] Brownlie, *supra* note 6, at 68.

[9] 諸国の反応については，次の資料を参照。"Treaty of Mutual Assistance : Replies from Governments," *LNOJss*, No. 26（1924），at 129-168.

[10] 大沼保昭『戦争責任論序説——「平和に対する罪」の形成過程におけるイデオロギー性と拘束性』（東京大学出版会，1975年）79頁。

[11] 森肇志『自衛権の基層——国連憲章に至る歴史的展開（増補新装版）』（東京大学出版会，2023年）106頁。

第3節　国際紛争平和的処理に関する議定書

　1924年，国際連盟の第5回総会で，侵略に対する相互保障という安全保障システムと国際紛争の平和的解決義務を結合させた，国際紛争平和的処理に関する議定書[12]（ジュネーブ議定書）が採択された。この議定書は，イギリスの反対もあって結局発効には至らなかったものの，48カ国が総会において承認し，国際連盟の加盟国のうち19の国家が実際に議定書に署名した。

　この議定書は，前文において，「署名国は，国際共同体の構成員の連帯を認識し，侵略戦争がこの連帯の侵害であり，国際犯罪であることを断言する」と宣言し，侵略戦争の禁止を明確にする一方で，戦争を遂行する権利が許容される場合を規定していた。第2条は，次のように規定する。

　　署名国は，侵略行為に対する抵抗の場合，あるいは国際連盟規約やこの議定書の規定に従って国際連盟理事会や総会の合意のもとに行動している場合を除いて，相互に，あるいは紛争が発生する場合に以下の全ての義務を受諾している国家に対して，いかなる場合も戦争に訴えないことを約す。

　この条文は，戦争の禁止から除外される場合として，「侵略行為に対する抵抗」を挙げる。

　特別報告者であったポリティスは，この第2条に規定された戦争禁止の例外について論じる中で，自衛権について次のように言及している。

　　この条約の禁止は，侵略戦争にしか及ばない。当然，防衛戦争は禁止されない。正当な自衛の権利（right of legitimate self-defence[13]）は，そのまま尊重される。攻撃された国家は，可能なあらゆる手段を用いて自国が犠牲となりうる侵略行為に抵抗する完全な自由を持つ。国際共同体から受けることのできる援助を待つことなく，自国を自国軍によって直ちに防衛することができ，またそうすべきである[14]。

---

[12]　"Protocol for the Pacific Settlement of International Disputes," *LNOJss*, No. 23 (1924), at 498–502を参照。

[13]　戦間期には，「自衛権（right of self-defense）」という語の他に，「正当防衛権（droit de légitime défense, right of legitimate defence）」，「正当な自衛（legitimate self-defense）」などの語が用いられているが，これらの語が明確に区別して用いられていたわけではなかった。森『前掲書』（注11）101頁注7も参照。

[14]　"Arbitration, Security and Reduction of Armaments : General Report submitted to

◆第Ⅱ部　新たな自衛権概念の出現

　このように，ポリティスは，自衛権は戦争禁止の例外として，「侵略に対する抵抗」すなわち「防衛戦争」を行うことを許すとみなしていた。言い換えると，本議定書によっても禁止されないとされた自衛権とは，自国に対する違法な侵略行為に対して，戦争を例外的に許容する権利であった。

　自衛権の先行行為とされた侵略という用語に関しては，この時期に定まった定義があったわけではなかった。しかし，本議定書の第10条は，侵略者を次のように定義している。すなわち，「国際連盟規約あるいは本議定書の約束に違反して戦争に訴えた全ての国家は侵略者[15]」である。

　以上のように，国際紛争平和的処理に関する議定書上の自衛権は，同議定書に違反して戦争に訴えた国家に対して，防衛戦争に訴えることをその内容としていた。

第4節　ロカルノ条約

　ドイツ・フランス・ベルギーに保障国としてイギリス・イタリアが加わった5ヶ国の間で，1925年10月16日に相互保障条約であるロカルノ条約[16]が締結された。この条約[17]は，ドイツ・フランス間，ドイツ・ベルギー間の戦争を防止することを目的としており，5ヶ国間の局地的条約であって国際連盟の枠外で

---

the Fifth Assembly on behalf of the First and Third Committees by M. Politis (Greece), Rapporteur for the First Committee, and M. Beneš (Czechoslovakia), Rapporteur for the Third Committee," *LNOJss*, No. 24 (1924), at 121.

[15] 第10条は，侵略者の認定について規定している。戦争に訴えることに次の三つのいずれかが伴う場合，理事会による満場一致の決定が異なる宣言をしない限り侵略者だとの推定がなされる。それらは，簡潔に言うと，①平和的解決手続を受け入れないかあるいは平和的解決手続きの結果としての決定に従うことを拒むこと，②理事会の暫定的措置命令に違反すること，③理事会の停戦命令を受け入れることを拒否したり，それに違反したりすることである（*supra* note 12, at 500-501）。

[16] 同日には，本相互保障条約の他，4つの仲裁裁判条約と2つの保障条約が調印されたが，本書ではドイツ・ベルギー・フランス・イギリス・イタリア間の相互保障条約のみを指すものとして「ロカルノ条約」という名称を用いる。

[17] "Treaty of Mutual Guarantee between Germany, Belgium, France, Great Britain and Italy, Done at Locarno, October 16, 1925," *League of Nations Treaty Series*, Vol. 54 (1926-1927), at 289-301.

締結された条約である。

　ロカルノ条約は、その第2条1項において「ドイツとベルギー、ドイツとフランスは、いかなる場合においても互いに攻撃したり侵入したり、あるいは戦争に訴えたりしないことを互いに約す」と規定している。また第3条は、紛争の平和的解決義務を定める。本条約では、「戦争に訴えること」に加えて「攻撃（attack）」や「侵入（invade）」も一般的に禁止しており、法的意味での戦争のみを禁止したとの解釈の余地を残す国際連盟規約の欠陥を、局地的とはいえ埋めるものであった。

　ロカルノ条約は、戦争の禁止を意図した第一次世界大戦後の条約の中で、自衛権または正当防衛権という言葉を用いた最初の条約である[18]。本条約第2条2項は、第1項が規定する攻撃・侵入・戦争の禁止が適用されない場合を規定している。これによると、禁止が適用されないのは、正当防衛権の行使の場合、国際連盟規約第16条[19]の遂行として行動する場合、国際連盟総会または理事会の決議に基づいて行動が取られる場合、の3つである。そして同じく第2条2項において、正当防衛権を行使しうる場合を具体的に規定している。それによると、正当防衛権を行使しうるのは、「前項の約束の侵害、ヴェルサイユ条約第42条または第43条[20]の明白な違反に対する場合。ただしこの違反が、挑発をうけざる侵略行為を構成し、非武装地帯内における兵力の集結があるために即

---

[18]　田岡良一『国際法上の自衛権（初版）』（勁草書房、1964年）152頁。

[19]　国際連盟規約に違反して戦争に訴えた国家に対する「制裁」を規定した条文である。本章第1節参照。

[20]　これらの条文は、ヴェルサイユ条約の第3篇「欧州政治条項」第3款「ライン川左岸」に置かれている。

　第42条「ドイツは、ライン川の左岸または同川の東方50kmに引いた線の西方にある同川右岸において要塞を保有しまたは構築することを得ず。」

　第43条「前条規定の境域内においては、武装したる兵力の永久または一時の駐屯または集合ならびに各種の軍事演習を禁ず。動員のためにする一切の永久施設の保持についてもまた同じ。」

　日本語訳は以下の資料も参考にした。JACAR（アジア歴史資料センター）Ref. A03021294200、御署名原本・大正九年・条約第一号・同盟及聯合国ト独逸国トノ平和条約及附属議定書（国立公文書館）。

◆ 第Ⅱ部　新たな自衛権概念の出現

時の行動が必要である場合」である。すなわち，自衛権を行使しうるのは，他国が第2条1項を侵害した場合とヴェルサイユ条約第42条または第43条に明白に違反した場合である。前者の違反は，他国が攻撃，侵入をしてきた場合あるいは戦争に訴えてきた場合である。後者は，非武装地帯における，要塞の保有や構築・武装兵力の駐屯や集合・軍事演習・永久施設の保持などが想定される。ただし，それだけでは十分ではなく，この違反が「挑発をうけざる侵略行為」を構成し，「非武装地帯への兵力の結集」を伴い，かつ「即時の行動が必要である」場合である。ただし，この「挑発をうけざる侵略行為」が，結局どのような場合に構成されるのかが明確にされることはなく，自衛権の先行行為が曖昧なままに残されることになった。

第5節　小　括

　以上のように，第一次世界大戦直後より，実定国際法による戦争の制限・禁止が試みられた。この試みの結果発効した諸条約は，戦争を実効的に規制するという観点から見ると，いくつもの抜け道を持つものであった。その一つが，「戦争」という語を用いたことから事実上の戦争は許されるとの解釈の余地を残したことであった。とはいえ，この時期に，歴史上初めて，戦争を制限・禁止することを規定する条約が制定されたことは確かである。

　これらの戦争制限・禁止に伴って，自衛権は，これまでにない新たな意味を持つようになっていった。すなわち，自衛権は，上述したような戦争を禁止した条約によって禁止された違法な戦争，侵略，攻撃，侵入を自国に対して行う国家に対して，それに対する防衛のために，本来は条約で禁止された戦争を例外的に許容する権利として，新たに国際法の平面に出現したのである。このように，違法な戦争，侵略，攻撃，侵入に対して戦争を遂行することを内容とする自衛権を，本書では「狭義の自衛権」とする。

　なお，自国領土に向けられた他国家による違法な戦争，侵略，攻撃，侵入を必ずしも前提とせず，自国領土外における措置も許容する自衛権を，以下では「広義の自衛権」とする。この「広義の自衛権」は便宜上の呼称であり，その内容は国家により，また論者により多様である。この多様性を明らかにすることこそが，本書の主要な目的の一つである。

次章の不戦条約は，戦争を一般的に禁止した初めての条約である。この条約によっても毀損されないとされた自衛権は，後述するように明確に定義されることはなく，その外縁が不明瞭ではあったものの，新たな自衛権（狭義の自衛権）概念がその核たる部分であった。

◆第Ⅱ部　新たな自衛権概念の出現

第4章　不戦条約

　本章では，戦間期の戦争の違法化の集大成ともいえる不戦条約を取り上げる[21]。不戦条約の制定過程における諸国家の交換公文を主たる分析対象とし，第1節では，新たな自衛権概念が不戦条約上の自衛権の核たる部分であったこと，第2節では，しかし，不戦条約上の自衛権概念の外縁は不明瞭であったことを明らかにする。

第1節　新たな自衛権概念

　不戦条約は，歴史上初めて戦争の全面的禁止を規定し発効した多数国間条約である。この条約が戦争の禁止を徹底したからこそ，戦争を許容する可能性のある自衛権に一層注目が集まるようになった。

　不戦条約の起源は，1927年4月6日，アメリカの第一次世界大戦参戦10周年記念の機会に，当時フランスの外相であったブリアンがアメリカ国民に対して発した声明書で，アメリカとフランスの相互間で戦争の違法化の取極めをすることを提案したことにある。アメリカの提案で多数国間条約とすることが決定された後，アメリカが各国と個別に交渉するという形式で，条約案の内容が検討された。その後，不戦条約は1928年8月27日にパリにおいて15カ国が調印し，1929年7月24日に発効した。

　この条約は，全部で3カ条からなる短い条約である。第3条は加入手続きについて定めた条項であるため，実質的な事項を規定しているのは第1条と第2条である。第1条は，締約国が国際紛争解決のために戦争に訴えることを禁止しかつ締約国の相互関係において国家の政策の手段としての戦争を放棄することを宣言した。また，第2条は，締約国間の紛争を平和的手段以外の手段によっ

---

[21]　不戦条約の成立過程についての近年の研究として，牧野雅彦『不戦条約──戦後日本の原点』（東京大学出版会，2020年）。

第4章 不戦条約

て解決することを禁止した。

　不戦条約は，戦争を一般的に禁止した歴史上初めての条約であった。しかし，国際連盟規約と同様，「戦争」という語を用いたために，法的意味での戦争のみが禁止されたのか，それともそれに至らない武力行使も禁止されたのかという点についての解釈の相違が生じる余地がなお残された。この点についての議論は，少なくとも交換公文中には多くは見当たらない[22]。各国政府，国際法学者がこの問題に注目し，議論が展開されるようになったのは，満州事変のように戦争状態の存在が否定される中で激しい武力行使が行われる事例が頻発するようになった，1930年代のことであった[23]。

　不戦条約の締結によっても自衛権の行使が禁止されないことについては，締約国とアメリカとの間で交わされた交換公文の中で確認されている[24]。それでは，不戦条約締結後も行使することが許されるとされた自衛権は，どのような内容を持つと捉えられていたのであろうか。以下では，まず，不戦条約の交渉

---

[22] ロシアの1928年8月31日の対米公文では，第1条について，不戦条約は戦争に至らない敵対行為も放棄したとの解釈が示されている（"Russian Note, August 31, 1928," in Miller, D. H., *The Peace Pact of Paris : A Study of the Briand-Kellogg Treaty* (G. P. Putnam, 1928), at 266)。なお，不戦条約の批准過程においては，アメリカの上院外交委員会において，ボラーは，不戦条約が全ての武力行使を禁止したものではなく，戦争に至らない全ての手段を行使することができるというように解釈していた（*Congressional Record : Proceedings and Debates of the Congress of the United States*, Vol. 70 (Government Printing Office, 1929), at 1069, 1131)。また，日本の松永条約局長は，平和的手段が完成するまでは，紛争は極力外交手段によって解決することに努めると同時に，必要に応じて戦争以外の種々の方法をとるほかないと発言した（「戦争放棄に関する条約精査委員会議事概要（1929（昭和4）年6月17日）」柳原正治編著『国際法先例資料集(2)不戦条約（下）』（以下，『先例資料集（下）』）（信山社，1997年）671頁。「擬問擬答（枢密院説明案）」柳原正治編著『国際法先例資料集(1)不戦条約（上）』（以下，『先例資料集（上）』）（信山社，1996年）429頁も参照）。

[23] 1930年代の議論は，第5章第4節1，第6章第3節1を参照。

[24] この後検討する英米仏以外で自衛権に言及した国家については，以下を参照。"Note of Australia, July 18, 1928," in Miller, *supra* note 22, at 234 ; "Note of Czechoslovakia, July 20, 1928", *Id.*, at 241; "German Note, April 27, 1928," *Id.*, at 193; "Note of Irish Free State, July 14, 1928," *Id.*, at 226 ; "Japanese Note, May 26, 1928," *Id.*, at 203 ; "Note of South Africa, June 15, 1928," *Id.*, at 211 ; "Note of Poland, July 17, 1928," *Id.*, at 230.

◆第Ⅱ部　新たな自衛権概念の出現

の中心国であったアメリカ，フランス，そして交換公文の中で自衛権の内容に踏み込んで言及しているイギリスの見解を取り上げる。

なお，日本においても，不戦条約が自衛権の行使を妨げないという解釈は，同条約の締結以前の交渉の段階から政府内部では一貫して支持されており，このことは1928年5月26日の対米回答において対外的にも表明された[25]。公文において，日本政府の自衛権解釈は明らかにされていないものの，政府内部で検討されていた自衛権の内容は，狭義の自衛権の範囲をはるかに超え，広い行動の自由を許すものであった。これについては，本章第2節で検討する。

アメリカの1928年6月23日の公文の中には，次のような記述がある[26]。

　アメリカの不戦条約草案の中には，自衛権を制限したり毀損したりするものはない。この権利は，各主権国家に固有の権利であり，かつ一切の条約に暗黙的に包含されている。全ての国家はいかなる時も，また条約の条文に関わりなく，攻撃や侵入から自国領土を防衛する自由があり，かつその国家のみが自衛戦争に訴える必要のある状況か否かを決定することができる。もしもそれが適切な場合であったら，世界がその行動を是認し，非難することはないであろう。

このことから，アメリカが，少なくとも，自国領土に攻撃や侵入を行う国家に対して，自国領土を攻撃や侵入から守るために，自衛権の行使として戦争に訴えることができると解釈していたことは明らかである。

フランスも，1928年7月14日の公文において[27]，各々の国家は，その領土を

---

[25] アメリカの提案は独立国家に自衛権を拒否するものを何ら含まないと理解しうると述べられている（"Japanese Note, May 26, 1928," in Miller, *supra* note 22, at 203）。この公文案については，次の資料を参照。「不戦条約対米回答案（1928（昭和3）年5月25日閣議決定案）」柳原『先例資料集（上）』194-195頁。

[26] "American Note, June 23, 1928," in Miller, *supra* note 22, at 213-214 ; "Text of Identic Notes to the Governments of Australia, Belgium, Canada, Czechoslovakia, France, Gernamy, Great Britain, India, The Irish Free State, Italy, Japan, New Zealand, Poland, South Africa, and Accompanying Draft Multilateral Treaty for the Renunciation of War, delivered at the Respective Foreign Offices, June 23rd, 1928," 柳原『先例資料集（上）』136-137頁。この公文の中では，自衛権，国際連盟規約，ロカルノ諸条約，中立条約，条約違反国，そして条約の普遍性という6つの点についてのアメリカの見解が示されているが，これは，先立って当時の国務長官ケロッグが4月28日に行ったアメリカ国際法協会での演説の内容からの抜粋である（Miller, *supra* note 22, at 84）。

[27] "French Note, July 14, 1928," *Id.*, at 224.

攻撃や侵入から守る自由を常に持ち，その国家のみが自衛戦争に訴える必要がある状況か否かを決定することができるというアメリカの公文を確認している。

また，イギリスも，同年5月19日の対米公文[28]において，アメリカ条文案の第1条は自衛に基づいてとらざるを得ない行動を排除するものではないという見解を表した。また，ケロッグの4月28日の演説において自衛権が不可譲であることが明らかにされたことから，条約文になんらの追加も必要ないとも述べている。

このことから，フランスもイギリスも，少なくとも，アメリカが明らかにした自衛権の内容である，他国の攻撃や侵入から自国領土を守るために，その国家に対して戦争に訴えることが自衛権の内容であると捉えていたことが分かる。

以上のように，自衛権は少なくとも，他国による攻撃や侵入がある場合に，自国領土を守るために，自国に攻撃や侵入をした国家に対して戦争に訴えることを許容するものだというのがイギリス，アメリカ，フランスの認識であった。この自衛権は，禁止された違法な戦争を遂行する国家に対して，それに対する防衛として，本来は条約で禁止された戦争を例外的に許容する新たな自衛権概念（狭義の自衛権）である。しかし，以下で示す通り，自衛権はそのような内容に限定されないという見方も散見された。

第2節　不明瞭な自衛権概念の外縁

1　自衛権の範囲をめぐる各国の見解

(1) イギリス

イギリスは，最も早い段階で，自衛権を行使しうるのは自国領土に対する他国からの攻撃や侵入がある場合に限られないと対外的に表明した。イギリスは，不戦条約締結までの交渉過程で手交した上述の1928年5月19日の公文第10パラグラフにおいて，自衛権に関してのいわゆるブリティッシュモンロードクトリンを提示した。同第10パラグラフでは次のように述べられている。

---

[28] "British Note, May 19, 1928," *Id.*, at 197 ; "Text of Note, dated May 19, 1928, from the Secretary for Foreign Affairs of Great Britain, Sir Austen Chamberlain, to the American Ambassador in London, Mr. Alanson B. Houghton," 柳原『先例資料集（上）』154-155頁；「英国回答要綱」，同上，157頁。

◆第Ⅱ部　新たな自衛権概念の出現

　世界の特定の地域には，その繁栄と保全が我々の平和と安全に特別で重大な利害関係を持つものがある。……これらの地域を攻撃から守ることは，イギリス帝国にとっては自衛の手段である。イギリス政府はこの点についての行動の自由を新条約が害することがないとの理解の下にこの条約を受け入れることを明確にしておかなければならない。

　このパラグラフで言及された自衛権は，自国領土の防衛のみを許容するものではない。それのみならず，この自衛権には，領土外の地域であってイギリスの平和と安全に重大な利害関係を持つ「世界の特定の地域」を攻撃から守ることも含まれている[29]。この「特定の地域」において自衛権を行使しうる根拠は，その地域の繁栄と保全が，イギリスの平和と安全に特別で重大な利害関係を持つことにある。ブリティッシュモンロードクトリンは，不戦条約交渉過程で各国の大きな懸案事項となり，また，イギリス国内でも議論を巻き起こした。

　英国議会において，チェンバレン外相はブリティッシュモンロードクトリンについて次のように述べた[30]。ブリティッシュモンロードクトリンは，アメリカ政府のドクトリン[31]と正確に比肩しうるものであり，アメリカの公文の中にすでに明確に含まれている。世界の特定の地域の国々の統一と安全はイギリスの防衛の一部であるため，イギリスも，モンロードクトリンを持つ世界の特定の地域があるとすることは間違いでも不当でもない。そして，それは侵略のドクトリン（doctrine of aggression）ではなく，領土拡張の願望でもなく，イギリスの地理的立場によって必要な，純粋に自衛の手段であるとの見解を表明している[32]。

---

[29] 「特定の地域」が具体的にどこを指すのかは少なくともこの公文の中では明示されていない。また，イギリス政府はこの点を公式に明らかにすることはなかった（Shotwell, J. T., *War as an Instrument of National Policy and Its Renunciation in the Pact of Paris*（Constable, 1929), at 195）。

[30] 各国の議会では，不戦条約批准過程において，自衛権に限らず様々な論点について議論された。詳細については，次の文献を参照。Mandelstam, A. N., *L'interprétation du pacte Briand-Kellogg par les gouvernements et les parlements des Etats signataires*（A. Pedone, 1934）；藤田久一「戦争観念の転換――不戦条約の光と影」桐山孝信・杉島正秋・船尾章子編『転換期国際法の構造と機能（石本泰雄先生古稀記念論文集）』（国際書院，2000年）。

[31] 後述するモンロードクトリンを指す。

このように，イギリスは，自衛権の対象を自国領土に対する他国からの攻撃や侵入のみに限っておらず，イギリスの平和および安全に重大な利害関係をもつ地域に対する攻撃があった場合にも自衛権を行使しうると解する。これらの地域を「攻撃から守る」ことが自衛の手段であると表現されていることから，これらの地域に対する他国からの「攻撃」の存在を要件として自衛権を発動しうると解しているといえよう[33]。また，正当化される措置については，イギリス公文の中では自衛権は戦争禁止を規定した第1条の例外としての位置づけを与えられており，また，英国議会においても戦争は自衛のためにのみ遂行できると述べられている[34]。このことからも，自衛権に基づく措置として他国に対して行う戦争が想定されていたということができる[35]。

以上のように，イギリスは，自国領土に対する他国からの攻撃や侵入がある場合のみならず，自国領土外に対する他国からの不戦条約違反である攻撃があった場合にも，自衛権に基づいて戦争を遂行することができると捉えていた[36]。

---

[32] *Official Report, Parliamentary Debates, House of Commons* [hereinafter, *Official Report*], Fifth Series Vol. 220, (H.M.S.O., 1928), at 1841-1842.

[33] この点につき，Brierly, J. L., "Some Implications of the Pact of Paris," *The British Year Book of International Law*, Vol. 10 (1929), at 209；Waldock, C. H. M., "The Regulation of the Use of Force by Individual States in International Law," *Recueil des cours*, t. 81 (1952), at 477. なお，田岡『前掲書』(注18) 176頁も参照。このことは，ブリティッシュモンロードクトリンも後述のアメリカのモンロードクトリンも，戦争に訴えて国家の利益を増進しようとする署名国が不戦条約の供与する利益を拒否されることを謳った同条約前文第3文によってカバーされる，とアメリカとイギリスが理解していたこと（森肇志「集団的自衛権の誕生——秩序と無秩序の間に」『国際法外交雑誌』第102巻第1号 (2003年) 95頁。ブリティッシュモンロードクトリンにつき，Adams D. K., et al., (eds.), *British Documents on Foreign Affairs: Reports and Papers from the Foreign Office Confidential Print, Part II, Series C, North America, 1919-1939*, Vol. 18 (University Publications of America, 1995), at 160；田岡良一「不戦条約の意義」『法学（東北大学）』第1巻第2号 (1932年) 28頁) からも裏付けられる。この点については，後述のフランスの解釈も参照。前文第3文については後掲注46も参照。

[34] *Official Report*, at 1843.

[35] なお，森『前掲書』(注11) 181-183頁も参照。

◆ 第Ⅱ部　新たな自衛権概念の出現

⑯　イギリスが，ブリティッシュモンロードクトリンにおいて許容されると主張したような行動を「自衛の手段」と称したことについて，これがのちの国連憲章第51条の「集団的自衛という言葉の先駆け」であると指摘されることがある（田岡『前掲書』（注18）176-177頁）。また，集団的自衛権の先駆と呼ぶべきものを，戦間期における戦争違法化に関する条約あるいは条約草案の中に見出すことができると指摘されることもある（森，同上，147頁）。

しかし，国際連盟の侵略者認定を待つことなく，個別国家の判断に基づいて被侵略国を援助することを容認する規定（第3章第2節の相互援助条約第8条や，ロカルノ条約第4条3項。森，同上，150-158頁参照）のように，現在から遡ると「集団的自衛権の先駆」とみなせるようなものが当時見られたとしても，戦間期には，イギリスやアメリカを除いて，他国の防衛を自衛権として扱わない国家や学説が圧倒的多数であった。相互援助条約第8条は，国際連盟理事会が侵略者を認定するのを待つことなく，個別国家の判断によって即座に被侵略国への援助を実施することを許容したが，これについて，祖川は，「〈緊急の場合における即時の援助の実行〉というふうにもっぱら即物的に観念され，決して自然権的自衛観念に接合した価値ラベルを貼られるようなことはなかった」と指摘する（祖川武夫「集団的自衛——いわゆるUS Formulaの論理的構造と現実的機能」小田滋・石本泰雄編集委員代表『祖川武夫論文集　国際法と戦争違法化——その論理構造と歴史性』（信山社，2004年）174頁。ただし，本条約案の審議過程において，英国代表が自衛権概念との関連性に言及していることにつき，森，同上，150-151頁）。

国連憲章制定前の学説で，例外的に，国内法の類推から，侵略の被害国以外の第三国が被害国を防衛することを自衛権として位置づけるものもあった。例えばデカンは，他者の正当防衛の援助（le concours à la légitime défense d'autrui）について，現在では時代遅れとなった古い悪習を間接的に甦らせる危険性についての疑念を持ちうるとし，さらに理想としては個別的な方法よりも集団的な保護が機能する方が望ましいとしながらも，より完全な秩序の機関ができるまでは，他国の正当防衛にのみ関する実行，合意・保証は非難できないと考えられると述べた（Descamps, M., "Le droit international nouveau : l'influence de la condamnation de la guerre sur l'évolution juridique internationale," *Recueil des cours*, t. 31（1930）, at 475-476）。

しかし，繰り返しになるが，大多数の国家や国際法学者は，そもそも他国の防衛を自衛権として位置づけないか，明確に，他国の防衛を自衛権として位置づけえないとの立場をとる（Diamandesco, J., *Le problème de l'agression dans le droit international public actuel*（A. Pedone, 1936）, at 108-109 ; Strupp, K., *Das Völkerrechtliche Delikt*（W. Kohlhammer, 1920）, at 168；松原『前掲書』（注6）434頁）。松原は，他国の権利を不正な侵害から防衛することを，正当防衛や自衛ではなく共衛（共同防衛）として位置づけ，国際連盟規約第10条ないし16条，各種同盟条約または援助条約はこの共衛の思想に立脚するものとする（松原，同上）。ここでは，国際連盟規約の集団安全保障に基づく集団

第4章 不戦条約

(2) アメリカ

　アメリカが，不戦条約は自衛権を制限したり毀損したりするものではないと認識していたことは既述の通りであるが，その自衛権の範囲についてはアメリカ議会の中でも大きな問題として繰り返し取り上げられた。1928年12月7日のアメリカ上院外交委員会の公聴会において，ケロッグの見解が明らかにされている。ケロッグは，同公聴会において，自衛権の範囲は自国領土に限定されないと述べた[37]。続けて，ブリティッシュモンロードクトリンを検討する文脈で次のように述べた[38]。

　アメリカの防衛のために平和と安全が必要となる利益をアメリカは得たと理解している。パナマ運河を例に挙げよう。……自衛権は，単に，攻撃された際にア

的措置も，同盟条約や援助条約に基づく個別的な行動も区別されることなく，「共衛」として分類されている。

　周知の通り，国連憲章第51条で歴史上初めて「集団的自衛権」が明文化されたが，「集団的自衛（collective self-defense）として憲章起草者が考えている実体は共同防衛あるいは集団防衛（collective defense）であって，それは従来自衛権の概念と一致するものでなく，かかる実体を憲章の下で生かすために，従来の自衛権概念を拡張した集団的自衛権を新たに規定した」（高野雄一『集団安保と自衛権』（東信堂，1999年）60頁）ものである。国連憲章第51条とほぼ同じ内容のアメリカ案は，「共同防衛（collective defense）に集団的自衛（collective self-defence）という法理的な鋳型づけをし，国際連合の普遍的な集団安全保障システムのなかに，調和するものとして，組み入れようとした」（祖川，同上，156頁）ものであった。このように，そもそも国連憲章上の集団的自衛権の実体は「共同防衛」であり，本来自衛権概念とは一致しないものを自衛権として新たに「鋳型づけ」をしたものであるとすれば，国連憲章制定前の「共同防衛」が，現在の集団的自衛権と類似していたとしても，それは概念上自衛権とは異なるものであり，戦間期当時は大多数の国家や国際法学者によって自衛権に分類されなかったのは当然であったと言える。

(37)　これは，スワンソン議員が「『自衛』の用語は，どこかの領土の防衛に限定されるわけではなく，どの国家も自国の自衛のために必要であるときには，どこの領域にも軍隊を送ることができる」ということを確認したのに対して「もちろんである」と答えた後に述べられた。"Hearings before the Committee on Foreign Relations, United States Senate（1928（昭和3）年12月7日），" [hereinafter, Hearings, Dec. 7th] 柳原『先例資料集（下）』1018頁。柳原正治「戦争の違法化と日本」『日本と国際法の100年　第10巻　安全保障』（三省堂，2001年）278頁も参照。

(38)　"Hearings, Dec. 7th," 柳原『先例資料集（下）』1020頁。

◆ 第Ⅱ部　新たな自衛権概念の出現

メリカ大陸を防衛することに制限されていない。自衛権は全ての財産（possessions）と全ての権利，アメリカに対する危険を避ける措置をとる権利もカバーする。

また，モンロードクトリン[39]については，これが単に自衛のドクトリンであること，自衛権のみに基づいていることが繰り返し述べられてきたことが強調されている[40]。

さらに，同年12月11日の公聴会では，自衛権は攻撃された場合にアメリカを守ることに制限されておらず，全ての国家が，世界のどこでも自国の利益を守る権利を持つと述べている[41]。

以上より，自衛権は，自国領土に対する攻撃や侵入があった場合のみならず，自国の財産や利益を守るために，自国領域外においても行使しうるというのがケロッグの理解であったことが裏付けられる。

1929年7月19日，国務省極東部副部長のペックも，自国領土に対する実際の侵略がなくても，極めて重要な利益が脅かされうることは確かだと述べ，1928年12月7日の公聴会におけるケロッグの上記発言を引用した[42]。このことから，ペックも，自衛権の範囲は自国領土に限定されないと捉えていたと解しうる。

アメリカ上院外交委員会における議論の中で，同委員会の議長であったボラーも，自衛権の地理的範囲は制限されておらず，モンロードクトリンも自衛権に含まれるとしていた[43]。また，イギリスは「特定の地域（certain regions）」

---

[39] アメリカのモンロードクトリンについては，第8章第3節1を参照。同ドクトリンは，国際連盟規約第21条においても「本規約ハ，仲裁裁判条約ノ如キ国際約定又ハ『モンロー』主義ノ如キ一定ノ地域ニ関スル了解ニシテ平和ノ確保ヲ目的トスルモノノ効力ニ何等ノ影響ナキモノトス」という形で明示的に承認されている。

[40] "Hearings, Dec. 7th," 柳原『先例資料集（下）』1032頁。

[41] "Hearings before the Committee on Foreign Relations, United States Senate（1928（昭和3）年12月11日），" [hereinafter, Hearings, Dec. 11th] 柳原『先例資料集（下）』1044頁。

[42] 「1929（昭和4）年7月19日　ペック極東部副部長の覚書」柳原『先例資料集（下）』758頁。柳原「前掲論文」（注37）278頁；柳原正治「安達峰一郎と国家間紛争の解決方式」柳原正治・篠原初枝編『安達峰一郎——日本の外交官から世界の裁判官へ』（東京大学出版会，2017年）245-246頁も参照。

[43] *Congressional Record, supra* note 22, at 1066, 1067, 1070, 1120, 1122, 1123, 1124, 1128.

というように自衛権を行使しうる範囲を制限しているが，アメリカはいかなる場所においても，いかなる状況でも，われわれの安全に必要だと我々がみなすいかなる地域においても自衛原則を採用しうるとし⑷，さらに，在外自国民の保護も自衛権にカバーされるとみなしている⑸。このように，モンロードクトリンは自衛権に含まれ，アメリカの財産，利益や自国民の保護のためにも自衛権を行使しうると捉えられていた。

　自衛権の先行行為を見ると，モンロードクトリンについては，前文にカバーされ，他国による不戦条約違反があった場合に発動できるとされていたが⑹，

　　1929年1月15日にボラーにより提出されたアメリカの上院外交委員会の報告書の中でも，モンロードクトリンを維持する権利は不戦条約の許容する自衛権に含まれることが主張された（Id., at 1730-1731）。

⑷ Id., at 1123. ボラーが，いかなる場所においても自衛権を行使しうると解釈していたのか，あるいは，安全のために必要とみなす地域に限定して自衛権を行使しうると解釈していたのかは不明瞭である。ただ，少なくとも，自国領域外において自衛権を行使しうると解していたことだけは明確である。

⑸ Id., at 1125, 1280. ただし，在外自国民保護は，「自衛原則あるいはそれに類似する原則（another principle which is kindred to self-defense）」であるとも述べられている（Id., at 1131）。

⑹ 本章注33参照。不戦条約違反国に対して制裁を科すことができるか否かは，不戦条約の起草過程から，諸国家の大きな関心事項であった。不戦条約の中で，不戦条約違反国について言及しているのが前文第3文である。前文第3文は，「今後戦争に訴えて国家の利益を増進せんとする署名国は，本条約の供与する利益を拒否せらる」と規定する。これは，次のような経緯で挿入された。

　不戦条約をアメリカと共に起草し，独自の草案も提出したフランスは，1928年4月20日の草案第3条に，不戦条約締結によっても制限されない行動を規定した。その一つが，「締約国の一か国が本条約に違反した場合，他の締約国は，その事実により，その違反国に関しては本条約上の義務から解放される」("French Draft, April 20, 1928," in Miller, supra note 22, at 189）というものであった。

　同年4月23日，アメリカのケロッグ国務長官は，フランス案について次のように述べた。「フランス案は，様々な状況において『戦争に行く権利』を留保しており，武力行使の放棄というよりもその正当化である。事前に定められた特定の状況における軍事制裁適用の脅威（threatened application）が，世界平和や国家の安全を最も保障するものではないと信じる。明らかに平和維持のために考案されているのに，軍事力に訴えることを平和維持の最終形態として，国際同盟システムを永続させるような国際条約の当事

◆第Ⅱ部　新たな自衛権概念の出現

財産，利益，自国民については，どのような場合にそれを保護しうるとされているのか必ずしも明らかであるとは言えない。

　自衛権に基づく措置として，戦争を遂行しうると捉えられていたことは間違いないが，戦争に至らない措置も含むとみなされていたと解しうる発言も見られた。例えば，ボラーが外交委員会の議論の中で自衛権について言及する場合，不戦条約の下，「自衛戦争」は許されている，あるいは「自衛戦争」を除いて戦争は禁止されているというような論じ方をしている場合がある。他方で，在外自国民の保護は自衛権の行使であるとしつつも，それは戦争行為ではないから許されると論じられることもあった[47]。

　以上のように，アメリカにおいて，自衛権は自国領土に対する他国からの攻撃や侵入があった場合に行使しうるということについては見解の一致があった。しかし自衛権はそれに限られず，自国領土外においても行使でき，アメリカの財産，利益，自国民を守ることやモンロードクトリンも含まれていると捉える見解も見られた。

(3)　フランス

　フランスについては，下院の報告者であったコットの報告書の中に，正当防

国にはならない」（"the Secretary of State to the Ambassador in France（Herrick）" *FRUS 1928*, Vol. 1 (Government Printing Office, 1942), at 35-36)。このように，当初国務長官は，前文のような内容を「軍事制裁（military sanction）」と捉え，それに対しては，国際同盟システムを永続させるものとして反対していたのである。しかし，フランスの見解に対してより一般的な支持が集まった場合に，交渉が完全な失敗となることを懸念したケロッグは，妥協の策としてフランス案を採用する形で譲歩する可能性に言及していた (*Id.*, at 39)。そして，1928年6月23日の公文で，不戦条約違反国に対して，他の署名国が不戦条約上の義務から解放されるということは，法律事項として何ら問題はなく，よく承認された原則であり，この法原則を明示的に承認する必要は全くないというのがアメリカの公式な解釈だと述べつつも（*FRUS*, *Id.*, at 38；"American Note, June 23, 1928," in Miller, *Id.*, at 215-216)，同日の草案には前文を挿入した（*FRUS*, *Id.*, at 38；"The Second American Draft, June 23, 1928," in Miller, *Id.*, at 220)。このようにして挿入された前文（含現第3文）により，不戦条約違反国に対しては，他の署名国は同条約上の義務から解放されることになった。

(47)　*Congressional Record*, *supra* note 22, at 1069, 1470-1471. この点については，森『前掲書』（注11）183-184頁に詳しい。

衛についての次のような記述が見られる。前文においても確認されたように，締約国が不戦条約に違反する場合に他の締約国はその違反国に対する義務から解放されるという原則を適用することによって，防衛戦争を留保し，それを定義することを可能にする。そして，防衛戦争とは不戦条約違反の国家に対して行う戦争である。すなわち，防衛戦争とは，不戦条約第1条に違反して戦争を主導した国家と，同第2条に違反して平和的手段によって紛争を解決することを拒否した国家に対して行う戦争である。このようにコットは，他国の不戦条約違反に対して戦争を行うことができると述べていたが，さらに，アメリカとイギリスのモンロードクトリンについては次のように解釈している[48]。

　モンロードクトリンの範囲がどうであれ，アメリカには，不戦条約に違反していない国家に対して武器を持って介入する権利は決してない。アメリカは，モンロードクトリンの名の下，ヨーロッパの一カ国がアメリカ大陸の一カ国に対して侵略行為を犯した場合か国際紛争を平和的紛争解決手続に付託することを拒んだ場合にしか，ヨーロッパの国に対して敵対関係に入りえない。この2つの場合は，不戦条約違反になりえ，違反国は不戦条約の利益を自動的に奪われる。
　……イギリスは，これらの地域の一つ（イギリスの平和と安全に重大な利害関係を持つ地域－筆者注）において，署名国が侵略を行いまた仲裁やその他全ての平和的解決手続きを受け入れることを拒否した場合，その国家は，不戦条約の規定に違反しており，イギリスはその国家に対して行動する権利を当然に持つ。

このように，英米の宣言は不戦条約の規定と矛盾するものではないとの立場を明らかにした。コットは，英米と異なり，自衛権の保護法益を論じることなく，先行行為が不戦条約違反であることのみを自衛権行使の要件にしていた。不戦条約第1条の違反に対する正当防衛権の行使は，不戦条約で禁止された戦争に対して戦争を許容するものであるが，その地理的範囲は自国領土に限られていたわけではなく，モンロードクトリンで主張されたように，領域外の国や

---

[48] *Rapport fait au nom de la Commission des affaires étrangères chargée d'examiner le projet de loi tendant à autoriser le Président de la République à ratifier le Pacte géneral de renonciation à la guerre comme instrument de politique nationale, par M. Pierre COT Chambre des députés quatorzième législature, Session 1929, Annexe au procès-verval de la séance du 15 février 1929* [hereinafter, *Rapport Cot*], at 26-27 ; "Rapport de M. Pierre Cot, présenté à la Chambre des Députés（1929），" 柳原『先例資料集（下）』1076-1077頁。

◆第Ⅱ部　新たな自衛権概念の出現

地域に対する侵略に対しても行使しうるものであった。このように，コットは，自衛権の地理的範囲を広く捉えている。

コットは，以上のような第1条の違反の場合に加えて，第2条が規定する紛争の平和的解決義務に違反し，平和的手段によって紛争を解決することを拒否した国家に対しても自衛権を行使しうると解釈していた。コットは，ある国家の行為が侵略を構成すると考える国家は，不戦条約第2条を適用してその問題を直ちに仲裁にかけるように催告することができ，もしもその国家が仲裁を拒否した場合，その国家の不戦条約違反は確実であり，正当防衛権が明らかになるという(49)。このように，第2条違反も，ある国家による「侵略」が発生したことを前提として，その国家が問題を仲裁に付託することを拒否することとしている。すなわち，第2条違反を確認することが，自衛権行使のための手続的要件だと解釈しているものとみることができるだろう。

(4) 日　本

次に，日本の解釈を検討する。日本は，最終的に自衛権についての正式な留保を付すことはなかったが，中国に関する問題が将来発生した場合の出兵を留保する必要性については，閣議において議論を重ねた。この閣議において森政務次官は，自衛権という観念が国際法上明確性を欠くと発言した(50)。このように，国際法上自衛権概念が明確ではないという見解も見られたが，日本政府は独自に，不戦条約署名後の批准に向けた検討中に，自衛権について以下のような検討をしていた。

外務省亜細亜局第一課が1929年5月に作成した調書では，「在支(51)臣民保護」のための出兵，満蒙(52)における日本の権益擁護のため適当な処置を講じること，

---

(49)　*Rapport Cot*, at 28.

(50)　「不戦条約に関する対米回答案中に帝国の対支行動の自由を留保するの得失（1928（昭和3）年5月25日の閣議における森政務次官の説明）」柳原『先例資料集（上）』195頁。続けて森政務次官は，自衛権という観念が明確性を欠くがゆえに，自衛権は広範な解釈をすることができるという長所があり，将来にわたって日本の中国に対する行動を説明するのに十分な「弾性」があるとも述べた。

(51)　「支」は，現在では「中国」と記述するのが適当であろうが，本書では当時の用語法に従い「支」を用いる。

(52)　「満蒙」については以下の文献に詳しい。信夫淳平『満蒙特殊権益論』（日本評論社，

そして満蒙の治安維持を図ることが自衛権の行使であると言いうるかについて検討を加えている[53]。

「在支臣民保護」のための出兵が自衛権の行使であるかについての検討は以下の通りである。1927年から1928年の山東出兵が自衛権に基づく措置か否かに関して，立作太郎の『国際公法』中，自衛権に関する部分を参照する旨が記されている[54]。そして，山東出兵は同書中の自衛権発動の要件「臣民の危害が切迫せる場合」に該当すると述べる。また，1928年2月18日，ハバナにおける汎米会議の席上で，米国首席代表であったヒューズが，他国家の政府が崩壊している場合に在外米国人保護のための措置をとりうると発言したこと，さらに，ボーチャードがその著書[55]の中で，在外自国民保護のため兵力を派遣することは国内政情または一国の内政に干渉するものではないと記した個所を引用し，

1932年）140-149頁；加藤陽子『満州事変から日中戦争へ』（岩波新書，2007年）19-28頁．

[53] 「自衛権に付いて（1929（昭和4）年5月亜細亜局第一課）」柳原『先例資料集（上）』361-366頁．

[54] 立作太郎の『平時国際公法』のうち大正9年と12年に中央大学で行った講義（講義録はいずれも大正12年に発行），『平時国際公法』（国文社出版部，1928年）など，1929年時点で参照可能で引用個所と一致するものでは，在外自国民の保護を自衛権として位置づけているか否かは明らかではない。また，1930年の『平時国際法論』（日本評論社）190頁では，「自衛権及び緊急状態」という款とは別の款で「臣民の危害の切迫せる緊急の場合に於て，恰も国家自身の切迫せる危害を存する場合の如く，臣民の保護に必要なる措置を，自衛権の認むる範囲内に於て行ふことを得」と論じており，在外自国民保護を自衛権の発動であるとみなしているのかは明確ではない。しかし，1932年には，「他国より出づる攻撃に依り，在外臣民の生命財産に関する危険の切迫せる場合に於ては，恰も他国の攻撃に因り国家自身の法益又は国家機関たる軍隊の安全に対する切迫せる危険を排除する為めに自衛権の発動することが認めらるる如く，臣民の生命財産の保護の為に緊急の必要ある措置を，其本国が自衛権の発動として行ひ得べきに至る」（立作太郎「国際紛争と自衛権」『日本国民』5月創刊号（1932年）13頁）というように，在外自国民保護が自衛権の発動として認められることを明記するに至る。森『前掲書』（注11）180頁注57も参照。なお，1930年代の立の自衛権論については第5章第1節2(1)(a)で検討する。

[55] Borchard, E. M., *The diplomatic protection of citizens abroad or the law of international claims*（Banks Law Publishing Co., 1915）.

◆ 第Ⅱ部　新たな自衛権概念の出現

　これらはいずれも山東出兵を是認するのみならず，日本政府が在外自国民保護のため，中国に限らず他国に対しても出兵することができることを容認するものであると結論づけた。

　次に，満蒙における日本の権益擁護のため適当な処置を講じることの可否について，以下のように論じている。満蒙における日本の権益は，国家として有する権利および利益であって，在外自国民の生命財産よりも範囲が広範であるために，この権益擁護のための措置をとることが自衛権の行使であるとの解釈は，在外自国民の保護が自衛権の発動であることを裏付ける説から直ちに演繹できないことは明らかである。そして，満蒙における日本の権益が我が国にとって致命的重大性を有することが列強により承認された以上，それを守るための処置が日本にとっての自衛手段であることの承認を列国から得たとみなせる。すなわち，日本政府は，「満蒙に於ける我権益擁護」については，国際法上の自衛権に含まれるか否かについての根拠が明確ではないとしながらも，当該権益が日本にとって致命的重大性を有することが列強より承認されたことから，その擁護が自衛手段であることの承認を得たとみなせるというように解釈しているのである。

　さらに，満蒙治安維持については次のように論じている。国家の行動はその国家の国力如何によっては必ずしも既存の国際法に拘束されないとの前提のもと，英米のモンロードクトリンあるいはそれに類似の主張を自衛権であるとして自衛権の範囲を無制限に拡張できるのは，卓越した国力を基礎としたものである。日本もこの事実にならって満蒙に対する特殊地位を基礎として，満蒙の治安維持を自衛権に基づくものだと主張することができる。これはすなわち，満蒙治安維持は既存の国際法における自衛権の行使ではないと解しながら，しかし国力を基礎にそれを自衛権に基づくものと主張できるとの論である。

　このように，日本政府は，不戦条約締結後も行使しうる自衛権は，他国による攻撃や侵入がある場合のみならず，「在支臣民」や満蒙における日本の権益の保護のためにも行使でき，自衛権に基づいて満蒙の治安を維持することさえもできるとして，自衛権を極めて広く解している。ただし，自衛権の先行行為，権利行使の対象をどのように捉えていたのかということは，この調書においては必ずしも明らかであるとは言えない。

第4章　不戦条約

　なお，1929年の枢密院における精査委員会[56]で，堀田正昭欧米局長は，「支那」特に満州における日本の特殊な地位に関しては特別の言明を避けるのが適当であるとの結論に達したとされており，それは以下のように，自衛権の内容が変化しうるためだと説明する。すなわち，満州において日本がとる可能性がある行動は，満州における日本の権益ないし地位の増進によって範囲が異なるはずであり，ある一定の形式で満州に対する日本の行動を留保したとしても，この形式は将来日本の権益が増進した場合には不十分であって，かえって日本の行動を制限する結果になる可能性がある。また，将来の日本の地位の変化を予想した広範な留保を行えば無用に他国の疑惑を招く恐れがある。日本は満蒙に関して重大な利害関係を有するため，満蒙における権益を保護する必要がある場合には行動の自由を有すると解釈するが，個別の事案ごとにその時の情勢に応じて自衛手段として説明することが適当だとすべきである。以上により特別の言明を避けたものである[57]。このように，将来の満蒙における行動は，満州における日本の権益や地位の増進によって範囲が異なる，すなわち日本政府の自衛権解釈はその増進によって変化しうるという解釈も見られた。

　次に，自衛権に基づいてどのような手段をとることができると解釈されていたのであろうか。結論からいうと，ある特定の法益の擁護，あるいは特定の先行行為に対して，それぞれに対応する手段が想定されていたとは言えないといったほうが適切である。枢密院配布用の原稿，「戦争放棄に関する条約説明書案」の中では，満蒙の権益侵害がなされた場合に自衛権行使が許容されるかどうかについて検討されている。それによると，満蒙の日本の権益が侵害されたときは，この防衛のために適当な手段をとり，場合によっては戦争に訴えざるを得ないことがあったとしても，特にこれを事前に言明する必要なく，また言明の有無に関わらず，自衛上の戦争は何ら不戦条約の違反を構成するもので

---

[56]　精査委員会については，次を参照のこと。「第6節　枢密院における審議」柳原『先例資料集（上）』30-31頁。

[57]　「戦争放棄に関する条約精査委員会議事概要（1929（昭和4）年6月17日）」柳原『先例資料集（下）』672-673頁。なお，「第56議会擬問疑答　欧米局主管事務関係──戦争放棄条約（欧米局第二課議会用調書）」柳原『先例資料集（上）』379頁，「第56議会擬問擬答案（欧米第二課）」柳原『先例資料集（上）』382頁も参照。

◆第Ⅱ部　新たな自衛権概念の出現

はない[58]。このように，満蒙の権益侵害の場合にとることができる手段は「適当な手段」であって，「場合によっては」戦争に訴えることができるとされ，領土外の権益侵害に対する自衛権行使の手段には，最も重い手段である戦争も包含されうるとの見解をとっている。

　上述の外務省亜細亜局第一課による調書では，「在支臣民保護」のための「出兵」は戦争ではないとされているものの[59]，満蒙権益擁護については「適当な処置」を講ずることができると述べられるのみであり，また満蒙の治安維持のための手段についても具体的に示されているとは言えない。

　さらに，1929年1月30日の第56回帝国議会貴族院において，田中義一内閣総理大臣は，「不戦条約の，此の満州に対する事，北満州に於て治安が撹乱をせられると云ふことであれば，日本は此自衛権の発動に依って必要なる処置は執り得る，此様な場合に不戦条約の拘束は受けぬと考へて居ります[60]」というように，自国領土外における治安撹乱に対しては「必要なる処置」をとることができるとしている[61]。

　このように，自衛権に基づく措置については，自衛権に基づいて「適当な手段」をとることができるとされるのみであり，場合によっては戦争に訴えることができるとも解されていた。要するに，ある特定の法益の擁護や特定の先行行為に対して，それぞれに対応する手段が想定されていたわけではなかった。

---

[58]　「戦争放棄に関する条約説明書案（枢密院配布用原稿）」柳原『先例資料集（上）』416頁。そして，それを言明しないことが，「日支関係」を考慮すると政治上得策であるとの判断があった。

[59]　「戦争放棄に関する条約説明書案（枢密院配布用原稿）」では，「在外居留民の生命財産保護の為に外国の領土内に軍艦又は軍隊を派遣することあるも固より戦争にあらざるを以て本条約に違反することなし」というように，在外自国民保護のための出兵は戦争ではないとみなされている（柳原『先例資料集（上）』417頁）。

[60]　「第56回帝国議会貴族院議事速記録第6号（1929（昭和4）年1月30日）」柳原『先例資料集（下）』586頁。

[61]　ただし，この発言が，満蒙の地が第三国の不正の襲撃を受けて，康寧が撹乱されるような場合を想定した清水一郎の質問への答弁であったことを考えると，先行行為は不正の襲撃に限定されると解されているとも捉えうる。

2　「自己判断」をめぐる各国の見解

次に，自衛権に関して盛んに議論されたのは，ある国家の行動が自衛権に基づいたものか否かを判断できるのは，自衛権を行使する国家のみであるのかということであった。以下では，「自国の行動が自衛権の行使であるか否かを自衛権を行使する国家のみが決定すること」を，便宜上「自己判断」と呼ぶ。

当時，「自己判断」が認められると捉えられていたとすれば，自衛権について一応の定義がなされたとしても，自衛権の内容はそれを解釈する国家ごとに異なることになり，自衛権の範囲は確定しえないことになる。したがって，ある時期の自衛権概念の範囲を明らかにするに際しては，当時の国家が，「自己判断」は認められるものとみなしていたのかということを検証する必要がある。以下では，英米仏日の「自己判断」に対する見解を検討する。

アメリカの公文に，その時の状況が自衛戦争に訴える必要のある状況か否かはその国家のみが決定することができると記されていることについては，既述の通りである。しかし続いて，もしもそれが適切な場合であったら，世界がその行動を是認し，非難することはないであろうとも付記されており[62]，アメリカにおいて，ある行為が自衛権か否かの唯一の判定者が当該国家のみであるとされていたのか，自衛権の行使に対する事後的な評価に服することを想定していたのかは必ずしも明らかではない。

フランスも，各国家のみが，自衛戦争に訴える必要のある状況であるか否かを決定することができるというアメリカの立場に賛同しているが，事後的な判断を示唆する文言には言及していない[63]。

イギリスは，7月18日の対米公文で，各国家のみが，自衛戦争に訴える状況にあるか否かを決定できるという4月28日のケロッグの演説に完全に同意するとの立場を表しているが，フランスの場合と同様，事後的判断を示唆する文言は含まれていない[64]。

「自己判断」は，各国の批准過程においても問題とされた。アメリカにおい

---

[62] "American Note, June 23, 1928," in Miller, *supra* note 22, at 213-214.

[63] "French Note, July 14, 1928," *Id.,* at 224. See also, "Note of Czechoslovakia, July 20, 1928," *Id.,* at 241.

[64] "British Note, July 18, 1928," *Id.,* at 233.

◆第Ⅱ部　新たな自衛権概念の出現

ては，ボラーが議長を務めた1928年12月7日の上記公聴会において，マクリーン議員が，ある行動が自衛か否かの問題は関係政府に完全に委ねられているとケロッグが発言した旨を指摘した。ケロッグはそれに答えて，当該政府に完全に委ねられているとしてその発言を肯定した。そして，少なくともアメリカ政府は自衛の問題をいかなる裁判所にも決して付託することはないであろうし，どの政府もしないであろうと思うと述べた。ただし，その後，アメリカは自国防衛のためにあるいは自国を危機にさらしうることを避けるために必要と信じる措置をとる権利があり，アメリカがその行為の判定者に違いないが，もしもそれが正当な防衛でない場合には，世界の世論（public opinion）に対して弁明の義務がある（answerable）だけだとも述べた[65]。

　ボラーは，一締約国の自衛権解釈に他国は同意する必要はなく自由に反対することができるということは認めており[66]，各国は自国の解釈による自衛権が真に自衛権か否かという点について，世界の前で弁明しなければならないが[67]，超越的政府がなく，訴えるべき裁判所もなく，超越的政府をつくる意思は誰にもないため，唯一の監視役（censor）は世論の力のみである[68]という。このようなボラーの立場について，ブルース議員は，ある国家が自衛権だと呼ぶものは何でも自衛権であるから，イギリスのように留保を要求しようがしまいが，アメリカがモンロードクトリンを留保しようがしまいが重要な問題ではないという立場をとっていると理解すると発言した。それに対して，ボラーは，明らかにそうであり，そのために上院におけるこのような技術的な議論は，緊急事態が起こった場合には実際の価値がないと答えている[69]。

　以上のことから，アメリカにおいて，少なくとも不戦条約の締結・批准過程では，一国の自衛権行使については当該国家のみが合法的な自衛権の行使であるか否かを判断できるのであるが，世論のみに対しては自国の行動が自衛権であることを弁明する義務があり，世論が監視役となるものと解されていた。もっ

---

[65]　"Hearings, Dec. 7th," 柳原『先例資料集（下）』1018頁。
[66]　*Congressional Record, supra* note 22, at 1127.
[67]　*Id.,* at 1064, 1126.
[68]　*Id.,* at 1063.
[69]　*Id.,* at 1125.

とも，ボラーが，国家が自衛権を行使しているときに，その国家の裁量を抑える（control）手段が世界にはないということを指摘するなど[70]，国際社会における超越的な判定者の不在により，自衛権行使に関しては国家の裁量を抑えることができないということが当時から意識されていたことには注目すべきである。

　イギリスの下院では，上述の7月18日の公文[71]において「各国家のみが，自衛戦争に訴える状況にあるか否かを決定できる」とされたことが，複数の議員による批判の対象となった[72]。この批判に対して，チェンバレンは，その公文の中の全てのことはアメリカの公文に明示的に含まれているとのみ答えた[73]。

　フランスのコットが，自衛権は不戦条約違反に対して行使しうると解していたことは既述の通りであるが，コットの報告書の中ではさらに，その不戦条約違反をどのように認定するのかということが問題とされた。コットは，不戦条約の欠点は攻撃者を自動的に決定するための基準がないために国家に裁量範囲を広く残しすぎることだと指摘する。しかし「自己判断」には制限がないわけではなく，攻撃の認定に関して客観性をもたせようとする。すなわち，上述の通り[74]，ある国家の行為が攻撃を構成すると考える国家は不戦条約第2条を適用してその問題を直ちに仲裁にかけるように催告することができ，もしもその国家が仲裁を拒否した場合，その国家の不戦条約違反は確実であり，正当防衛権が明らかになるという。また，仲裁を受け入れた場合，仲裁者が，非難されている行為が攻撃にあたるか否かを判断するとされている[75]。コットはこのように，自衛権を発動しうる場合を，不戦条約第2条の紛争の平和的解決義務に違反する場合，具体的には問題を仲裁に付託することを拒否した場合だとして客観化することにより「自己判断」を制限しようとしている。

　日本政府は，「自己判断」に関して，米国が不戦条約の交渉過程において表

---

[70]　*Id.*, at 1134.
[71]　*supra* note 64.
[72]　*Official Report, supra* note 32, at 1813, 1829, 1850.
[73]　*Id.*, at 1842.
[74]　本節1(3)参照。
[75]　*Rapport Cot*, at 27-28.

◆第Ⅱ部　新たな自衛権概念の出現

明したものと同様の立場をとることを明らかにしていた。例えば，枢密院における戦争放棄に関する条約精査委員会において，次のようなやりとりがある。堀田欧米局長は，自衛権についての日本の回答中には，米国政府の了解と実質上同一だとあるが，回答中で自衛権の実質について何ら言及していないことは差支えないのかと問われた。これに対して堀田は，米国の第2回公文において自衛権を自国領土の攻撃に対する防衛と解釈するような字句があるといっても，自衛権を自国領土の防衛に制限したのではなく，同公文中で自衛の手段か否かをその国が決定すべきものであり，その決定が正しいか否かは世界の世論の判断をまつほかないとの趣旨を明言しており，日本もこの解釈をとって事実上同意見であるとした，と回答した(76)。

　以上のことから，少なくともこの段階においては，アメリカ，イギリス，日本は，自衛戦争に訴える必要のある状況か否かはその国家のみが決定することができると理解していたことが明らかとなった。

第3節　小　括

　不戦条約締結過程の交換公文や議会の議事録の検討から，不戦条約締結によっても，自衛権の行使は妨げられないということは各国の一致した認識であったことが確認された。自衛権に基づいて，少なくとも，自国に対して攻撃や侵入を行う国家に対して，自国領土を守るために戦争に訴えることができるという理解が各国に共通するものであったということは確かである。すなわち，不戦条約によっても新たな自衛権（狭義の自衛権）の行使は妨げられないというのが，各国の共通した認識であった。

　しかし，それにとどまらず，イギリス，アメリカ，フランス，日本は，自国領域外の場所に不戦条約に反する攻撃があった場合にも，それを防衛するために戦争をすることも許されるとみなしていた。さらに，アメリカでは，自衛権に基づいて，自国の利益や財産，自国民も擁護しうるとの見解，日本では「在支臣民」の保護や満蒙権益の擁護，満蒙治安維持も自衛権に基づいて行いうる

---

(76)　「戦争放棄に関する条約精査委員会議事概要（1929（昭和4）年6月17日）」柳原『先例資料集（下）』672頁。

との見解も見られた。このように，不戦条約上許される自衛権は，新たな自衛権の範囲をはるかに超えた行動の自由を許すもの（広義の自衛権）であるとの認識が散見された。

　その上，「自己判断」が認められるとみなす国家もあり，ある行動が自衛権の行使であるか否かを，各場合ごとに自衛権を行使する国家が判定するのであれば，自衛権は，その範囲についての議論を無意味にするほどに広い行動の自由を許す権利となりうる。この意味で，不戦条約締結時から，自衛権の範囲については定まった見解があったわけではなく，自衛権の範囲についての解釈は国家によって異なり，また果てしなくその範囲が広がる可能性をも秘めていたと言える。

◆第Ⅱ部　新たな自衛権概念の出現

第 5 章　戦間期の学説

　第3章・第4章で明らかになったように，実定国際法による戦争の制限・禁止が進展すると，国家は自衛権を，禁止された戦争を例外的に許す新たな概念として重視するようになっていく。本章では，戦間期の学説を検討対象とし，当時の国際法学者が観念した自衛権概念を明らかにする。

　結論から述べると，戦間期の国際法学者が主張した自衛権は，論者により相当に異なっている。ここでも便宜上，大きく広義の自衛権と狭義の自衛権とに分ける。広義の自衛権は，自国領土に向けられた他国家による違法な侵略や攻撃等を必ずしも前提とせず，自国の生存・独立・安全，論者によっては在外自国民や利益を守るために，領域外における措置をとること，場合によっては戦争を遂行することをも許容する。便宜上，広義の自衛権と一括りにしているが，当然ながらその内容は論者によって相当に異なっている。一方，狭義の自衛権は，第3章・第4章で検討した新たな自衛権と同様の内容，すなわち自国領土へ向けられた違法な戦争，侵略，攻撃，侵入を前提とし，それに対して戦争に訴えたり武力を用いて反撃をしたりすることを許す。以上の結論を，以下の検討から導く。

　まず，第1節では，国際法学者の自衛権論一般を扱う。1では，欧米の国際法学者を取り上げる。最初に，自己保存権や自衛権概念の19世紀からの連続性を重視し，20世紀初頭にも第1章で扱った自己保存権を支持する説や，19世紀の学説の一部で説かれた自衛権と大きく相違しない自衛権概念を支持する説を扱う。後者は，広義の自衛権を支持するものである。次に，戦争の違法化が進展したことによって，国際法に新たに自衛権の存立基盤が生じたとみなす説を検討する。この説は，広義の自衛権を支持するものと，狭義の自衛権を支持するものとに分かれる。

　第1節2では日本の国際法学者の説を検討する。日本の学説は欧米の学説を複雑に取り入れながら形成されているため，欧米の国際法学者の場合のように

第5章　戦間期の学説

大きく二つに類型化はするが、論者ごとに扱う。第2節から第5節では、戦間期の国際法学者による、自衛権の先行行為、権利行使の対象、正当化される措置、必要性・均衡性の捉え方を扱い、このうち学者間である程度の合意があった事項と、学者間の見解が異なっていた事項とを明らかにする。

第1節　自衛権論一般

1　欧　米
(1) 19世紀から存続する自己保存権・自衛権

以下の(2)で述べるように、戦間期の戦争の制限・禁止によって、自衛権概念が大きく影響を受けたと捉える者がいた一方で、戦間期にも、依然、自己保存権を支持する者、そして自衛権という語を用いてはいても、それを第2章第1節1(2)で述べた「域外措置を正当化する自己保存権」と同様の内容を持つものとして論じる学者も見られた。これらの国際法学者は、自己保存権や自衛権が19世紀から存続していると捉えるものであり、例外はあるものの、英米法系の国際法学者に多い傾向がある[77]。もっとも、自己保存権や自衛権が19世紀から存続していると捉えてはいても、それが戦争の違法化によって全く変容していないと全ての学者が捉えていたわけではないことには注意が必要である。その変容は、例えば、自衛権に基づいて正当化される措置に、違法化された戦争が含まれるようになったという形で認識された[78]。

このような著作の多くは第一次世界大戦後から不戦条約締結までの時期のものである。しかし、1930年代の著作にも同様の見解を表すものは見られる。とりわけ不戦条約締結前の時期は、実定国際法による戦争の制限が自己保存権概念や自衛権概念に与える影響は、明確には意識されていないか、少なくともそれに言及されないことが圧倒的多数であった。

ハーシーは、1921年の体系書においても「国家の基本権」理論を放棄してい

---

[77] 英米法と大陸法における自衛権の位置づけの相違が、国際法上の自衛権の捉え方に違いを生じさせていることを指摘するものとして、中西寛「国際秩序をめぐる法と政治に関する一考察」京都大学法学部百周年記念論文集刊行委員会編『京都大学法学部百周年記念論文集』第1巻（有斐閣、1999年）515-543頁。立「前掲論文」（注54）8頁も参照。

[78] 本章第4節を参照。

ない。この国家の基本権のうち最も重要な権利として生存権を位置づけ，それには，自己保存権や防衛権が含まれると述べている。そして，19世紀の自己保存権においてそうであったように，自己保存権に基づく措置の中に，他国の権利を侵害しない措置も含めている。さらに，領域的統一と不可侵を守る権利が含まれているとし，その権利を守るために，国家は，究極的に緊急な場合（in extreme cases of necessity），国際法違反や他国の領域主権や国際的権利を侵害することができると述べる[79]。

このように自己保存権を支持しているものとしては，ハーシーの他にも，20世紀初頭に出版されている著作で，19世紀に出版された著作を改訂したものの多くがそれに該当する[80]。自己保存権に言及する論者の中には，自衛権を自己保存権の項目で扱う者も見られる[81]。

---

[79] Hershey, A. S., *The Essentials of International Public Law* (The Macmillan Company, 1921), at 143-146. そのような事例として，デンマーク艦隊事件，カロライン号事件，ヴァージニアス号事件，日露戦争勃発の際の日本による韓国・満州侵攻（invasion）を挙げている。

[80] 20世紀初頭の著作で自己保存権を扱っているものとしては，例えば，Hall, W. E., *A Treatise on International Law* (8th ed., Clarendon Press, 1924), at 322-336; Oppenheim, L., *International Law : A Treatise : Peace*, Vol. 1 (3rd ed., Longmans, Green and Co., 1920), at 214-221; Lawrence, T. J., *The Principles of International Law* (7th ed., Macmillan & Co., 1925), at 125-127; Wilson, G. G., *International Law* (8th ed., Silver, Burdett and Company, 1922), at 88-89; Fauchille, P., *Traité de droit international public*, t. 1 - 1 (8ème éd., entièrement refondue, complétée et mise au courant, du Manuel de droit internationale public de M. Henry Bonfils, Rousseau, 1922), at 410など。不戦条約締結後の著作で自己保存権に言及するものとして，Baty, T., *The Canons of International Law* (John Murray, 1930), at 95-99. なお不戦条約による戦争禁止に関するベイティの見解については，拙稿「トマス・ベイティが果たした役割 —— 不戦条約や戦争に対する見解の変化に着目して」明石欽司・韓相熙編『近代国際秩序形成と法 —— 普遍化と地域化のはざまで』（慶應義塾大学出版会，2023年）261-265頁を参照。

[81] Fauchille, *Id.*; Hall, *Id.*; Kaufmann, E., "Règles générales du droit de la paix," *Recueil des cours*, t. 54 (1935), at 580-581; Hyde, C. C., *International Law ; Chiefly as Interpreted and Applied by the United States*, Vol. 1 (Little, Brown, and Company, 1922), at 106; Fenwick, C. G., *International Law* (The Century Co., 1924), at 142. フォーシーユの1922年の著作第8版においても，自己保存権の項目が設けられているが，その中で

第5章　戦間期の学説

例えばカウフマンは，自己保存権のコロラリーとして生存権・独立権・発展の権利・名誉に対する権利・抵抗権などを挙げており，その中の「独立権」の中で[82]，国家が自己保存権に含まれると考えている利益の防衛のために，国家は必要に迫られれば，自国の正義のための行為（actes de propre justice）を実行することが許されるとする。そのうち，強制的措置の原因となるのは，報復・復仇・自衛である。この自衛は，他国の本質的利益の侵害かその恐れを原因とする。復仇が違法行為を前提とするのに対して，自衛権は利益の侵害かその危険しか前提としない。したがって干渉行為に訴えることは（中略），死活的・第一級の利益の侵害の場合，国家が緊急状態に直面している場合，あるいは，少なくとも，いかなる選択肢もなく行動を絶対的に要求する場合にのみ許される[83]。

このように，20世紀の初頭にも，依然として自己保存権を支持している者や，自己保存権の項目の中で自衛権を扱う者がいた。その中でも，以下の論者は，自己保存の行為が自衛の行為である場合にのみ認められるとするが，その自衛権の実体は「域外措置を正当化する自己保存権」とほとんど同じである。

フェンウィックは，生存権（自己保存権と同義で用いられている）の中に自衛権を位置付けている。その自衛権は，直接的・間接的攻撃に対するものであり，この点で自衛権はより広い自己保存権と区別される。直接的な攻撃に対しては，自国領域内で守勢を取りうるのみならず，他国軍隊による攻撃行為の実行を先んじて阻止するために，相手国の領域に侵入することができるとする[84]。

ハイドは，国家による自己保存の行為が厳密に自衛の行為である場合にのみ，国際法によって認められると主張する。すなわち，自衛権に基づく行動の自由の正当化は，自己保存という広い基盤にではなく，自己保存の一つの形態すなわち自衛という狭くしかし堅固な基盤にあるという。彼によると，自衛権に基

は自衛権と緊急権（droit de nécessité）とが区別され，自衛権は違法な攻撃の存在を必要とすると加筆されている（Fauchille, Id.）。
[82] 筆者の手元にある文献には，落丁や誤植があり明確ではない部分があるが，前後から判断すると，独立権の中で論じられているものとみなすことができる。
[83] Kaufmann, supra note 81, at 579-581.
[84] Fenwick, supra note 81, at 142-143.

◆第Ⅱ部　新たな自衛権概念の出現

づいて，攻撃やその脅威がある場合，攻撃者の政治的独立を度外視して行動する自由がある。また，隣国の領域や公海といった自国領域外で武力を行使することができるという[85]。

ブライアリー[86]は，自衛概念とそれよりも広い自己保存概念を混同してはならないとし，自衛は必ず攻撃者（aggresseur）を伴うが，自己保存権は必ずしもそうではない，というように，攻撃者の存在を前提とするか否かで自衛権と自己保存権を区別している。そして，この自衛権に基づいて，他国の権利を侵害すること，そして他国領域で武力を用いることもできると述べる[87]。

以上の論者は，カロライン号事件など19世紀の国家実行を自衛権の事例として引用し，自衛権は，自国領域のみならず他国領域でも行使しうることを認めている。彼らの説く自衛権の内容は，19世紀の「域外措置を正当化する自己保存権」と大きく異ならない[88]。

このように，戦間期にも19世紀の学説と同様の自己保存権や自衛権を支持する者が見られ，その論者の中には以下のように，自衛権が非常に広い行動の自由を許すと捉える者があった。例えば，在外自国民保護のための措置，そして自国の利益を守るための措置も自己保存権や自衛権に基づく措置とみなす者である。

在外自国民保護については，国際法学者の賛否が分かれるところであり，またその理論的基礎も不明確であったことが指摘されるが[89]，それを自衛権として認めるものも見られた。1936年にパリで開催された国際法協会の第39回世界大会では，ブライアリーの提案をもとにローターパクトが作成した自衛権についての草案が提出された。自衛権についての議論は，結果的に本大会で時間をかけては行われなかったが，その草案は，自国領域における措置のみならず，

---

[85]　Hyde, *supra* note 81, at 106-107, 119.
[86]　ブライアリーの説く自衛権論については，次を参照。Brierly, J. L., *The Law of Nations ; An Introduction to the International Law of Peace*（Clarendon Press, 1928）, at 157-158; Brierly, J. L., "Règles genérales du droit de la paix," *Recueil des cours*, t. 58（1936）, at 126-131。
[87]　*Id.*（*Recueil des cours*（1936））, at 127-129.
[88]　ただし，正当化される措置に戦争を含むことにつき，本章第4節2を参照。
[89]　森『前掲書』（注11）173-175頁。

第 5 章　戦間期の学説

自国領域外での措置を取りうること，在外自国民の保護のために武力を用いた措置を取りうることを規定している。ただし，利益，自国や自国民の法的権利のために武力に訴える権利はないとする規定も挿入されていた[90]。

その一方，利益擁護のための自衛権については，国家の本質的な利益に対する侵害やその恐れがある場合に，当該利益を保護するために自衛権を行使することができるというように解釈する者もいた[91]。

以上の国際法学者は，自己保存権や自衛権概念の，19世紀からの連続性を重視する[92]。この中には依然として自己保存権を支持している者や，自衛権の語を用いていてもその実体は19世紀の「域外措置を正当化する自己保存権」と同様のものである場合も見られた。自衛権を論じる者の説を見ると，在外自国民の保護や自国の利益を守るための行動すら自衛権に基づいて許されると説くものもあった。要するに，ここでの自衛権は，自国領土に対する他国家による違法な[93]攻撃や侵入が存在しない場合であっても，自国の生存・独立・安全の防

---

[90]　*The International Law Association, Report of the 39th Conference*（1937），at 180-181. 在外自国民の保護を自己保護（self-protection）とするものとして，Fenwick, *supra* note 81, at 156-159 ; Baty, *supra* note 80, at 105-112. See also, Potter, P. B., "L'intervention en droit international moderne," *Recueil des cours*, t. 32（1930），at 647.

[91]　Kaufmann, *supra* note 81, at 581.

[92]　バドヴァンのように，戦争を制限・禁止した条約上の自衛権と，それより古い起源を持つ自衛権という，二つの異なる性質を持つ自衛権概念が存在するようになった可能性を指摘する者も見られた。バドヴァンは，次のように述べる。戦争や武力行使を多かれ少なかれ放棄する条約規定が国際法に挿入されたことは，自衛概念と，条約によって引き受けられた義務を阻む（mettre en échec）ために自衛概念に依拠する可能性に，注意を引いた。しかし，自衛の例外は，この条約法よりも古い起源をもち，慣習国際法の一定の規則に反するものと理解しうる（Basdevant, J., "Règles générales du droit de la paix," *Recueil des cours*, t. 58（1936），at 540）。もっとも，彼は，不戦条約の締約国については，他国の攻撃から自国を守るために自衛概念に訴えることは（法の一般原則，法のロジック，不戦条約前文の用語に従うと，攻撃をする国家は不戦条約上の利益を失うため）不要であるとして，不戦条約上の自衛権が成立することを否定するが，不戦条約の締約国が，他国の武力復仇に対して，あるいはカロライン号事件やヴァージニアス号事件のような私人の攻撃（entreprises）に対して，不戦条約に違反する戦争行為をする場合に自衛概念が意味を持つと述べる（*Id.*, at 544-545）。

[93]　本章第 2 節を参照。

◆第Ⅱ部　新たな自衛権概念の出現

衛，論者によっては在外自国民や自国の利益保護のために，領域外における措置をとることも許容する「広義の自衛権」である。

(2) 自衛権の出現

　実定国際法による戦争の制限・禁止は，一部の学説の自衛権論に大きく影響した。国際法学者の中には，戦争の違法化を重視し，戦争の違法化によって初めて国際法上に自衛権概念の存立基盤が生じたとする者が見られた。このような国際法学者は，例外はあるものの，大陸法系の学者に多い傾向がある。

　彼らは，自衛権によって正当化される措置として，戦争や武力行使を想定している。そうすると，ジローが指摘するように，戦争が道徳的には非難すべきものに見えたとしてもそれが合法である限り，侵略や自衛の法的概念には存在する余地がなかった。国際連盟規約は，一定の場合に戦争を禁止したことで国際法に自衛概念を導入し，不戦条約は，一般的な方法で戦争を禁止したことで自衛の適用範囲を著しく増大させた[94]ということになる。このように，戦争の制限・禁止によって初めて自衛権が国際法の平面に現れると捉える論者も，以下で述べるように，自衛権を広義に解する者と，狭義に解する者に分かれる。

　とりわけドイツやイタリアの国際法学者に多く見られるように，自衛権は，他国の違法行為に対して自国の権利を自国自身で守る自助の一形式であり，自助のために行う本来違法な行為の違法性ないし責任を阻却すると捉える者が存在する[95]。この説は，自衛権について，伝統的に自助が許された国際社会においては独立した存在意義を持たないが，第一次世界大戦後の戦争の違法化によって，自助として戦争をすることの違法性を阻却する概念となると解する。

　自衛権を自助の一形態と捉えるこのような解釈によると，自衛権は，権利侵害を自国に対して行う国家に対して権利保護のために行使しうることになる[96]。

---

[94]　Giraud, *supra* note 6, at 715.

[95]　Anzilotti, D., *Cours de droit international* (traduction française d'après la troisième édition italienne, revue et mise en courant par l'auteur, par Gilbert GIDEL, R. Sirey, 1929), at 506-507 ; Cavaglieri, A., "Règles générales du droit de la paix," *Recueil des cours*, t. 26 (1929), at 554-557 ; Strupp, *supra* note 36, at 124-125, 199-202 ; Kelsen, H., "Unrecht und Unrechtsfolge im Völkerrecht," *Zeitschrift für öffentliches Recht*, Bd. 12 (1932), at 561-564 ; Ago, *supra* note 6, at 537-540.

例えばアンチロッチは，自国の権利を自国自身で守ることを自己保護（auto-protection）と呼び，自衛権は次のように自己保護を例外的に許容する概念だと捉えた。自衛権概念は，権利保護が適切な機関の専属的役割であり，それゆえ構成員各人が権利を執行することが禁止された法的共同社会において，重要な役割を持つ。反対に，法秩序が主体の自己保護を承認し規律する場合，自衛は独立した制度としての性質を失い，自己保護の諸種の形式ならびに範疇に復帰する。国際法においても，自己保護を排除しているか，あるいは制限している場合にのみ例外的に，自衛の概念が適用されうる。この場合，自衛の要件は，国際法によれば，違法な攻撃（une attaque illicite）の存在である[97]。

以上のように捉えると，自衛権は，「国家の権利」に対する他国からの違法な攻撃がある場合に，攻撃が急迫していることを条件として，本来違法な自己防衛を許容する権利ということになる。すなわち，攻撃は国家の生存のみならず権利一般に向けられる場合も含むという結論になるはずである。実際に，アンチロッチは，攻撃は国家の存在自体に向けられる必要はないとするが[98]，彼は，これ以上の記述をしていない。自衛権を行使しうる場合に，攻撃が権利一般に向けられる場合を含むとすれば，これは自衛権についての広義の解釈をとっているとみなすことができるであろう。

その一方で，権利侵害の形態を，「侵略」に限定していると解しうるものも見られる。

例えば，アゴーは，自国の権利を保護するための武力の行使を一般的に放棄した国家も，自衛として，「現実の不正な侵略（une agression actuelle et injuste）」を阻止するために武力を行使しうると述べる[99]。このように，アゴーは権利侵

---

[96] ただし，ケルゼンは，実定法の解釈から自衛権の内容を確定する必要があるとするものの，本論文ではその解釈は行われておらず，自衛権の内容をどのように捉えていたのかは必ずしも明らかであるとは言えない（Kelsen, *Id*.）。

[97] Anzilotti, *supra* note 95. See also, Cavaglieri, *supra* note 95.

[98] Anzilotti, *Id*, at 507.

[99] Ago, *supra* note 6, at 539. カヴァリエリは，「現実の不正な侵略（une agression injuste et imminente）」から自国の生存のみならずその本質的財産を守る場合にも自衛権を行使しうるとする（Cavaglieri, *supra* note 95, at 556）。しかし，「現実の不正な侵略」の他に「現実の不正な攻撃（une attaque injuste et imminente）」という語も用いており，

◆第Ⅱ部　新たな自衛権概念の出現

害の形態を「侵略」に限定し，それを阻止するために武力を行使することをができるというように，自衛権を狭義に捉える[100]。

　以上のように，自衛権は，自国領土に対する攻撃や侵略が発生する場合に，自国領土を守るものであるというように，狭義の自衛権を支持する者が見られたが，自衛権は権利一般の侵害がある場合にも行使しうると広義に捉える者もいた。

2　日　本

　戦間期の日本の代表的国際法学者で，国際法の概説書を執筆し，自衛権についても多数の著作を残しているのは，立作太郎，横田喜三郎，松原一雄，田岡良一である。したがって，ここでは，この4名の国際法学者を取り上げる。日本の国際法学者の自衛権論も，欧米を中心とした海外の国際法学者の自衛権論を複雑に取り入れて形成されているため，それぞれの自衛権論はそれぞれに異なっている。そのため，欧米の国際法学者の場合のように，自衛権が19世紀から存続していると捉えるか否かという観点からいったん大きく二つに分類した上で，論者ごとに分けて検討する。もっとも，欧米の場合と同様，自衛権が19世紀から存続していると捉える学者全員が，戦争の違法化が進展しても自衛権が変容していないと捉えていたわけではなかった。

　　自衛権を行使しうる場合を，「侵略」に限定しているのか定かではない。

(100)　その他にも，自衛権を自助と捉えているか否かは明確ではないが，自衛権の狭義の解釈をとるものも見られる。例えばズーレックは，広義の自衛権概念と狭義の自衛権概念に言及し，前者は，侵略を防ぐことのみならず，在外自国民やその財産を保護したり，外国における自国の利益を守ったりするために暴力に訴えることであり，後者は，国家の領域に対する攻撃や侵入（invasion）を前提とするものであるとする。そして，前者が政治的あるいは帝国主義の教義であり，後者が法的あるいは専門的概念であるとして，狭義の自衛権概念を採用する（*The International Law Association, supra* note 90, at 189-193）。See also, Giraud, *supra* note 6, at 747-787, 857.

　　デカンは，自衛権を保存という重要な権利を危うくする暴力からなる違法で急迫した攻撃に対して反撃する権利として捉え，それ以外の手段による権利侵害に対して，例えば，国家の金銭的損害や様々な国家の国民への損害が存在する場合の自衛権の行使を否定している（Descamps, *supra* note 36, at 470-471）。

第 5 章　戦間期の学説

(1) 19世紀から存続する自衛権
(a) 立 作 太 郎

　まず，1920年代から1930年代にかけて概説書や自衛権関連の著作を複数執筆した，立作太郎を取り上げる。立の1930年代の自衛権論は，それ以前におけるもの[101]とは異なっている。1920年代までは，自衛権は必ずしも先行違法行為を要件とするとは捉えていなかったが，1930年代には先行違法行為が前提とされるようになった。

　1930年代の著作では，「自衛権及び緊急状態」という項目の下，自衛権[102]と緊急状態とを区別した[103]。また，1932年の論文では，自己保存権[104]と自衛権を，先行行為の違法性の有無や保護法益といった観点から峻別し，自己保存権は「最近」において，国家慣行においても学説においても衰えて，「自衛権の観念が盛行するに至」ったと述べていた[105]。

---

[101]　第 2 章第 1 節 2 参照。

[102]　1930年の体系書における自衛権の定義は「(1)国家自身，其機関又は其臣民の危害が急迫なること，(2)已むを得ざるに出でたること，即ち他の手段を以てしては到底危害を去るの目的を達する能はずして，且危害を去るに必要なる程度を超えざること，(3)危害を去る為めに行ふ行為は危害を去るに必要なる程度を超えざること，(4)危害が自衛を行ふ国家又は其機関の不法行為に基づきたるものに非ざること，(5)危害が自衛行為の加へらるべき国家又は機関の不法行為に因りて起りたるか，又は少くとも該国家又は其機関が危害の生ずるを防ぐの責任を全うせざること」である（立作太郎『平時国際法論』（日本評論社，1930年）181-182頁）。

[103]　立，同上，181頁以下；立作太郎『平時国際法論』（日本評論社，1932年）181頁以下。1929年の「平時国際公法（一）」『現代法学全集』第16巻（日本評論社，1929年）300頁でも同様である。緊急状態とは，前掲注102の条件のうち(5)を備えていないもののことである（立，同上（『平時国際法論』），184頁）。

[104]　狭義の自己保存権は，生存またはこれに準じる重大利益に対する危険が存在する場合，悪意や過失を有しない国家に対しても，生存維持のために必要な行為を行うことを許す概念である。広義の自己保存権は，第Ⅰ部で論じた19世紀前半の自己保存権に含まれていたような，生存のために軍備を備え，資源を開拓する等の行為も包含する，広い概念である（立作太郎「自衛権概説」『国際法外交雑誌』第31巻第 4 号（1932年）5 頁）。

[105]　同上，5 頁。ここでは，ウェストレーク，ウォーカー，アンチロッチ，ブライアリー，フェンウィック，リスト，ハイドといった19世紀後半から1929年までの国際法学者が引用されている。出典はそれぞれ，ウェストレーク「国際法312頁乃至316頁」，ウォーカー

◆第Ⅱ部　新たな自衛権概念の出現

　ここで，自衛権とは，不正な攻撃を自助的行為によって排除し，自ら法益を全うさせる思想に基づいて，国内法上の正当防衛のように，攻撃を加える他国家に対して行使しうるものである。ここでの攻撃とは，国際法の保護する利益，言い換えると国際法の法益を積極的行動により侵害することであって，一国の法益が，ある他国家自身の行為によって侵害される場合のみならず，ある他の国家の管轄内の私人による暴行であって，その国家の過失によって鎮圧できないものによって侵害される場合も含む[106]。自衛権は「攻撃」を加える他国家に対してのみ行使しうるという記述は，それまでの平時国際法の体系書では見られなかった記述である[107]。

　このように自衛権の行使は，攻撃を加える国家に対してのみ行える代わりに，「生存上又は其他の国家の重大利益上の危険を避くるの緊急の必要を存する場

「国際法提要23頁乃至24頁」，アンチロッチ「国際法仏文507頁」，ブライアリー「国際法157頁乃至160頁」，フェンウィック「国際法143頁乃至146頁」，リスト「国際法第十二版285頁」，ハイド「国際法第1巻65節」となっている（立，同上，20頁）。それぞれ，Westlake, J., *International Law*, Part I (Cambridge University Press, 1904); Walker, T. A., *A Manual of Public International Law* (Cambridge University Press, 1895); Anzilotti, *supra* note 95; Brierly, *supra* note 86 (*The Law of Nations* (1928)); Fenwick, *supra* note 81; von Liszt, F., *Das Völkerrecht* (J. Springer, 1925); Hyde, *supra* note 81であると考えうる。

　立はこれ以降，自己保存権が国際法上認められるかについてあいまいな立場を取る。この点については，第6章第4節2，第8章第2節3(1)を参照。

[106] 立，同上，2-3頁。

[107] これは，ウェストレークの理論以外にも，1920年代の多くの国際法学者の自衛権論において攻撃が要件とされていることを受けたものであると解しうる。このことは，立が，攻撃の存在を必要とすることを説いた国際法学者として，ウェストレークに加えてアンチロッチ，ブライアリー，フェンウィック，フォーシーユ，ハイドを挙げていることからも裏付けられるであろう。出典はそれぞれ，ウェストレーク「国際法，平時，312頁乃至313頁」，アンチロッチ「国際法，仏訳，第一巻506頁乃至507頁」，ブライアリー「国際法157頁乃至160頁」，フェンウィック「国際法145頁」，フォーシーユ「国際法第一巻421頁，ハイド「第1巻65節」になっている（立，同上，15頁）。それぞれ，Westlake, *supra* note 105; Anzilotti, *supra* note 95; Brierly, *supra* note 86 (*The Law of Nations* (1928)); Fenwick, *supra* note 81; Fauchille, *supra* note 80; Hyde, *supra* note 81であると考えられる。

合」のみならず，「国際法の保護する利益が他国家の攻撃に因りて侵さるる場合」にも行使しうるという[108]。具体的には，自衛権に基づいて，「在外臣民の生命財産の保護を為す国家の権利[109]」，「外国に於て国家又は臣民の有する鉄道，鉱山に関する権利[110]」を他の攻撃から擁護すること，さらには，「地理上，歴史上，経済上等の理由に依り認めらるることあるべき（……モンロー主義の観念に内在する如き）領土外の一定地方に於ける一国の安全保障上の利益^(セキュリティー)[111]」を侵害された場合にも行動が取れる。すなわち，自衛権は自国の生存やその他の重大利益が危機に瀕している場合に限らず，広く権益一般が侵害された場合にも，また，在外自国民の生命財産，外国における権利を攻撃から保護するためにも行動をとることを許すというように極めて広く解釈される。さらに，「自己判断」については，国際法廷の威権がなお確立しないことなどから，「国際法上の自衛権に関する客観的認定の公平なる方法の実現が困難なることを認めざるを得ない[112]」と述べる。

　以上のように，立は，自衛権の地理的範囲や保護法益を極めて広義に解釈している。そして，このように自衛権が広い行動の自由を許すようになったのは，以下のように，戦争が制限・禁止されたためであると捉えられている。具体的には，国内法における自己保存権や自衛権の説明と関連づけて，次のように説明されている。

　自己保存権は[113]，法の保護が十分に実施されていない社会における自助の思想に基づいており，正当防衛権は，法の保護が原則として十分に行われている社会においても存在しうる緊急的・例外的権利である。したがって，（立が執筆をしていた当時の）発達した国内法において，自己保存権の観念はほとんど認められていない。にもかかわらず，ある国の国内法においては，かえって旧時よりも広く正当防衛権を認めて，純粋な権利に属さない法益もこれによって

---

[108] 立，同上，2頁。
[109] 立作太郎『時局国際法論』（日本評論社，1934年）140頁。
[110] 立「前掲論文」（注104）6頁。
[111] 同上，4頁。立『前掲書』（注109）140頁も参照。
[112] 立「前掲論文」（注104）7頁。
[113] 1940年代の立の自衛権や自己保存権の捉え方については，第8章第2節3(1)を参照。

◆第Ⅱ部　新たな自衛権概念の出現

擁護しようとする傾向がある。国際法において，戦争またはその他の自助的行為に関して制限がない間は，自衛権は，平時に法益擁護の緊急の必要によって他国の権利を侵害すべき場合においてのみ援用の必要が存在したにすぎなかったが，戦争またはその他の強力的自助手段（復仇を含む）が一般的国際法規または国際条約（不戦条約，連盟規約等）により禁止され，またはこれらの自助手段に訴える原因または手続きが限定されるに及んで，緊急の必要により上述のような自助手段に訴えるために，国際法上自衛権を援用する必要が生じるに至った[114]。

このように，立は，戦争やその他の自助的行為に制限がない間は，自衛権は平時に他国の権利を侵害する場合においてのみ援用が必要であったが，戦争その他の強力的自助手段が禁止されるようになってから[115]，自衛権は緊急時に，禁止された戦争やその他の強力的自助手段に訴えるために援用する必要が生じたと解する。要するに，戦争その他の自助手段の制限に伴って，自衛権は制限されたのではなく，かえってその範囲が広がったと捉えていた。

以上のように，立は，自衛権を非常に広く解していたが，それは本質的には，戦争の禁止が進展して戦争やその他の自助が制限されたことにより，自衛権が戦争やその他の自助を例外的に許容する概念となったと捉えるようになったためである。

(b) 横田喜三郎

横田喜三郎は，1934年の体系書『国際法』の中で自衛を「急迫した危害に対して強力をもつて防衛すること[116]」というように定義しており，それを，「本来の自衛」である自衛行為と「狭義の自衛」である緊急避難[117]の二つに分けている。

---

[114] 立「前掲論文」（注104）8-9頁。
[115] 不戦条約や国際連盟規約が例として挙げられていることから，第一次世界大戦後の一連の戦争の制限・禁止を指していると解しうる。
[116] 横田喜三郎『国際法 下巻』（有斐閣，1934年）184頁。
[117] 緊急避難とは，「国家や国民に対する急迫な危害を除去するために止むを得ない防衛の行為である」（同上，189頁）。緊急避難の場合は，自衛行為の場合と異なり，危害が相手国の責任に帰すべきものではない（同上）。

自衛行為は,「国家や国民に対する急迫・不正な危害を除去するために止むを得ない防衛の行為である」と定義され,その要件は具体的に次のように示されている。すなわち,(1)急迫・不正な危害[118],(2)国家や国民に対する危害,(3)止むを得ない防衛,という三つである[119]。
　注目すべきは,(1)に関して,危害は権利に対する侵害であり,権利とは必ずしも厳格な,義務に対応する権利に限ることなく,法律によって保護された利益も含むというように,自衛権の保護法益が広く解されていることである。さらに,危害が権利に対する侵害といったときの権利は,必ずしも重大な権利に限らない。国家の領土,国民の生命・身体に対する侵害だけでなく,また権利の存在する場所が国家の内にあると外にあるとを問わず,外国にある権利の危害に対しても自衛行為はありうるとされる[120]。
　以上のように,横田によると,自衛行為に訴えうるのは権利侵害がある場合であるが,侵害される権利は重大なものに限らず,また領土内外を問わず自衛権の行使ができる。このように,横田は,自衛権を広義に解していた。
　(c) 松原一雄
　次に,松原一雄の論稿を検討する。松原は,自衛を,復仇とともに自助[121]として位置づけている。松原によると,「自衛行為」は,正当防衛 (legitimate defense) と,危難防衛に分かれる。正当防衛と危難防衛の違いは,前者が違法な侵害を前提とするのに対して,後者はそうではない点であるが,松原は,正当防衛と危難防衛の双方を明確に自衛として扱っている。
　正当防衛とは,「急迫にして不正なる侵害に対して『権利』を防衛するもの」であり,国家の「権利一般」について許されるのであり,必ずしも生存権や領土権に限らず,大小幾多の権利について正当防衛はありうる[122]。

---

[118] 急迫性とは,目前に迫った危害であり,まさに行われようとする現在の危害であり,未来や過去の危害を含まない。また,不正とは,法律上不正なことであり,違法なことである(同上,186頁)。
[119] 同上,185-187頁。
[120] 同上,185-187頁。
[121] 松原はこれを「自救手段(self-help)」と称する。松原『前掲書』(注6) 432頁。
[122] 松原,同上,433-434頁。この点は,1926年の体系書で,自衛権の保護法益は,一国の存在であり,一国の「名誉」または「重大利益」「死活利益」,漠然とした「利益」ま

◆第Ⅱ部　新たな自衛権概念の出現

　危難防衛は，正当防衛と異なり「不法の侵害」者に対して防衛行為に出るのではなく，危険が急迫している場合に，「公海上に於て『危害の原因たる物』そのものに対し（例，ヴァージニアス号事件）又は『危険の由て来る国家』に対し，又はその国家の領土内に就き，又は領土内（正確には領域内－筆者注）の人若は物（例えば艦船）に対し，直接自救の手段に出る[123]」こと（例，デンマーク艦隊事件）を許容する概念である。これは，第2章第1節1(2)の「域外措置を正当化する自己保存権」と同様の内容を持つものである。

　以上のように，松原は，正当防衛を，領土のみならず権利一般を守るものとして広義に解している。また，危難防衛は「域外措置を正当化する自己保存権」にあたる概念であり，自己保存権の影響を強く残したものであったと言える。そして，松原は，正当防衛と危難防衛の双方を自衛として扱っていた。

(2) 自衛権の出現 ── 田岡良一

　田岡良一の自衛権論は，当時の日本における多くの国際法学者のものと相当に異なっている。若干長くなるが，田岡の説を概観する。

　田岡は，国内社会と国際社会の相違に着目し，国際社会における自衛権の固有の機能を明らかにしようとした。これによると，自衛権という語はそもそもは国内法の概念であり，それを国際法においてそのまま用いたものである。国内社会では，社会組成員が行う違法行為を阻止し排除するための機関が設けられており，自助[124]が基本的に禁止されているが，例外的に緊急な場合に自衛権の行使が許されている。

　一方，国際社会は「公権力の組織化(オルガニザシオン)の存せざる社会」であり，「公権力の来救を待つ事は不可能」であり，「違法なる侵害の存する時是に反撃を加うる事は常に緊急」である。例えば「外国が一般国際法又は条約上の義務を履行せ

　　たは「必要」「緊急の必要」のために自衛行為を行うことはできないと論じられていたこととの対照をなす（松原一雄『現行国際法上』（有斐閣，1926年）162-163頁）。松原は，不戦条約上も在外自国民保護のための出兵も許されるとの解釈をとるが，これを自衛と称するかは自衛権の意義次第であるとして明言を避けている（松原一雄『国際問題：全』（雄風館書房，1931年）196-197頁）。

[123]　松原，同上（『国際法概論』），437頁。
[124]　田岡は，自力救済という語を使用する。

第5章　戦間期の学説

ずして我利益を侵害し，外交談判に依っても其非を改めざる時，我国が武力に依って加害国を強制する事は，正当防衛の権利に基く行為であると言う事が出来る」のである[125]。このように，一般国際法の下では自助は許されなければならないのであり，自助が許される国際社会においては，本来国内法でいうところの自衛権の存立基盤が存在しないことになる。

こうして田岡は一般国際法上の自衛権という概念を認めない。ただし，条約によって武力行使が禁止されるようになると，そこで初めて例外的に禁止された武力行使を正当化する概念として，自衛権の存立基盤が生まれるという。

このようにして，田岡は，自衛権は自助が制限された国内社会では存在するが，自助が許される国際社会においてはその存立基盤が存在せず，戦争の違法化すなわち自助の制限が進展して初めて自衛権が国際社会に存立基盤を見出すことができると捉える。

以上のような田岡の論理に基づくと，戦争の違法化により現れた自衛権は，自助のための戦争を例外的に許容する，すなわち自衛権は自国の「権利」を違法に侵害する国家に対して，戦争を許容する概念となり，上述した広義の自衛権に近似するはずである。ところが，田岡は，実定法の解釈に基づいて自衛権を狭義に解する。すなわち，不戦条約の当事国が正当防衛の権利という言葉によって理解したものは，自助のように広範なものではないという。不戦条約以前の国際条約の用語例や不戦条約締結当時の公文の解釈から推論すると，不戦条約上の自衛権は，「外国の武力に依る攻撃，領土侵入，占領等の行為に対抗して，武力を以て之を反撃する権利[126]」であり，「単に外国に国際法違反の行為ある時，武力を以て之を強制し，其違法を改めしむる権利を含むものと解する事は困難である[127]」。

---

(125) 田岡「前掲論文」（注33）13頁。
(126) 田岡良一「疑ふべき不戦条約の実効」『外交時報』第654号（1932年）96頁。
(127) 同上。このような理解は，必然的に，国際社会における自助手段の制限に伴うべき国際紛争解決の手段が整備されていないという，不戦条約の欠陥に対する批判に帰着する。すなわち，不戦条約は「自力救済の手段として，即違法者に対し，権利を侵害されたる者が自力を以て執行する救済手段としての戦争をも禁止しながら，是れに対するSubstituteを提供しない」のであり，そうすると，不戦条約の生命を維持せしめるためには違法者に対する被害国家の個別的制裁に代わる国際社会の共同制裁を組織しなければな

119

◆第Ⅱ部　新たな自衛権概念の出現

　アメリカとイギリスのモンロードクトリンの主張については次のように評価する。米国の上院外交委員会がモンロードクトリンを自衛権の一種と称し，したがって不戦条約による影響を受けないと解釈したことについて，このような解釈は不戦条約締約国に通知されなかったのであり，留保として成立しない。また，イギリスが交換公文中で特殊利害関係地域について言及したことについては，英国の公文を正確に読むと「此地域を『攻撃(アタック)』に対して保護する事が英国の自衛手段」なのであり，この攻撃が不戦条約締約国によってなされる時には，「前文第三項の適用により，英国を含む総の締盟国は右の攻撃国に対し不戦の義務より免れる」のである[128]。

　田岡は，このように，自衛権とは権利を実現するものではなく，武力による攻撃，領土侵入，占領等に対して自国の領土あるいは他国を守るために武力をもって反撃する権利であるとして，自衛権を狭義に解した。

第2節　先 行 行 為

　欧米の国際法学者について述べると，本章第1節1(2)で扱った国際法学者は，戦争の違法化により自衛権の存立基盤が生じたと捉える。これらの学者は，自衛権は他国による違法な攻撃や侵略か，違法な権利侵害を前提とする，すなわち先行違法行為を前提とするものと捉えていた。

　その一方で，本章第1節1(1)で扱った国際法学者の中には，自己保存権や自衛権を19世紀から存続するものとみなし，19世紀の学説と同様の概念を支持する者が見られた。これらのうち，自衛権について論じる者には，先行違法行為が存在しない場合であっても他国の権利を侵害する措置をとることができると

　　らないが，田岡によると，この実現は近い将来においては「不可能事に属する」。したがって，それが実現するまでは「不戦条約は法の理想に合せざる悪法として存在し，国家が何等道徳上の不正を自ら感ずることなくして破ると云ふ危険に曝されなければならぬ運命を持つ」と評価した（同上，32-34頁；田岡「前掲論文」（注126）105頁）。なお，田岡は，第二次世界大戦後に至っても同様の問題提起をしており，国連憲章第2条4項については理論上不可能なことを内容とする契約か政治的な申し合わせに過ぎず，法の世界においては存在しないものであると断じた（田岡良一「選択条項の過去と現在──大戦後の平和主義と国際法学の任務」『法学論叢』第63巻第6号（1958年）36-37頁）。

[128]　田岡「前掲論文」（注33）28-30頁。

捉える者と，この点について論じていない者が見られた。

　例えば，カウフマンは，復仇が違法行為を前提とするのと異なり，自衛権は利益の侵害かその危険しか前提としないと述べ，違法行為を前提としないものとする[129]。

　また，ハイドは，自衛権に基づく行動の自由は，単に国家の生命維持が普通ではない措置を要求する状況においてのみならず，むしろ，他国の本質的に不正（wrongful）な行為により安全が脅かされている事実に与えられると述べているが[130]，自衛権行使に他国の違法行為まで要求しているかは明らかではない。

　フェンウィックやブライアリーは，自衛権は「攻撃」を前提とするものだとするが，その攻撃の違法性の有無については言及していない[131]。

　日本の国際法学者について述べると，田岡，立，横田は，自衛権は先行違法行為を前提とすると捉えるのに対し，松原は，自衛行為を，先行違法行為を前提とする正当防衛と，必ずしも前提としない危難防衛の双方を含む概念としていた[132]。

第3節　権利行使の対象

　本章第1節1(2)で扱った国際法学者や田岡良一のように，戦間期の戦争の違法化を重視し，これによって初めて国際法に自衛権の存立基盤が生じたと捉える者は，自衛権の行使対象が国家であることを前提としている。このような論者のうち，自衛権を自助の一形態と捉え，かつ自衛権についての広義の解釈を採用する者によれば，自衛権は，自国の権利を侵害する「国家」に対して権利保護のために行使しうることになる。また，同じく戦争の違法化を重視する論者のうちで狭義の解釈を採用する者は，国家の領域に対して攻撃や侵略が発生する場合に，それを発生させる「国家」に対して武力を行使しうるとする。こ

---

[129]　本章第1節1(1)参照。

[130]　この部分の脚注には，ウェストレークが引用されている（Hyde, *supra* note 81, at 119）。

[131]　Fenwick, *supra* note 81, at 143 ; Brierly, *supra* note 86（*The Law of Nations*（1928）），at 157.

[132]　本章第1節2参照。

◆第Ⅱ部　新たな自衛権概念の出現

れらの論者の多くは，戦争が制限・禁止される前の19世紀には自衛権の存立基盤が存在しなかったと捉えるため，カロライン号事件などのように私人が対象となった19世紀の事例を，自衛権の先例としては扱わない。そうすると，自衛権の行使対象から私人が排除され，それを国家間で行使される権利だと想定するのは自然なことである。

　その一方で，本章第1節1(1)と同2(1)で扱った国際法学者のうち，多くの者は，19世紀の国家実行を自己保存権や自衛権の先例として扱う。そうすると，自己保存権や自衛権概念は，国家のみならず，私人をも対象とするものとして把握されることになるはずである。このようにして，自衛権の行使対象として私人が含まれることを明記するものも見られるが[133]，権利行使の対象が国家か私人かという点に言及していない者が多い。

第4節　正当化される措置

1　戦争の制限・禁止

　次に，自衛権に基づいて何が正当化されるかを検討する前提として，国際法学者が，戦争の違法化によって，とりわけ不戦条約によって法的意味での戦争のみが禁止されたと解していたのか，あるいは法的意味での戦争に至らない武力行使（事実上の戦争）も禁止されたと解していたのかを検討する。

　1924年，コルフ島事件に際して，戦争を構成することが意図されていない強制措置が国際連盟規約に矛盾するか否かについて国際連盟理事会の諮問を受けた法律家特別委員会（Special Commission of Jurists）は，そのような措置は，国際連盟規約と矛盾しないかもしれないし，矛盾するかもしれない，との曖昧な回答を与えた[134]。

---

[133] Basdevant, *supra* note 92, at 545 ; Baty, *supra* note 80, at 110-112 ; 立『前掲書』（注102）182頁。

[134] "Interpretation of Certain Articles of the Covenant and Other Questions of International Law : Report of the Special Commission of Jurists" *League of Nations Official Journal* [hereinafter, *LNOJ*], No. 5 (1924), at 524. See also, Paddeu, F., *Justification and Excuse in International Law : Concept and Theory of General Defences* (Cambridge University Press, 2018), at 238-242.

第5章　戦間期の学説

　不戦条約締結後の1930年代には、欧米の多くの国際法学者は、不戦条約によって戦争に至らない武力行使も禁止されたと解釈していた[135]。国際法協会の1934年9月10日のブダペスト決議は、戦争のみならず、戦争に至らない武力行使も不戦条約に違反するという解釈を示した[136]。

　万国国際法学会は、1934年の「平時における復仇に関する制度（Régime des représailles en temps de paix）」に関する決議の前文で、国際共同体の法的組織において実現した進歩、とりわけ紛争の平和的解決手続きの発展、国家政策の手段としての戦争の禁止、全ての武力行使について禁止という考えが一般化したことが、平時における復仇制度の根源的修正をもたらしたことを謳った。その上で、第4条は、武力復仇は、戦争に訴えることと同じ条件で禁止されていると規定している[137]。

　日本の代表的な国際法学者であった立作太郎、田岡良一、横田喜三郎も、一貫して、不戦条約第1条では法的意味での「戦争」のみが禁止されているが、第2条は単に国際法上の戦争のみならず、戦争に至らない強力的手段をも禁止していると解釈している[138]。

---

[135]　McNair, A. D., "Collective Security," *The British Year Book of International Law*, Vol. 17 (1936), at 157 ; Wright, Q., "The Meaning of the Pact of Paris," *AJIL*, Vol. 27 (1933), at 41, 51-52 ; Brierly, J. L., *The Law of Nations : An Introduction to the International Law of Peace* (3rd ed., Oxford University Press, 1942), at 263-264. See also, Borchard, E. M., "War and Peace," *AJIL*, Vol. 27 (1933), at 114 ; Eagleton, C., "Faut-il proscrire seulement les guerres d'agression ou toutes les guerres?," *Revue générale de droit international public*, t. 39 (1932), at 498-511.

[136]　*The International Law Association, Report of the 38th Conference* (1934), at 67.

[137]　Wehberg, H., *Institut de Droit international, Tableau general des resolutions* (1873-1956) (Editions juridiques et sociologiques, 1957), at 168-169.

[138]　立『前掲書』（注109）19-21頁、57-58頁；田岡「前掲論文」（注126）95-96頁；横田喜三郎「満州事件と国際法」『国際法外交雑誌』第31巻第4号（1932年）65-69頁。この解釈によれば、武力を伴わない復仇は第2条に抵触しないが、武力復仇は第2条に抵触することになる（立、同上、19-21頁、57-58頁；横田『前掲書』（注116）194-195頁）。
　信夫淳平は、第2条は、一切の国際紛争は必ず平和的手段によってこれを解決するという約束であり、その結果として不戦という国際現象を呈すると解釈している（信夫淳平「不戦条約に対する世評」『外交時報』第573号（1928年）45頁）。その平和的手段に

◆第Ⅱ部　新たな自衛権概念の出現

　その反面，法的意味での戦争に至らない武力行使が禁止されていないという説も有力に唱えられていたことには注意を喚起する必要がある。その代表的な論者はローターパクトであり，「報復，復仇，平和的封鎖といった紛争の強制的解決手段は，オッペンハイムによると『理論上も実行上も，国際紛争解決の友好的手段ではなくても平和的手段であると考えられて』おり，この見解は他の多くの論者が支持するところである」と論じ，それを裏付ける根拠として，不戦条約が武力ではなく戦争という文言を使用していることを挙げていた[139]。
　以上のように，1930年代の多くの国際法学者は，法的意味での戦争のみならず武力行使も禁止されていると解しており[140]，そうすると法的意味での戦争を構成しない武力行使は合法であるといったような主張は認め難い。こうした状況の下では，自衛権は，禁止された戦争のみならず，平時の武力行使も正当化する概念としていっそうその重要性が増す。

2　正当化される措置

　それでは，国際法学者は，自衛権に基づいてどのような措置をとることができると解していたのであろうか。本章第1節1(2)の学者の一部と田岡良一は，自衛権を，他国から自国領土へ向けられた違法な侵略や攻撃がある場合に，その他国に対して違法となった戦争や武力行使を許容する概念であると捉えていた。
　本章で取り上げた上記以外の国際法学者の多くにとっては，自衛権に基づいて許容されるのは，「国際法に違反する措置」であった。

　　は，「開戦に至らざる迄の一切を含」むとし，武力行使も平和的手段だと解している（信夫淳平『上海戦と国際法』（信夫淳平，1932年）88-89頁）。信夫淳平「不戦条約と国際連盟の関係」『外交時報』第566号（1928年）48-49頁；信夫，同上（「不戦条約に対する世評」），45-46頁も参照。

[139]　Lauterpacht, H., "The Pact of Paris and the Budapest Articles of Interpretation," *Transactions of the Grotius Society*, Vol. 20 (1934), at 182-183）。See also, Oppenheim, L., *International Law : A Treatise : Disputes, War and Neutrality*, Vol. 2 (5th ed., Longmans, Green and Co., 1935), at 155-157.

[140]　この点について諸国家や国際連盟諸機関の見解も同様であったことについて，第6章第3節1を参照。

例えばハーシーは，1927年の体系書において，戦争は法的権利というよりは政治的事実だとし(141)，自己保存権が戦争を法的に正当化するものではなく，「通常は国際法違反となることを行うことができ，他国の領域主権や国際的権利を侵害すること(142)」ができると述べる。

ハイドは，国家による自己保存の行動が厳格に自衛の行動であれば，たとえそれが他国の通常の権利と衝突しうるとしてもそれは国際法によって許容され，道義上正当化されると述べ，政治的独立を度外視して行動しうると述べていた(143)。

不戦条約締結後になると，自衛権に基づいて，平時に本来「国際法に違反する措置」が許されるのみならず，戦争や武力行使が許容されるとの記述が見られるようになった。具体的には以下の通りである(144)。

カウフマンは，自衛権は国際法に違反する措置をとることを許容すると解し，そのような措置には，領土の占領，平和的封鎖まで至る軍事力を用いた措置も，戦争に訴えることも含まれると解する(145)。

バドヴァンは，国際秩序において暴力はアプリオリに違法ではなく，自衛は，条約によって暴力の違法性が確立した場合にその違法性を緩和するのみならず，他の規則（例えば，領域尊重の規則）も緩和すると述べる(146)。

ブライアリーは，1928年には，自衛は「干渉（intervention）(147)」を法的に正当化しうる概念の一つと位置付けていたが，1936年の著作では，自衛権は武力行使（usage de la force）を許すと述べていた(148)。

---

(141) Hershey, A. S., *The Essentials of International Public Law* (Revised edition, The Macmillan Company, 1927), at 545.

(142) *Id.*, at 232.

(143) Hyde, *supra* note 81, at 106, 119.

(144) Hyde, C. C., *International Law ; Chiefly as Interpreted and Applied by the United States*, Vol. 3 (2nd Rev. ed., Little, Brown and Company, 1951) at 1679-1685も参照。

(145) Kaufmann, *supra* note 81, at 580-581.

(146) Basdevant, *supra* note 92, at 541. 本章注92も参照。

(147) Brierly, *supra* note 86 (*The Law of Nations* (1928)), at 157. 自衛権は「干渉（intervention）」という章において，干渉が許される場合の一つとして扱われている。

(148) Brierly, *supra* note 86 (*Recueil des cours*), at 128-129 ; Brierly, J. L., "International

◆第Ⅱ部　新たな自衛権概念の出現

　フェンウィックは，1934年の第2版補訂版の『国際法』で，自衛を「国家生存の権利：自衛と協同防衛（The Right of National Existence: Self-Defense and Coöperative Defense）」の章で扱い，様々な措置を許容するものとしている。この版では，「不戦条約の下での自衛」などを加筆し，自衛の措置として許容される「干渉」「領域侵入」に加えて，自衛「戦争」にも紙面を割いている[149]。

　ローターパクトによる1937年の『国際法』第1巻では，自衛権に基づいて他国の権利侵害（violations of others States〔原文ママ〕）が許されると述べられている[150]。一方，1935年の『国際法』第2巻は，自衛のための武力行使は，国家間の関係においては，戦争の形態となりうるとする[151]。

　以上のように，この時期の多くの国際法学者は，自衛権に基づいて「国際法に違反する措置」をとることが許容されると捉えていたが，不戦条約締結後には，自衛権は戦争や武力行使をも許すものだと解するようになった[152]。言い換

――――――――――

　　Law and Resort to Armed Force," *The Cambridge Law Journal*, Vol. 4 (1932), at 317-318.

[149]　Fenwick, C. G., *International Law* (2nd ed., Revised and Enlarged, D. Appleton-Century Co., 1934), at 159-169.

[150]　Oppenheim, L., *International Law: A Treatise: Peace,* Vol. 1 (5th ed., Longmans, Green and Co., 1937), at 244.

[151]　Oppenheim, *supra* note 139, at 158.

[152]　森は，以下のように述べる。カロライン号事件を自衛権の先例として位置づける戦間期の多くの見解は，自衛権と緊急状態の二分法に依拠するものではなく，したがって自衛権の行使に関して「違法な攻撃」を前提とするものではない。先行行為に違法性が求められなくなった結果，自衛権行使の対象は，「違法な」攻撃としての禁止された戦争に限られなくなった。そして，「このことは，単に自衛権行使の対象の『範囲』の問題にとどまるものではない。すなわち，自衛権は『［戦争や武力行使といった暴力の違法性が］条約によって確認された場合にその違法性のみを緩和するのではなく，その他のルールも緩和する』ものとして理解されることとなったのであり，『戦争の正統性の問題』よりも広いものとして理解されることとなった」（森『前掲書』（注11）41-42頁）。これは，すなわち，カロライン号事件を自衛権の先例として位置づける戦間期の多くの見解によって自衛権の先行行為に違法性が求められなくなった結果として，自衛権行使の対象が違法な戦争に限られなくなり，また自衛権行使として正当化される手段には，戦争や武力行使のみではなく，その他の本来違法な行為も含まれるようになったという主張であると捉えうる。しかし，戦間期の国際法学者は，そもそも自衛権に基づいて許

えると，自衛権は，一方で平時に本来違法な行為を正当化し，他方で戦争に訴えることを正当化するというように，自衛権を二つの異なる機能を持つものとして捉える国際法学者が増えていったということである。

自衛権に基づいてとりうる措置は，自衛権行使の対象により異なるとする論者も存在した[153]。すなわち，自衛権に基づいてとりうる措置は，その対象が国家である場合は防衛戦争となるが，その対象が私人の場合は戦争に至らない自衛行為となるというように区別するのである。しかし，上記で扱った国際法学者の圧倒的多数は，自衛権の行使対象と，正当化される措置との対応関係についてその詳細を論じていない。以下の日本の国際法学者も同様である。

立は，1930年より前の著作では，自衛権に基づいて「他国の権利を侵害すること」ができるとしか述べていなかったが，1930年代には，正当化される措置の中に明確に「戦争」を含めている。立によると，法律上許容されるべき防衛は，攻撃される法益の価値如何によって決めるべきではなく，「攻撃の度合 (intensity) 如何[154]」によって決めるべきものであり，脅威を受けた者は，「必要あるときは，最も厳重なる手段[155]」に出ることができるのであるが，擁護される法益の軽重の程度と，自衛行為に依る加害の程度との均衡を顧みる必要はないという[156]。「もっとも厳重なる手段」として何を想定しているのかは明記されてはいないが，戦争を想定していると考えるのが自然である。彼は，保護法益の軽重によって特定の措置がとられることを想定していたのではなく，攻撃の度合によって，他国の権利侵害の中で軽いものから最も厳重な措置までとりうるというように捉えていた。

横田は，正当化される措置について，自衛行為は戦争に至る場合と至らない場合があるとするが[157]，どのような場合に戦争に至ると解しているのかは明ら

　容されるのは「国際法に違反する措置」をとることであると捉えた上で，その措置の中に，戦間期に違法化された「戦争」を含めて解したと見る方が適当だと考えられる。
(153)　Baty, *supra* note 80, at 110-112. 森，同上，198-202頁も参照。
(154)　立「前掲論文」（注54）12頁。
(155)　立『前掲書』（注109）140頁。
(156)　立「前掲論文」（注104）4頁。
(157)　横田「前掲論文」（注138）66頁。

かではない。

　松原は，次のように論じている。自衛行為の手段については，限定しえず，兵力を使用する場合もそうでない場合もある。必ずしも出兵したり，その他外国に対して強力行為に出る場合に限られない。「自衛行為は ── 『戦争』とならざる限り ── 其目的及手段に於て限りがある[158]」と論じており，自衛行為が「戦争」となる可能性も示唆されている。ただし，どのような場合に戦争になるのかは明らかにされていない。

　上述のように，自衛権に基づく措置は権利行使の対象により異なるとの記述は見られないことの方が多かったが，それは，自衛権に基づいていかなる措置をも無制限にとりうるとみなされていたことを意味するものではない。次節で述べる通り，この時期には，自衛権の行使は必要性・均衡性の要件を満たしている必要があるとする者が増えていった。

　以上のように，一部の国際法学者は，自衛権を戦争のみを正当化するものと捉えたが，自衛権について，19世紀からの連続性を重視する国際法学者の中には，自衛権は一方で平時に本来違法な行為を正当化し，他方で戦争を正当化するものとみなす者が現れた。後者のうちの多くは，自衛権の行使対象と，正当化される措置との対応関係を論じておらず，自衛権に基づく措置として何が許されるかは，次に述べるとりわけ均衡性の要件を満たしているのかという観点から判断されることになる。

第5節　必要性・均衡性

　この時期の多数の論者が，用いていた語の如何を問わず，自衛権の行使には，目前に差し迫った自衛の必要が存在すること（必要性），そして，自衛の必要の限度内に留まること（均衡性）が必要であると捉えていたことは確かである[159]。第1章第4節で述べたように，カロライン号事件において，ウェブスターは

---

[158]　松原『前掲書』（注6）439頁。

[159]　Verdross, A., "Règles générales du droit international de la paix," *Recueil des cours*, t. 30（1929）, at 485；Brierly, *supra* note 86（*Recueil des cours*）, at 128-129；Ago, *supra* note 6, at 539；Kaufmann, *supra* note 81, at 581；立『前掲書』（注102）181-182頁；松原，同上，432-441頁。とりわけ均衡性については，第6章第3節・第4節も参照。

「目前にさし迫った重大な自衛の必要が存在し，手段の選択の余地がなく，また熟慮する時間がなかったこと」を示すことをイギリスに要求し，またその手段は「その必要によって限定され，明らかにその限界内に留まるものでなければならない」と述べた。このいわゆるウェブスター・フォーミュラは，戦間・戦中期の国家実行や学説では，カロライン号事件において主張された自衛権行使の要件としてのみならず，自衛の一般的な原則として言及されることがあった[160]。

　例えばブライアリーは，アメリカの国務長官，ダニエル・ウェブスターによるカロライン号事件における自衛原則のこの定式化は，一般的に受け入れられている[161]と述べた。そして，自衛の措置は「その必要によって限定され，明らかにその限界内に留まるものでなければならない」という原則に照らして満州事変を検討するなど，このフォーミュラを自衛の一般原則として扱っている[162]。

　第6章で扱う1932年11月18日の「リットン報告書に対する帝国政府意見書」において，日本は，自衛権はダニエル・ウェブスターによって最もよく定義されたと述べ，カロライン号事件から切り離してウェブスター・フォーミュラを引用した[163]。

　松原一雄も，ウェブスター・フォーミュラが「自衛権に与えた定義は人口に膾炙する所」であるとする。そして，このフォーミュラの定義によると，自衛行為とは①自衛の必要上やむを得ない場合，②やむを得ない範囲程度において，③やむを得ない手段に出ることであると述べ，このフォーミュラから，自衛行為の一般的な要件を導き出している[164]。このように，ウェブスター・フォーミュ

---

[160] 拙稿「第二次世界大戦参戦前のアメリカの連合国援助とその国際法上の正当化根拠」『放送大学研究年報』第36号（2019年）187-188頁も参照。

[161] Brierly, J. L., *The Law of Nations : An Introduction to the International Law of Peace*（2nd ed., Oxford University Press, 1936), at 254；Brierly, *supra* note 86（*Recueil des cours*), at 128.

[162] Brierly, *Id*（*The Law of Nations*）.

[163] "Observations of the Japanese Government on the Report of the Commission of Enquiry constituted under the Council's Resolution of December 10th, 1931," *LNOJss*, No. 111（1933), at 105.

[164] 松原『前掲書』（注6）432-433頁。

◆第Ⅱ部　新たな自衛権概念の出現

ラの内容は，自衛の一般原則として，論者に受け入れられるようになっていった。

　さらに，ウェブスター・フォーミュラに言及することなく，必要性・均衡性を自衛権の要件とする者も見られた[165]。

　フェアドロスは，ウェブスター・フォーミュラには言及することなく，自衛権を次のように定義する。「国際法における自衛は，既に開始された，あるいは少なくとも絶対的に急迫している国家の違法な侵略が，それをやめさせるために技術的観点から必要な措置によって，侵略された国家により撃退しうる場合に存在する[166]」。ここには，侵略が「少なくとも絶対的に急迫している」こと，すなわち自衛の必要性が存在すること，そして「侵略をやめさせるために技術的観点から必要な措置」によって撃退すること，すなわち手段が均衡していることが自衛権の定義として含まれている。

　1926年，軍縮会議準備委員会に提出されたドゥ・ブルッケール（de Brouckère）による報告書の中では，「正当防衛は，攻撃の重大性（the seriousness of the attack）に均衡し，危険の急迫性によって正当化される措置をとることであるということを暗に意味する[167]」と述べられていた。

　カウフマンは，自衛権に基づく武力の行使については，合理的でなければならず，また過度であってはならないとして，具体的には次のように説明する。自衛権の行使は，対象となる国家の最も重要な権利を侵害してはならず，戦争法規が遵守されなければならず，侵害されたり脅威にさらされたりする権利や利益，そして過ちを犯す意思の強さ（intensité de volonté fautive）に均衡していなければならず，達成しようとする目的に制限され，目的を達成し次第やめなければならないという[168]。なお，合理的でなければならず，また過度であっ

---

[165]　Verdross, *supra* note 159, at 485. 均衡性について，Kaufmann, *supra* note 81, at 581; *The International Law Association*, *supra* note 90, at 182.

[166]　Verdross, *Id.*.

[167]　"Report by M. de Brouckère on Point 1 (b) of the Proposal Laid before the Preparatory Commission for the Disarmament Conference by the French Delegation," *League of Nations Reports and Resolutions of the Subject of Article 16 of the Covenant* (Memorandum and Collection of Reports, Resolutions and References prepared in Execution of the Council's Resolution of December 8th, 1926), at 69.

てはならない，という部分は，直接的にウェブスター・フォーミュラに依拠しているわけではないが，該当するフランス語は，"il doit être raisonnable et non excessif"であり，これはウェブスター・フォーミュラの"did nothing unreasonable or excessive"を想起させる。

以上のように，この時期の多くの国際法学者が，自衛権は必要性や均衡性を要件とすると解釈していた[168]。もっとも，均衡性の判断基準は論者によってまちまちである[170]。

第6節　小　括

戦間期の欧米の国際法学者には，依然として自己保存権を支持する学者，あるいは，自衛権という語を用いていてもその内容が「域外措置を正当化する自己保存権」と変わらない者も存在した。このカテゴリーの論者の中には，在外自国民保護や利益を守るための行動を許すと広く捉える者もあった。要するに，ここでの自衛権とは，自国領土に向けられた他国家による違法な侵略や攻撃を必ずしも前提とせず，自国の生存・独立・安全，論者によっては在外自国民や利益を守るために，領域外における措置をとること，場合によっては戦争を遂行することをも許容する広義の自衛権である。

その一方で，戦間期の戦争の制限・禁止によって国際法に新しく自衛権の存

---

[168] Kaufmann, *supra* note 81, at 581.

[169] 必要性・均衡性についての研究として，根本和幸「自衛権行使における必要性・均衡性原則」村瀬信也編『自衛権の現代的展開』（東信堂，2007年）59-87頁がある。必要性・均衡性の要件がカロライン号事件に由来すると理解されていることについて，O'Meara, C., *Necessity and Proportionality and the Right of Self-Defence in International Law* (Oxford University Press, 2021), at 9-13を参照。必要性についての近年の研究として，広見正行「自衛権行使における必要性原則の規範内容と法的機能」『上智法学論集』第67巻第4号（2024年）405-427頁がある。

[170] 本文中に挙げた例でいうと，ドゥ・ブルッケールの報告書でいう均衡性とは，攻撃の重大性と手段の均衡である。カウフマンは，武力を用いた自衛権の行使については，被侵害権益そして過ちを犯そうという意思の強さ（intensité de volonté fautive）に均衡していなければならないという。後述（第6章注57に対応する本文）のとおり，国際連盟総会におけるチェコスロバキア代表による均衡性とは，日本の行動ともととなった紛争との均衡性である。

◆ 第Ⅱ部　新たな自衛権概念の出現

立基盤が生じたとして，国際法上の自衛権概念の成立にとっての戦争の制限・禁止の重要性を説く者が見られた。これらの論者には，自衛権を，自国領土へ向けられた違法な侵略や攻撃がある場合に違法となった戦争を行うことを許容する概念（狭義の自衛権）と解する者や，自衛権を，自国の権利を侵害する国家に対して権利保護のために行使しうる概念（広義の自衛権）と解する者が見られた。

　日本の国際法学者の学説は，欧米の国際法学者の学説を複雑に取り入れていることもあり，多様である。

　立は，19世紀から存続していた自衛権が，戦争の違法化によって変容したと捉える。すなわち，自衛権は，戦争やその他の自助が制限されていない時は，平時に他国の権利を侵害する場合に援用する必要があった。しかし，戦争の違法化により自助が制限されたがゆえに，自衛権は緊急時に自助の手段として援用されるようになったという。そして，自衛権の行使は攻撃を加える国家に対してのみ行える代わり，その保護法益には「国家の生存又は之に準ずべき重大利益」のみならず，「国際法上の法益」も含まれるとし，自衛権の地理的範囲や保護法益を極めて広く解した（広義の自衛権）。

　横田は，自衛行為を，「国家や国民に対する急迫・不正な危害を除去するために止むを得ない防衛の行為である」と定義した。横田は，権利侵害がある場合に自衛行為に訴えうるとし，侵害される権利は重大なものに限らず，また領土内外を問わず自衛の行為をとりうるというように，自衛を広く解釈していた（広義の自衛権）。

　松原は，自衛行為を，先行違法行為を前提とする正当防衛と，それを必ずしも前提としない危難防衛の双方を含む概念とし，他国からの攻撃や侵入に対して自国領土を防衛する場合に限らず，権利ないし法益一般を保護しうるというように自衛行為を広義に捉える（広義の自衛権）。この自衛権概念は，自己保存権の影響を色濃く残したものである。

　田岡は，戦争の違法化すなわち自助の制限が進展して初めて自衛権が国際社会に存立基盤を見出すことができるとするが，その自衛権については，実定法の解釈により，武力による攻撃，領土侵入，占領等に対して自国の領土あるいは他国を守るために武力をもって反撃する権利であると狭く解した（狭義の自

衛権)。

　以上のように，戦間期の欧米そして日本の国際法学者には，自衛権を狭義に解釈する者もいれば，広義に解釈する者もおり，広義の自衛権といってもその内容は一様ではなく，またそのような自衛権を支持するに至った理論的背景も異なっていた。

第III部
異なる自衛権概念の混在

◇ 第Ⅲ部の概要 ◇

　第Ⅲ部では，戦間・戦中期の日本に関連する国家実行を取り上げ，当時，様々な自衛権概念が混在していたことを明らかにする。具体的には，満州事変・日華事変・第二次世界大戦という3つの実行[1]における日本政府の主張，それに対する国際機関や諸国家，国際法学者の見解，そして第二次世界大戦におけるアメリカ政府の主張と日本の評価を分析する。
　第6章では満州事変を取り上げる。まず，日本が広義の自衛権を主張し，それが国際連盟の場で明確に否定されたことを明らかにする。ただし，国家や国際法学者の自衛権解釈が割れていたことも，国家実行や学説の分析を通して示される。
　第7章では日華事変を取り上げる。まず，日本が主張した広義の自衛権の内容を概観し，その主張を否定する極東諮問委員会報告書が国際連盟総会で採択されたことを紹介する。ただし，その極東諮問委員会の報告書では，自衛権について広義の解釈がとられていたことを明らかにする。
　第8章では第二次世界大戦を取り上げる。まず，日本が戦争目的として主張した「自存自衛」や「自衛権」の意味を分析し，これが極めて広い内容を持つものであったことを示す。次に，日本においては，大東亜国際法という独自の法の構築が試みられたこと，そしてその論理に従って，太平洋戦争の正当性が主張されたことを明らかにする。さらに，アメリカの伝統的な国家政策と自衛権の関係を検討し，太平洋戦争開戦前の自国や西半球の防衛，そしてそのための連合国援助も自衛権が一つの正当化根拠とされたことを明らかにする。

---

(1) これらの事例をとりあげる意義については，序章を参照。

第6章　満州事変

　本章では，満州事変を取り上げる。第1節では事実の概要を紹介し，第2節では日本政府の主張を検討する。第3節では，日本が行っている戦争に至らない武力行使についての，国際連盟の諸機関および諸国家の見解を，続いて，日本の自衛権の主張に対する国際連盟の諸機関および諸国家の見解を分析する。そして最後に，第4節で，日本の主張に対する国際法学者の見解を検討する。

第1節　事実の概要

　1931（昭和6）年9月18日，関東軍は，奉天郊外の柳条湖で南満州鉄道を爆破の上[2]，これを契機として軍事行動を開始し，同日，北大栄，奉天，瀋陽，営口，長春などの18都市を次々と占領した。同年12月28日には，錦州への進撃を開始し，1932年1月3日に錦州を陥落させ，同年1月28日，上海事変が勃発した。中国が1941年に日本に対して宣戦布告をするまでは，日本も中国も宣戦布告を行わず，本事変が法的意味での戦争ではないという立場を維持し続けた。
　1931年9月21日，中国は，戦争または戦争の脅威がある場合に，国際連盟が，国際平和を擁護するために適当かつ有効だと認める措置をとるべきことを規定した連盟規約第11条に基づいて，これを連盟理事会が問題として取り上げることを求め，それ以降，理事会において繰り返し本件が議論された。1932年1月28日の第1次上海事変の翌日，中国政府は，国際連盟の加盟国が連盟各国の領土保全と政治的独立を尊重することを定めた連盟規約第10条，および，連盟国間に国交断絶に至るおそれがある紛争が発生した場合に，当該事件を連盟理事

---

[2] 柳条湖における南満州鉄道の爆破が関東軍の陰謀であったことが史実であることは，現代の日本の歴史学者の間では共通の見解である。臼井勝美『満州事変——戦争と外交と』（中公新書，1974年）36-46頁；加藤陽子『満州事変から日中戦争へ』（岩波新書，2007年）2-6頁；伊香俊哉『満州事変から日中全面戦争へ』（吉川弘文館，2007年）10-13頁など。

◆ 第Ⅲ部　異なる自衛権概念の混在

会に付託することができることを定めた第15条に基づいて，連盟に対して新たに本件を付託し直した[3]。同年2月12日には，中国代表は，理事会に対して，理事会に付託された一切の紛争を連盟総会に移すことができることを規定した規約第15条9項に基づいて紛争を総会に付託することを要請し，紛争は総会で議論されることとなった。

第2節　日本政府の主張

　柳条湖事件が関東軍の計画的行動であった可能性は，林在奉天総領事より幣原外相宛に1931年9月19日には既に知らされていた[4]。それにもかかわらず，日本政府は，日本軍の行動が自衛権の行使であったとの主張を繰り返していく。以下に示す通り，日本は，自衛権を非常に広く解しており，自国の領域外においても，また自国民や自国権益を守るためにも自衛権を行使しうると主張した。
　政府は，同年9月24日に発表した「満州事変に関する政府第一次声明[5]」において，柳条湖事件についての公式な説明を行った。この声明では，中国軍隊の一部が「南満州鉄道の線路を破壊し我守備隊を襲撃」したという事実関係を前提とした上で，日本軍の兵力の総計が1万400を超えないのに対して，その四辺に22万の中国軍がいたために事態が急迫していたこと，そして「帝国臣民」が重大な不安の状態に陥っていたことを強調し，「機先を制して危険の原因を芟徐する」必要があったと主張した。また，長春から吉林に部隊を出動させていることについては[6]，軍事占領を行うためではなく，「満鉄に対する側面よりの脅威を除」こうとしたのに他ならないのであって，この目的を達したら，

---

[3] 第15条4項によると，理事会は，過半数でも勧告を載せた報告書を作成することができ，同9項によると，紛争当事国の一方の請求があるときは，連盟総会に紛争を移すことができるという点で，全会一致を原則とする理事会の手続きとは異なる。

[4] 「今次事件は軍部の計画的行動との判断について」外務省編『日本外交文書　満州事変』第1巻第1冊（外務省，1981年）6頁。

[5] 「満州事変に関する政府第一次声明」外務省編『日本外交年表竝主要文書・下』（原書房，1972年）（以下『年表・文書下』）181-182頁。

[6] 日本は，南満州鉄道の沿線に鉄道守備隊を置く権利を認められたという立場を取っていたのに対し，中国はそのような権利はロシアにも与えておらず，ロシアから日本に譲渡される根拠がないと反論しており，この点について日中の見解は対立していた。

138

第6章　満州事変

出動部隊は長春に帰還するはずであると付言した。このように、柳条湖事件およびそれに続く満鉄付属地外への出兵は、中国軍からの(潜在的)攻撃から、自国民そして「自国並自国臣民の正当に享有する権利利益」である鉄道を保護することを目的としていた、というのが政府の主張であった[7]。自衛権という語は、ここでは直接は使用されていないが、日本政府は、不戦条約の批准過程から、自国民保護のための出兵や満蒙における日本の権益擁護が自衛権の範囲内であると主張しうるという見解を持っていたし[8]、以後の日本の主張の中で、たびたび、自国の行動は自衛権として正当化されている。

同年10月8日の錦州爆撃については、10月12日の国際連盟理事長へ宛てた回答の中で、日本軍の爆撃自体は「偵察に赴いた日本軍飛行機が中国軍隊の狙撃を受けた結果之に対抗」したものであったと主張した[9]。また、満鉄付属地外への軍隊の出動は自国民の生命財産保護を根拠とした[10]。この自国民の生命財産が、中国各地における排日運動によっても脅かされていることも示唆されており、それによって撤兵が困難であると主張された。これ以後、満州鉄道付属地から撤兵できない理由として、排日運動から日本人の生命財産を保護することが挙げられるようになる。

10月18日より送付された同文通牒[11]に対して、日本政府は、10月22日付の回答において、日本が不戦条約上の責任を十分に認識していると述べた後で、し

---

(7) このことは、同日の国際連盟理事会議長宛の電報(「満州の事態に関する国際連盟理事会通牒及回答」『年表・文書下』181頁)で、事変発生当初より日本軍はその行動を「居留民の安全、鉄道の保護及軍隊自体の安固に限局」していると述べ、また鉄道付属地外の日本軍については「在留邦人の安全及鉄道保護の必要範囲内の最大限度に迄撤退」していると記述されていることからも裏付けることができる。

(8) 「自衛権に付いて(1929(昭和4)年5月亜細亜局第一課)」柳原『先例資料集(上)』361-366頁。第4章第2節1(4)を参照。

(9) "Reply dated October 12th, 1931, from the Japanese Government to the Appeal from the President of the Council, dated October 9th, 1931," *LNOJ*, 12th Year, No. 12 (1931), at 2484；『国際連盟に於ける日支問題議事録』(国際連盟記録刊行会、1932年)(以下『議事録』)33-34頁。

(10) *LNOJ*, 12th Year, No. 12 (1931) *Id.*, at 2484-2485；『議事録』、同上。

(11) 本章注25に対応する本文を参照。

◆第Ⅲ部　異なる自衛権概念の混在

かし，9月18日以来の軍事行動は，中国軍隊および兵匪の無法な攻撃に対して，軍自身を防衛し，かつ南満州鉄道および「帝国臣民」の生命財産を保護する必要に基づいたものに他ならないと主張した[12]。

10月26日に発表された「満州事変に関する政府第二次声明[13]」でも，満州事変は，「中国軍憲の挑発的行動に起因」すると繰り返しており，また，日本軍が満鉄付属地外にとどまっていることについて「帝国臣民の生命財産の保護のため」やむを得ない措置であったという従来通りの説明を繰り返している。

1932年1月の上海事変に際しても，便衣隊が日本軍を手榴弾で攻撃し，正規兵が日本軍に砲火を浴びせたために，日本軍がこれに応戦せざるを得なくなり，それは，「日本人ならびに支那人をも含む外国人の生命財産の保護の為の緊急自衛行為である[14]」との上海総領事の声明が連盟理事会において読み上げられた。

さらに，1932年11月18日の「リットン報告書に対する帝国政府意見書[15]」において，日本の主張が包括的に展開されているが，その中でも自衛権が主張されたことがわかる。まず，国家が自衛権について「自己判断[16]」できることを強調して，9月18日の事件については，現場の将校のみが，日本軍の行動が自衛措置であったか否かを判断することができたとする[17]。また，自衛権に基づく措置を必要とする利益は，極東における日本の地位全体（the whole position of Japan in the Far East）とされており，自衛の手段については，危険にさらされた利益の重要性によって変わるという解釈がなされていると捉えられる[18]。

以上のように，柳条湖事件から始まる中国領土における日本軍の一連の行動は，自衛権の行使として合法であると主張された。自衛権の先行行為は，中国

---

[12] *LNOJ*, 12th Year, No. 12（1931）, at 2343；『議事録』63頁。

[13] 「満州事変に関する政府第二次声明」『年表・文書下』185-186頁。

[14] *LNOJ*, 13th Year, No. 3, Part. 1（1932）, at 345；『議事録』137頁。

[15] "Observations of the Japanese Government on the Report of the Commission of Enquiry constituted under the Council's Resolution of December 10th, 1931," *LNOJss*, No. 111（1933）, at 88-121.

[16] 「自己判断」については，第4章第2節2を参照。

[17] *LNOJss*, No. 111（1933）*supra* note 15, at 105.

[18] *Id.*

軍による中国における日本国民および日本の権益の侵害，そして，排日運動や兵匪などによる日本国民および日本の権益の侵害である。自衛権の行使の対象は中国自体であると捉えうるものの，排日運動の主体が主として私人であることや兵匪も侵害行為を行っていると指摘していることを考慮すると，私人の行動による自国権益の侵害に対して，その侵害を自ら排除するということも自衛権の内容から排除されていなかったと考えられる。自衛の措置については，危険にさらされた利益の重要性によって変わると解されており，さらに，自衛権を行使する国家が「自己判断」できると捉えられていた。

　日本が主張した自衛権は，戦間期に新たに登場した自衛権よりもはるかに広い内容を持つものであった。新たな自衛権は，自国の領土防衛のために，禁止された違法な戦争，侵略，攻撃，侵入を自国に対して行う国家に対して戦争を遂行することを許すものであったが，日本が主張した自衛権は，地理的範囲が自国領土に限定されておらず，また，それによって保護されるのは，広く自国民や自国権益，極東における日本の地位をも含むものであった[19]。上述したように[20]，1929年5月に外務省亜細亜局第一課が作成した調書において，「在支臣民保護」のための出兵，満蒙における日本の権益擁護のため適当な処置を講じること，そして満蒙の治安維持を図ることも自衛権の行使だとされたこと，同年，将来の満蒙における行動は，満州における日本の権益や地位の増進によってその範囲が異なるという日本政府要人による解釈も見られたことを考慮すると，満州事変において日本が主張した自衛権の内容は，不戦条約批准過程から想定されていたものと大きく乖離していないと言える。

　このような日本の主張について，国際連盟の機関および諸国家は，どのような議論をしたのであろうか。以下では，この自衛権の主張に対する国際連盟の諸機関および諸国家の見解を分析する前に，まずは，日本による武力行使につ

---

[19] 当時の外務大臣であった内田康哉は，衆議院において，不戦条約は，締約国の判断に基づき，自国の領土および一切の権益に対する危険を防止するために必要と認める措置をとることを禁止していないと述べ，この自衛権の行使は，行使国の領土外にも及びうることが明らかであると明言した（「衆議院議事速記録第3号　内田国務大臣の演説」『官報号外』1932年8月26日）。

[20] 第4章第2節1(4)参照。

いて，国際連盟および諸国家は違法だと評価していたことを明らかにする。このことは，武力行使を例外的に許す権利としての自衛権を援用することが，当時重要であったことを意味する。

第3節　国際連盟の諸機関および諸国家の見解

1　戦争に至らない武力行使について

国際連盟の場では，日本や中国が満州事変は法的意味での戦争であると主張することはなく，また，国際連盟は第16条に定める制裁を適用することもなかった[21]。イーグルトンは，「法的意味での戦争は存在していなかった。そしてこの著作が書かれている段階（1933年－筆者注）ではそれが存在していないということは，すべての権威が認めるところである[22]」と述べている。ただ，法的意味での戦争は存在しないが，現実には日本軍が中国において実質的には戦争と変わりがない大規模な武力行使を行っているという状況が発生したことにより，その武力行使の合法性に焦点が当てられるようになっていった。すなわち第一次世界大戦後に戦争を制限・禁止した条約では，国際連盟規約や不戦条約に代表されるように多くの場合「戦争」という語が用いられていたが，これらによって禁止されたのが法的意味での戦争のみであったのか，あるいはそれに至らない武力行使も含まれたのかということが大きな問題となっていった[23]。

国際連盟の理事会では，満州事変での日本の行動の合法性をめぐる議論がなされ，声明も出された。これによると，各国は，法的意味での戦争に至らなくても，武力行使は不戦条約第2条の意味での「平和的手段」ではないとみなしていたと言える。1931年10月8日の錦州爆撃を機に，オブザーバーとして国際連盟理事会に参加することを認められていたアメリカは，10月17日，日中を除く理事国[24]に，日本と中国各々に対して不戦条約第2条に関する注意を促すこ

---

[21]　ただし，上海事変を機に，オランダや南アフリカの代表が中国における敵対行為は戦争であるとの立場を示すようになった（*LNOJss*, No. 101（1932）, at 50, 75）。

[22]　Eagleton, C., "The Attempt to Define War," *International Conciliation*, No. 291（1933）, at 254.

[23]　この問題についての国際法学者の議論については，第5章第4節1参照。

[24]　イギリス，イタリア，ドイツ，フランスの4常任理事国と，アイルランド，グアテマ

とを提議し、18日より各理事国は両国に対して同文通牒の形式で注意を喚起した[25]。

さらに、錦州が陥落すると、1932年1月7日、アメリカは国務長官スチムソンの名において日本と中国に対して、いわゆるスチムソン通牒を発した。この中で、アメリカ政府は、9カ国条約またはその他の条約におけるアメリカまたはその国民の権利を害する一切の事実上の状態の合法性を容認せず、または、不戦条約の約束および義務に違反した手段により成立した一切の状態、条約または協定を承認する意思がないことを通告した[26]。この通告は、直接的に日本軍の行動を非難しているわけではないが、合法な自衛権の行使ではない武力行使は不戦条約に反するということが暗に示されていると捉えうる。

一層明示的には、1931年10月24日、第65回国際連盟理事会第15回会合の場において、フランスのブリアン外相が、「世論は、このような状況下の軍事占領が『平和的手段』とみなしうるとは容易に認めないであろう[27]」と述べている。

1932年2月16日、国際連盟理事会は、12ヶ国理事の対日警告の形式で、日本が、連盟規約に約定された平和的解決方法に無留保に服することが可能だと思考しないことを遺憾とし、国際紛争の解決は決して平和的手段以外によって求められてはならない旨を規定した不戦条約に関して、日本に注意を喚起した[28]。後日1932年3月5日の国際連盟臨時総会一般討議において、デンマーク代表は、この通告にもある一つの原則は、国家は単に宣戦しないというだけで国際連盟規約および不戦条約に違反せずに行動しているとすることはできないというものであるとし、国際連盟規約と不戦条約は、単に宣戦を禁止したのみならず、全ての侵略行為、そして平和的手段以外のいかなる手段に訴えることも禁止し

ラ、スペイン、ノルウェー、パナマ、ペルー、ポーランド、ユーゴスラヴィアの8非常任理事国を合わせた12か国である。

[25] 『議事録』62-63頁。
[26] 「満州の事態に関する米大使通牒並に我回答」『年表・文書下』194頁。
[27] *LNOJ*, 12th Year, No. 12（1931）, at 2355.
[28] "Appeal, dated February 16th, 1932, Addressed to the Japanese Government by the President of the Council in the Name of the Members of the Council other than the Representatives of China and Japan," *LNOJ*, 13th Year, No. 3, Part. 1（1932）, at 383-384；『議事録』165-166頁。

たと述べた⁽²⁹⁾。スウェーデン代表は，武力行使を禁止する連盟規約は当事国が戦争と称すると否とを問わず有効であることを主張し，他国の領土に出兵し，軍事行動を行うことは連盟規約および不戦条約に違反すると認める。そして，現在の事態のごとく自衛の観念を拡張する結果，国際秩序を維持することが困難になるであろうと述べた⁽³⁰⁾。

1932年3月11日に採択された総会決議では，「国際連盟規約又は不戦条約に反する手段によってもたらされるいかなる状態，条約，協定をも承認しないことは連盟国の義務であ⁽³¹⁾」り，「紛争当事国のいずれか一方における武力圧迫の脅威の下に日支紛争の解決が求められることは連盟規約の精神に反する⁽³²⁾」とされ，日本は非難を受けることになった。

このように，1930年代になると，法的意味での戦争のみならず武力行使も禁止されているという国際連盟諸機関や国家の解釈が，様々な発言や文書を通して明らかにされるようになっていった。

ただし，後述する日華事変⁽³³⁾における日本政府がそうであったように，宣戦布告による戦争と比較すると，事実上の戦争は不戦条約との関係で問題となる恐れが低いという認識を持つ国も見られる⁽³⁴⁾。このことは，不戦条約が事実上の戦争をも禁止しているかどうかという点について，曖昧さを残していたことを示している。

2 自衛権について

(1) 国際連盟の諸機関

(a) 満州事変勃発直後

1931年9月30日に，国際連盟理事会は全会一致で決議を採択し，以下の日本

⑼ *LNOJss*, No. 101 (1932), at 52；『議事録』212-213頁。同様に，戦争のみならず武力行使が禁止されているとするものとして，エルサルバドル (*Id.*, at 71；『議事録』227頁)を挙げることができる。

⑽ *Id.*, at 49；『議事録』210頁。

⑾ *Id.*, at 87；『議事録』240頁。

⑿ *Id.*, at 88；『議事録』，同上。

⒀ 第7章第2節参照。

⒁ また，不戦条約締結過程について，第4章第1節・第2節を参照。

第6章 満州事変

代表の声明を了承した (notes)。この声明は，日本政府が，日本臣民の生命の安全および財産の保護が有効に確保されるに従って，軍隊を鉄道付属地内に撤退させるためにすでに開始された撤退をできるだけすみやかに続行する，という内容であった[35]。理事会の冒頭演説においてすでに，スペインのレルー議長は，特に生命財産の確保のために（日本軍の）撤兵に一定の時間を与える必要を認めざるを得ないと発言していた[36]。国際連盟理事会においては，少なくともこの段階では，日本の行動が自国民の生命および財産の保護のためである限りにおいて，了承できるものであるという立場がとられていた。もっとも，国際連盟理事会が自国民の生命および財産の保護を了承していたとしても，それが「自衛権」の行使として認めうるとの見地からの了承であったか否かは明らかではない[37]。

(b) リットン報告書と19人委員会報告書

1931年12月10日の決議に基づいて，1932年1月14日に任命された，日支紛争に関する国際連盟調査委員会（いわゆるリットン調査団）[38]が，同年2月29日から9月4日まで日本と中国に赴き，調査および報告書の作成を行った。その報告書は1933年9月4日に署名され，10月2日に国際連盟諸国およびアメリカに通達された。

その報告書においては，「9月18日午後10時より10時半の間に鉄道線路上も

---

[35] *LNOJ*, 12th Year, No. 12 (1931), at 2307：『議事録』27頁。

[36] *Id.*；『議事録』，同上。

[37] 自国民の生命および財産の保護のための自衛権行使であるという日本の主張が認められたとする立場をとるものとして，次の論文を挙げることができる。Wright, Q., "Collective Rights and Duties for the Enforcement of Treaty Obligations," *Proceedings of the American Society of International Law*, Vol. 26 (1932), at 107. 松井芳郎「日本軍国主義の国際法論――『満州事変』におけるその形成」東京大学社会科学研究所「ファシズムと民主主義」研究会編『戦時日本の法体制［ファシズム期の国家と社会四］』（東京大学出版会，1979年）388-389頁。

[38] 調査団のメンバーは，イタリアのアルドロヴァンディ，フランスのクローデル，イギリスのリットン，アメリカのマッコイ，ドイツのシュネーである。メンバーの生い立ちや肩書などの詳細は，『議事録』111-112頁；臼井勝美『満洲国と国際連盟』（吉川弘文館，1995年）44-46頁参照。

◆ 第Ⅲ部　異なる自衛権概念の混在

しくはその付近において爆発があったのは疑いがないが，鉄道に対する損害はあったとしても長春からの南行列車の定刻到着を妨げないものであって，それだけでは軍事行動を正当とするものではない。同日夜における日本軍の軍事行動は正当な自衛手段と認めることはできない(39)」というように，日本の自衛権の主張は退けられた(40)。しかし，自衛権の対象となるような行為が存在しなかったと判断したのかあるいは均衡性を欠いていたと判断したのかについて，この報告書のみから結論を導くことは困難である(41)。もっとも，リットン報告書の中では，日本が「領域外」において日本の「権益」を擁護するため，あるいは

---

(39) *The Report of the Commission of Enquiry into the Sino-Japanese Dispute*（The League of Nations Association of Japan, 1932), at 119-120.

(40) しかし，「もっとも，これにより調査団は現地にいた日本将校が自衛のために行動していると考えていたかもしれないという仮定を排除しない」と付言された（*Id.*, at 120)。

(41) しかし，リットン調査団は自衛権の先行行為が存在しないという結論に達していたと推測できる。1932年7月16日，在日米大使グルーが国務長官スチムソンに宛てた書簡から，日本の自衛権の主張に対するリットン調査団の見解の一端をうかがうことができる。その書簡において，グルーは，リットン調査団のメンバーであったマッコイと自らが行った会談から，調査団の見解を報告している。それは，自衛権の議論も自決の議論も理にかなっているとは考えられていないこと，そして，柳条湖事件とそれに続く満州における事件は日本自身が周到に計画して実行したものであるということである（"The Ambassador in Japan (Grew) to the Secretary of State," *FRUS : Japan : 1931-1941*, Vol. 1 (Kraus Reprint Co., 1972), at 93-94)。

英米は，事件直後から，柳条湖事件やその後の行動が日本軍の計画的行動であった可能性を認識していた。1931年9月22日，中国駐在のジョンソン米公使は，手に入る全ての情報から，南満州の占領等は，長く計画され，慎重に組織的に実行されたものであったという結論に達せざるを得ないとスチムソン国務長官に伝えている（"The Minister in China (Johnson) to the Secretary of State, *Id.*, at 5)。在日イギリス大使のリンドレーは，同年9月20日に，参謀本部あるいは満州の司令官が，日本政府の許可を得ずにできる限り多くの地点を占領するために中国による鉄道攻撃を口実にしたと考えるようになっていると述べた（"Sir F. Lidley (Tokyo) to the Marquess of Reading," Butler, R., et al (eds), *Documents on British Foreign Policy*, 1919-1939 [hereinafter, *DBFP*], Second Series, Vol. 8, Chinese Questions, 1929-1931 (Her Majesty's Stationery Office, 1960), at 667)。北京のランプソン公使も，日本は自国の行動について中国の行動が原因であるという声明を吹聴するのに忙しかったが，中国は衝突から得るものは何もないと述べている（"Sir M. Lampson (Peking) to the Marquess of Reading," *Id.*, at 669)。

「自国民の生命財産」保護のために自衛権を行使したという主張に対する批判は見当たらない。

　1933年2月24日，リットン調査団の報告書に基づいて19人委員会[42]が作成した報告書が，国際連盟総会において賛成42カ国，反対1（日本），棄権1（シャム）で採択された。その内容は，リットン報告書と同様，「1931年9月18日から19日にわたる夜に現場にいた日本将校が，自衛のため行動していると信じていた可能性は排除しないが，総会は，奉天およびその他の満州各地においてとられた日本軍の軍事行動は自衛の措置とみなすことはできない。さらに，紛争の全期間を通じて展開された日本の軍事措置全体も自衛の措置とみなすことはできない[43]」というものであった。リットン調査団の報告書に基づいて作成された報告書であるために当然ともいえるが，リットン報告書と同様，自衛権の行使についてこのような結論に達した理由に関して，詳しい説明はなされていない。

　以上のように，リットン報告書からも19人委員会の報告書からも，自衛権の内容がどのように解されていたのかを明らかにすることはできない。ただし，満州事変における日本の自衛権行使について，国際連盟総会の場でその違法性が認定されたことは，自衛権について「自己判断」できることは否定され，自衛権行使の合法性については事後的な評価に服するものとされたものと捉えることができよう。

---

[42]　1932年3月11日の総会において設置が決定され，総会議長，紛争当事国を除く12名の理事国代表，秘密投票によって選挙された6名の委員から構成されている。その任務は，上海事変についての停戦を確定すること，1931年9月30日，12月10日の理事会において採択された決議の実施を注視すること，総会に対する陳述書の提出の3点である。リットン調査団の報告書の実施も，この19人委員会と総会があたることになっていた。19人委員会の活動の詳細については，海野芳郎『国際連盟と日本』（原書房，1972年）213-217頁を参照。

[43]　"Report provided for in Article 15, Paragraph 4, of the Covenant, submitted by the Special Committee of the Assembly in execution of Part Ⅲ (Paragraph 5) of the Resolution of March 11th, 1932, and adopted by the Aseembly on February 24th, 1933," *LNOJss*, No. 112（1933）, at 72.

◆第Ⅲ部　異なる自衛権概念の混在

(2) 諸国家の見解

　英仏などの大国は，満州事変勃発当初，国際連盟において日本に対して好意的態度を示していたとされる[44]。アメリカのスチムソン国務長官は錦州爆撃後，態度を硬化させたが，その際，錦州において日本人に対する攻撃があったという報告がないということを日本に対して強調していた[45]。このことは，日本人に対する攻撃があったのであれば，日本の行動も容認しうることを示唆している。また，イギリスの政府関係者は，日本軍は南満州から即座に撤兵できないということには理解を示していた[46]。このことは，大国が，領域外における自国民や権益保護のための行動は容認されると理解していたことを暗示しているが，それが「自衛権」として認められると解していたものなのかは，ここでは明らかにされていない[47]。

---

[44]　海野『前掲書』(注42) 182-184頁。

[45]　"The Secretary of State to the Ambassador in Japan (Forbes)," *FRUS : Japan, supra* note 41, at 55 ; "Memorandum by the Secretary of State," *Id.*, at 59 ; "The Secretary of state to the Ambassador in Japan (Forbes)," *Id.*, at 64 ; "Memorandum by the Secretary of State," *Id.*, at 69.

[46]　"Sir F. Lindley (Tokyo) to the Marquess of Reading," *DBFP supra* note 41, at 702. ただし，イギリス政府関係者は，日本の軍事行動は均衡性を欠くと見ていた。在日イギリス大使のリンドレーは，1932年8月30日にサイモン外相に宛てた書簡の中で，リットン報告書は，満州事変について，間違いなく明確で偏見のない説明をするだろうこと，また9月18日の事件については例えその発端が不明確であったとしても，それだけでは事件に続く日本軍当局によって採られた措置を正当化するにはきわめて不十分であるということを明らかにしないわけにはいかないことを報告していた ("Sir F. Lindley (Chuzenji) to Sir J. Simon (Received October I)," *DBFP*, 1919–1939, Second Series, Vol. 10, Far Eastern Affairs March-October 1932 (Her Majesty's Stationery Office, 1969), at 723)。さらに，ランプソン在北京公使は，中国の排日行動に対する日本の憤慨は理解できるとしながらも，日本の行動によって多くの中国人が殺害されており，日本の行動は主張される攻撃と全く均衡性を欠いていると述べている ("Sir M. Lampson (Peking) to the Marquess of Reading," *DBFP supra* note 41, at 744-745 ; "Sir M. Lampson (Peking) to Sir R. Vansittart," *Id.*, at 760-761)。

[47]　もっとも，アメリカもイギリスも，領域外における自国民保護は可能であるとみなしていた。1920年以降の米英の在外自国民保護の実行の例については，Brownlie, I., *International Law and the Use of Force by States* (Oxford University Press, 1963), at 293-298。

第6章　満州事変

　ただし，不戦条約の批准過程における議論から明らかなように，アメリカは自国領土外における自国民や利益を守ることをも自衛権の内容であるという見方を表明していたことを考慮すると(48)，領土外における自国民や権益保護のための自衛権行使という日本の主張を容認していた可能性が高いものの，確定的な結論は得られない。イギリスは，不戦条約の交渉過程で，重要な利害関係をもつ特定の地域についての自衛権を留保していたが，この自衛権を行使しうる場合として，その地域に対する攻撃があった場合を想定していた(49)。このことを考慮すると，イギリスの見解は，中国に対する他国からの攻撃が存在しない本件での日本の主張をただちに容認することには結びつかないというべきであろう。

　紛争の当事国であった中国は，1932年8月29日の羅文幹（Lo Wen-Kan）外相のスピーチの中で，日本が，自衛権は自国領土を超えて行使しうると主張しているが，それは不戦条約の効力を破壊する日本の意図を明らかにする有害な議論だと批判している(50)。このことから，中国は自衛権を自国領土を越えて行使できない権利として解釈していることが分かる。

　さらに，国際連盟の中で日本に対する批判を主導したのがペルー等の小国であった。後述するように，日本の行動が均衡性を欠いていた，あるいは自衛権を行使するための急迫性がなかったという批判も見られたが，そもそも，自国民の生命財産保護のために他国の領土に侵入しえないとする見解も多く見られた。1931年12月10日の理事会において，ペルー代表は，弱国の生存と権利の保全のために必要な四原則を挙げ，その一つとして，自国民の生命財産の保護を確保するためにある国が有する権利は，他の国の主権を尊重したうえで行使されるべきであり，いかなる国もこの保護を行うために警察行為実行の目的を

　　ブラウンリーは，在外自国民保護のための「干渉」と称する。
(48)　第4章第2節1(2)参照。
(49)　第4章第2節1(1)参照。
(50)　"Speech Delivered by Dr. Lo Wen-Kan, Minister of Foreign Affairs at Nanking, At the Weekly Memorial Service of Dr. Sun Yat-Sen on August 29, 1932," *Foreign Relations of the United States Diplomatic Papers, 1932, The Far East*, Vol. 4（United States Government Printing Office, 1948), at 211.

◆第Ⅲ部　異なる自衛権概念の混在

もって他の国の領土に軍隊を派遣する権利を有さないという声明を発表した[51]。このように，ペルーは，自国民の生命財産の保護のためであっても，他国の領土に軍隊を派遣しえないと解していた。この四原則は，後の国際連盟内での満州事変をめぐる議論の中で引用されるなど，支持を集めていった[52]。

当時の小国の議論を見ると，自国民の生命財産保護のために他国領土内で自衛権を行使することはできないという立場をとる国家が多い。

パナマは，国家の領域主権は，他国における自国民を保護すべき国の権利の行使に対する限界となるとした[53]。

エルサルヴァドルは，国際連盟総会が，領域不可侵を宣言すること，そして債務の回収，国民の生命・利益の保護，その他理由を問わず，領域不可侵とその論理的コロラリーとしての不干渉主義を宣言すべきであるとした[54]。

スウェーデンは，既述の通り，他国の領土に出兵し，軍事行動を行うことは連盟規約及び不戦条約に違反すると述べた後に，現在の事態のごとく自衛の観念を拡張しようとすると，国際秩序を維持することが困難となるであろうとも述べている[55]。

エストニアも，兵力の派遣および他国領土の占領によって紛争を解決することは国際連盟規約および不戦条約締結後は許されず，このような行為が正当防衛手段にすぎないと主張されていることについて，そのような広い解釈を承認することはできないと述べる[56]。

---

(51) なお，これ以外の三つの原則は，①条約の履行を確保するため他国の領土を占領する権利がないこと，②領土侵入の後，二国間に存在する条約の解釈および効力に関して直接交渉を他国に強いる権利がないこと，③ある国が他国に対し，権利要求，経済的利益等を有する場合においても，この債務国の領土を占領しまたは財産を差し押さえる権利がないこと，そして強制による債務の回収は1907年のハーグ平和会議の原則に照らして不法であること，である（*LNOJ*, 12th Year, No. 12（1931），at 2381-2382；『議事録』110頁）。

(52) *LNOJss*, No. 101（1932），at 48, 73；『議事録』210, 228-229頁。

(53) *Id.*, at 66；『議事録』225頁。

(54) *Id.*, at 71；『議事録』227頁。

(55) *Id.*, at 49；『議事録』210頁。

(56) *Id.*, at 54；『議事録』215頁。

第 6 章　満 州 事 変

　満州事変をめぐる国際連盟における議論の中から，当時の小国の自衛権解釈を詳細に知ることは困難であるが，少なくとも，自衛権は，たとえ自国民の生命財産保護のためであっても他国の領域において行使することはできないと捉えられていたことは明らかである。

　1932年12月5日から開かれた連盟特別総会において，リットン報告書の審議がなされたが，チェコスロバキア代表のベネシュとギリシャ代表のポリティスが，日本の自衛権の行使について詳細に検討した。

　ベネシュは，自衛の問題が提起されるということは，自衛が必要となるような敵対行為があったということを意味するが，報告書や理事会における日中の声明によると，自衛が必要となるような敵対行為は，中国の排外プロパガンダと経済的ボイコットであるとする。その上で，日本の行動は元の紛争との均衡性を明らかに全く欠いていると非難した[57]。すなわち，日本の行動が均衡性を欠いている点が非難の対象となっている。

　ポリティスは，中国の排外運動とボイコットは紛れもない国際法違反だとしながらも，急迫した，非常に深刻な危険が存在する場合以外，武力を行使する前に理事会に訴える義務があるとし，本件では日本はそうすべきであったと結論づける[58]。すなわち，事件の急迫性を否定し，自衛権の必要性を否定しているとみなすことができる。

　「自己判断」については，上記国際連盟特別総会でのギリシャ代表ポリティスの発言の中で言及された。すなわち，自衛措置を採用する国家は，その行動について他国が議論することを回避できず，国際連盟の加盟国に関しては理事会か総会の絶対的評価に服するとし，このような規則が我々の法的実行から生じたのであって本件では総会はこれを無視しえないとの見解が表明された[59]。

---

[57]　*LNOJss*, No. 111 (1933), at 36.

[58]　*Id.*, at 45.

[59]　ポリティスは，この規則が明らかにされているものとして，1931年に総会で採択された国際連盟規約を不戦条約と調和させるための改正に関する委員会報告書のパラグラフ7に言及している。それによると，自衛権の行使は，関係する他国によって検討され，また国際連盟の加盟国の場合は理事会の評価に服するとされている（*LNOJss*, No. 111 (1933), at 44）。

◆ 第Ⅲ部　異なる自衛権概念の混在

　以上のように，領域外における自国民や自国権益保護について，英米は容認されると理解していたのに対して，中国や小国の多くは，自衛権は自国領域外において行使しえないと捉えていた。各国が自衛権をどのように理解していたのかは必ずしも明確であるとは言えないものの，自衛権について，必要性や均衡性がその要件となりうること，「自己判断」は否定されることに言及する国家があったことには注目すべきである。

第4節　国際法学者の見解

1　欧　米

　戦間期国際法学者の自衛権についての学説全般は既述の通りであるが[60]，本節では，満州事変における日本の主張についての国際法学者の見解を紹介する。

　欧米の国際法学者で，満州事変に対しての法的評価をしている者は多くはない。日本の軍事行動を批判する者の主たる論調は，以下のように日本の軍事行動の均衡性が欠けていることを批判するものであって，自衛権の主張自体を正面から否定しようとするものではなかったといってよいであろう[61]。

　ブライアリーは，1931年の満州における日本の最初の武力行使についての真の見解がどのようなものであれ，後の軍事行動を防衛措置とはみなし難い[62]として，日本の軍事行動の均衡性に疑問を呈する。

　国際法学者ではないものの，マクマリー[63]は，日本の軍事行動は，行政的無秩序および行政的無責任という状況の下で，日本人の生命と利益の保護という目的での干渉（interposition）という当初の正当化の範囲をすぐに超え，ワシントン会議の諸条約を無視した大規模な軍事侵略政策になったとした[64]。マクマリーは日本人の生命と利益の保護という目的での干渉は許容されていると解釈

---

[60]　第5章参照。

[61]　MacMurray, J. V. A., "Round Table Conference on the Treaty Situation in the Far East," *Proceedings of American Society of International Law*, Vol. 26 (1932), at 44-45.

[62]　Brierly, J. L., *The Law of Nations : An Introduction to the International Law of Peace* (2nd ed., Oxford University Press, 1936), at 254.

[63]　当時，前在中国アメリカ公使であり，ジョンホプキンス大学国際関係論教授。

[64]　MacMurray, *supra* note 61, at 44.

第6章　満州事変

しているようにみなされるが、その干渉が自衛権の行使として正当化されると解釈しているかどうかは明確ではない。しかし、日本の行動は目的との関係で均衡性を欠いていると批判していることは確かである。

　このように満州事変についての法的評価をしている者は多くはないものの、法的評価をして日本の行動を批判している場合、それは主として日本の軍事行動が均衡性を欠いているということに対するものであって、中国の領土で自衛権の行使をしたこと自体、あるいは日本人の生命および財産の保護といった主張に対する批判ではなかった。しかし、だからといって、生命および財産の保護のために自衛権を行使しうると捉えていたかどうかが明示されているとは言いがたく、満州事変に対する国際法学者の見解の中から、彼らが狭義の自衛権を支持していたのか、それとも自衛権を、より広い行動の自由を許す概念だと捉えていたのかを明らかにすることはできない。もっとも、イーグルトンは、自国領土、自国のいかなる権益に対する急迫した脅威に対して自衛権を行使することも不戦条約は禁止していないとして、日本の主張を擁護した[65]。

　満州事変をめぐる海外の論争は、主として、「自己判断」をめぐるものであったが、1930年代の多くの欧米の国際法学者は、「自己判断」を否定している[66]。満州事変後、アメリカの国際法学会では満州事変についての関心が非常に高く、その中でも「自己判断」をめぐる議論には学会機関紙で特に多くの紙面が割かれている。

　「自己判断」を否定するのはライト、国際社会はその方向に向かっていると解するのはイーグルトンであり、「自己判断」を肯定するのはボーチャードとブラウンである。

　ライトは不戦条約締結時と同様、自衛権の「自己判断」を否定し、自衛権を正当化する「必要性（necessities）」を決定するのは、国際連盟であると述べて

---

[65] Eagleton, *supra* note 22, at 253.
[66] Brierly, J. L., "Régles générales du droit de la paix," *Recueil des cours*, t. 58 (1936), at 130–131 ; Giraud, E., "*La théorie de la légitime défense*," *Recueil des cours*, t. 49 (1934), at 800–802 ; Basdevant, J., "Règles générales du droit de la paix," *Recueil des cours*, t. 58 (1936), at 549 ; Lauterpacht, H., *Function of Law in the International Community* (Clarendon Press, 1933), at 179.

いる⁽⁶⁷⁾。そして，満州事変に関しては，日本を含む列強も，1931年12月10日の，リットン調査団を設置した国際連盟総会決議に賛成することによって，自衛の抗弁は国際的調査に服することを受け入れたと解しうると述べた⁽⁶⁸⁾。

また，イーグルトンは，国家の個別的判断に代わる集団的判断があるべきであるということについて一般的合意があり，その方向に向かって進歩していると解する⁽⁶⁹⁾。リットン調査団の報告書やそれに続く国際連盟の行動を高く評価する学者たちも⁽⁷⁰⁾，「自己判断」を黙示的に否定する立場をとっているものと考えることができるであろう。

他方で，不戦条約の解釈に照らして，リットン調査団の結論や国際連盟理事会のスチムソン通牒に疑問を唱える形で「自己判断」を肯定する者もいた。

ボーチャードは，1933年のアメリカ国際法学会雑誌上の「戦争と平和」と題する論文で，次のように記述している。「自国が自衛のために行動しているか否かの問題の排他的判定者であることを各々の締約国に認めた不戦条約に日本が違反するという結論に至る前に，リットン卿がどのような議論を聞いたか，確かめることに関心がある⁽⁷¹⁾」とし，また，不戦条約に反して成し遂げられた結果を承認しないという主義に対しては，「署名国によって認められたように，不戦条約はほとんど破り得ないという事実に照らせば，やや奇妙である⁽⁷²⁾」と

---

(67) Wright, Q., *supra* note 37, at 107.

(68) Wright, Q., "The Meaning of the Pact of Paris," *AJIL*, Vol. 27 (1933), at 46-48.

(69) Eagleton, C., *Proceedings of the American Society of International Law at Its Annual Meetings (1921-1969), APRIL 28-30, 1932*, Vol. 26 (1932), at 131. イーグルトンは，不戦条約が侵略や自衛の定義をしておらずその判断について国家に完全な自由が与えられていることを認めた (Eagleton, C., "Faut-il proscrire seulement les guerres d'agression ou toutes les guerres?," *Revue générale de droit international public*, t. 39 (1932), at 506)。

(70) Kuhn, A. K., "The Lytton Report on the Manchurian Crisis," *AJIL*, Vol. 27 (1933), at 96-100; Hudson, M. O., "The Report of the Assembly of the League of Nations on the Sino-Japanese Dispute," *AJIL*, Vol. 27 (1933), at 300-305. See also, Oppenheim, L., *International Law : A Treatise : Disputes, War and Neutrality*, Vol. 2 (5th ed., Longmans, Green and Co., 1935), at 158-159.

(71) Borchard, E. M., "War and Peace," *AJIL*, Vol. 27 (1933), at 116.

(72) *Id.*

第6章　満州事変

いうように疑問を投げかける。

　また，ブラウンは，「世界は満州における日本の行動を『称賛（applaud）』しないかもしれないが，ケロッグは不戦条約の受諾を確実にするために『自衛戦争に訴えることが必要な状況か否かを決定することができるのは，各々の国家のみである』ということには譲歩をせざるを得なかったのであり，そのことが，日本がこの状況に不戦条約は適用できないと主張することを可能にした[73]」という[74]。

　以上のように，欧米の国際法学者は，中国の領土で自衛権を行使したという主張自体，あるいは日本は自国民の生命および財産の保護のために行動したといった主張に対して直接的に批判はしなかったものの，そのような行動を自衛権の行使とみなしていたかは明らかではない。ただ，日本の行動が均衡性を欠いていたという点を非難する者がいたことは確かである。「自己判断」については，それを明示的あるいは黙示的に否定する者がいた一方で，国家が「自己判断」できることを一貫して主張し，日本が「自己判断」について強調することの方が筋が通っていることを認める国際法学者も存在した。このように，「自己判断」だけを見てもその評価は二分しており，その評価の違いが自衛権の範囲についての理解，ひいては日本の自衛権行使の合法性に対する評価をも分かつことになった。

---

[73]　Brown, P. M., "Japanese Interpretation of the Kellogg Pact," *AJIL*, Vol. 27（1933）, at 102.

[74]　ブラウンはさらに，ケロッグが，不戦条約を「効力のない（ineffective）ものにした」のみならず，「戦争を実質的に正当化する」ことが明らかになることを不可避にした（*Id.*）と批判しており，不戦条約は結局は，戦争を違法化する効力を持たないのみか，むしろ戦争を正当化するものであるとの厳しい評価をした。ただし，ブラウンは，後の著作の中で，不戦条約は曖昧で危険な自衛権をあがめており（consacrated），様々な締約国は戦争に訴える権利と自衛戦争に訴える必要のある状況か否かを自ら決定する権利を明示的に留保しているとしたうえで，「不戦条約の署名から4年の間に，3つの不戦条約違反が起こった，つまり，1929年のロシアによる中国の侵略（aggression），1931年の日本による満州の占領（occupation），1932年のペルーによるコロンビアの侵略（invasion）である」と述べて，満州事変は不戦条約に照らして違法であったと評価している（Brown, P. M., "Undeclared Wars," *AJIL*, Vol. 33（1939）, at 540）。

◆ 第Ⅲ部　異なる自衛権概念の混在

2　日　本

次に日本の国際法学者について検討する。満州事変における日本の行動が，国際法上の自衛権の合法的な行使であることを主張した代表的な国際法学者は，立作太郎である[75]。1930年代前半から中葉における立の自衛論は，不戦条約締結当時のものとは異なっており，とりわけ自衛権の保護法益をより広く解するようになる[76]。これに対し，満州事変における日本の軍事行動が違法であることを，明示的あるいは黙示的に主張するのは，横田喜三郎と田岡良一である。以下では，各論者の満州事変に対する法的評価を検討する。

立は，本件は国際法上合法な自衛権の行使であるという立場をとる。まず，国際連盟規約との関係であるが，日本軍の行動は急迫不正の侵害に対する自衛権の行使である，という立場をとった。この見地から，国際紛争解決を平和的に行わず強制的に行うことを禁じる国際連盟規約第12条には違反しないとの主張を展開する。同様に，不戦条約第2条にも違反しないとする[77]。そして，「自衛的手段としての兵力の使用」の結果，ある地域の占領等の事態を維持し，これらの地方の治安を維持することが，依然として「帝国臣民」の身体，財産の危害に対する自衛上の緊急の必要であるときは，この事態を継続せざるを得ず，一方でこのような事態の継続が当該地方の独立運動に便宜を与えたとしても，権利行為は依然として権利行為としての性質を失わず，また権利行為によって他国に損害を与えたとしても，これに関する国際責任を負うものではなく，自衛権の行為が不戦条約違反となることはない[78]と述べ[79]，日本政府の行動を擁

---

[75] 他に，松原一雄，信夫淳平，米田実などを挙げることができる。

[76] 立作太郎の自衛権論については，第5章第1節2(1)(a)参照。信夫淳平も同様である。信夫淳平「不戦条約と満蒙自衛権」『外交時報』第591号（1929年）；信夫淳平『満蒙特殊権益論』（日本評論社，1932年）；信夫淳平「満蒙特殊権益と国家自衛権」『外交時報』第634号（1931年）などを参照。

[77] 国際連盟規約との関係について，立作太郎「最近満州事件と国際連盟規約」『国家学会雑誌』第46巻第1号（1932年）14頁；立作太郎「満州事件と兵力の行使」『国際法外交雑誌』第32巻第1号（1933年）16頁；立作太郎『時局国際法論』（日本評論社，1934年）14頁。不戦条約との関係について，立作太郎「最近満州事件に関係して不戦条約を読む」『外交時報』第649号（1931年）5-6頁。

[78] 立，同上（『時局国際法論』），64頁。

第 6 章　満　州　事　変

護した。立は，自国民やその財産保護のために自国領域外で自衛権を行使しうる，また，そのためにある地域を占領し，治安維持をすることも自衛権の行使であるというように，広く自衛権を捉えていることが分かる。

　横田は，1931年10月5日の帝国大学新聞に「満州事変と国際連盟 —— 寧ろ当然の干渉」を寄稿し，満州事変後，国際連盟から事件の拡大の防止と撤兵の勧告があったことに対して，それが果たして不当な干渉であったのかということを検討している。横田は，事件の拡大防止の勧告は妥当であるとして，その理由を次のように説明する[80]。

　　鉄道の破壊が事実であるとして，破壊しつつある軍隊に反撃を加えることは確に自衛権の行使であろう。あるいは，その軍隊を追撃して北大営を占領したことも自衛権だといえば言えぬこともなかろう。しかし，北大営に対する攻撃とほとんど同時に奉天城内に対して攻撃を開始したことまで，自衛のために止むことを得なかったといい得るであろうか。まして，鉄道の破壊に基く衝突（18日午後10時半）から，僅に6時間内外のうちに，4百キロも北方の寛城子を占領し（19日午前4時40分），2百キロも南方の営口を占領した（同5時）ことまで，果して自衛のために止むを得ない行為であったといい得るであろうか。しかも，これらの占領はほとんど抵抗なくして行われたことを注意しなければならぬ。更に吉林やハルビンの形勢が不穏であるとして，21日軍部の独断で朝鮮から国境を越えて出兵されたが，同日の夕刻「一挙吉林を占拠す，吉林軍戦意全くなし」と報じられている（22日東京朝日新聞）。序ながら，当日は閣議で陸相が出兵を要求し，外相がそれに反対して決定に至らなかったと伝えられている。

　　外相の見る所では，危険がそれ程に急迫していなかったわけであり，実際において，吉林が無抵抗で占領されたことを思えば外相の認識の方が正当であったといわなければならぬ。このように見てくると，最初の衝突や北大営の占領は自衛行為であるとしても，その後の行動までがすべて自衛権によって是認され得るか否か充分に問題になり得る。

　このような形勢の下において，連盟が事件の拡大の防止を勧告したことはき

---

(79)　「自保権の存在を認め得るとせば」という留保つきながらも，満州における我が国の利益が，「自保権に依り擁護されるに適する我国の重大利益と称するを得べき」という（立，同上，153頁）。立が，自己保存権と自衛権との関係をどのように捉えていたのかということについては，第5章第1節2(1)(a)，第8章第2節3(1)を参照。

(80)　横田喜三郎「満州事変と国際連盟 —— 寧ろ当然の干渉」『帝国大学新聞』第400号（1931年10月5日）。

157

◆ 第Ⅲ部　異なる自衛権概念の混在

わめて適当な措置であったと結論づける。以上のように，横田は，鉄道破壊への反撃と若干の追撃は自衛権の行使だとみなしうるとする。しかし，事実を詳細に分析し，奉天城内に対する攻撃やその後の占領が「やむをえない防衛」であったか，より具体的には，他の手段（必ずしも平和的手段である必要はない）で防衛できなかったかということを問題とし，より少ない程度の強力的手段によって防衛されうる場合にはそれによるべきである[81]という要件を厳格に適用した。このように，横田は，日本が領域外で自国民や自国権益擁護のために自衛権を行使しうると主張したこと自体を批判しているのではなく，（吉林占領については）自衛権の急迫性すなわち必要性と，均衡性の双方が欠如していたと批判した。

　田岡は，前述の通り[82]，武力による攻撃以外の方法によって違法に外国の利益を侵害する国家に対しては，武力による強制を行うことはできないとし，自衛権について狭義の解釈をとっている。第5章で引用した論文の中では明確には述べられていないが，満州事変が違法であるということがその論理的帰結となることは明らかである[83]。

　以上のように，立は，日本の自衛権の主張を擁護したが，横田と田岡は，直接的・間接的に日本の主張を非難した。第5章第1節2で検討した通り，田岡は自衛権について狭義の解釈をとり，立・横田は広義の解釈を支持していた。日本政府の自衛権の主張に対する立と田岡の評価を分けたのは，彼らの自衛権論の広狭の違いであった。立と横田とで，自衛権論自体が大きく異なることはない。それにもかかわらず，立が日本の主張を擁護し，横田がそれを批判したのは，自衛権として許される措置を評価するにあたって，自衛権についての必要性・均衡性の要件を厳格に適用した否かにおいて異なっていたからである。第5章第1節2(1)(a)で述べたように，立は，法律上許容されるべき防衛は，攻撃される法益の価値如何によって決めるべきではなく，「攻撃の度合(intensity)如何」によって決めるべきものであると述べていた。満州事変における日本の

---

(81) 横田喜三郎『国際法 下巻』（有斐閣，1934年）187頁。
(82) 第5章第1節2(2)参照。
(83) 第二次世界大戦後の著作の中では，満州事変が違法な武力行使であったと明言している（田岡良一『国際法上の自衛権（初版）』（勁草書房，1964年）179-185頁。

措置が,「攻撃の度合」に照らして適当なものであったと評価したのか,あるいは,立場上その判断を避けたのか[84]は不明である。

第5節　小　括

　満州事変に際して,日本政府は,狭義の自衛権よりもはるかに広い行動の自由を許す自衛権を主張していた。すなわち,日本政府は,満州事変は,自国民や自国権益さらには極東における日本の地位を擁護するための自衛権（広義の自衛権）の行使であったと主張した。

　満州事変勃発後初期の段階においては,国際連盟理事会では,日本が自国民や財産の保護を目的とする限りで,日本の主張は了承されていたものの,それが「自衛権」として認められるとされたのかは明らかではない。最終的に,国際連盟総会の場において日本の自衛権の主張は否定された。しかし,リットン報告書からも19人委員会の報告書からも,日本軍の軍事行動が自衛の措置だと認められないという結論に達した理由は明らかにできない。ただ,日本が「領域外」において日本「権益」を擁護するため,あるいは「自国民の生命財産」保護のために自衛権を行使したという主張に対する批判は見当たらない。

　自衛権の解釈をめぐる諸国の見解は,大きく二分していた。紛争当事国であった中国,そして小国は,狭義の自衛権のみを認め,自衛権は自国領域を超えて行使することはできず,たとえ自国民の生命財産保護のためであっても,他国の領域において自衛権を行使することはできないとの立場をとった。

　一方,大国は,満州事変勃発当初,日本の主張に理解を示していた。もちろん,このことは,日本の自衛権の主張をそのまま容認することには直ちに結びつかないというべきである。しかし,不戦条約の批准過程でアメリカは,自国民や自国領土外における利益を守ることをも自衛権の内容と捉えており,少なくともアメリカは,領土外における権益保護という日本の自衛権の主張を容認していた可能性が高い。以上のように,諸国家が自国民や自国領土外における利益を守ることができると捉えていたのかについては見解が分かれていた。

　ただし,満州事変における日本の自衛権の主張が国際連盟総会の場で否定さ

---

(84)　第8章注190参照。

◆ 第Ⅲ部　異なる自衛権概念の混在

れたこと，また，大国も小国も自衛権行使は他国や国際連盟による事後的な評価に服することを認めていたことから，諸国家は「自己判断」を否定し，自衛権行使の合法性については，事後的な判断に服することが受け入れられたものと捉えることができる。第4章第2節2で検討したように不戦条約締結過程では，交渉を主導した国家が，自衛戦争に訴える必要のある状況か否かはその国家のみが決定すると述べていたことを想起すると，日本を除いてはその立場に変更があったものと見ることができる。もっとも，国際法学者の中には，不戦条約締結時の各国の見解に照らして，「自己判断」を肯定する者が見られたことは改めて強調しておきたい。

　欧米の国際法学者には，満州事変における日本の行動を批判するものが多いが，その批判は主として日本の軍事行動が均衡性を欠いていることに対するものであって，中国の領土で自衛権の行使をしたこと自体，あるいは日本人の生命および財産の保護といった主張に対する批判ではなかった。

　一方，日本の国際法学者は，満州事変における日本の行動が合法だと主張する者と，それが違法であることを明示的であれ黙示的であれ主張する者に分かれていた。そのような違いは，立と田岡についてはその自衛権論の違いに由来した。その一方，横田の自衛権論は立の自衛権論と大きく異なるものではなく，日本が領域外で自国民や自国権益擁護のために自衛権を行使しうると主張したこと自体には批判は向けなかったが，事実に照らして，自衛権の急迫性すなわち必要性と，均衡性の双方が欠如していたと批判した。

　以上から分かることは，満州事変において，日本は狭義の自衛権よりもはるかに広い行動の自由を許す自衛権を主張しており，日本の行動に対する諸国家および国際法学者の一部の評価を分けたのは，ある場合には自衛権を広義に解釈するか狭義に解釈するかの違い，またある場合には日本の行動の必要性や均衡性に対する評価の違いであったということである。このように，当時，自衛権については異なる解釈が存在し，満州事変における日本の行動に対する評価は異なっていたものの，自衛権が必要性や均衡性をその行使の要件とすること，自衛権の「自己判断」は否定されることが一般的に受け入れられていたことが明らかになった。

第7章　日華事変

本章では，日華事変[85]を取り上げる。第1節で事実の概要を紹介した後，第2節では，日本政府の自衛権の主張を分析する。その後，第3節では，日本の主張に対する中国および国際連盟の諸機関の見解を，第4節では日本の主張に対する国際法学者の見解を検討する。

第1節　事実の概要

1937（昭和12）年7月7日，北平郊外の盧溝橋近辺の河原において，支那駐屯軍歩兵第1連隊第3大隊第8中隊と中国第29軍第37師団の間で偶発的衝突が起こった[86]。当初，日中両政府は不拡大方針をとっていた。現地では11日午後8時に停戦協定が結ばれ，支那駐屯軍には内地師団派遣を不要とする意見が出された。蒋介石は7月9日に四個師団を北上させ，近衛文麿内閣も，11日午後には派兵方針を閣議決定[87]するなど，相手方の対応次第では断固とした措置を

---

[85] 満州事変から太平洋戦争終結までを指して「十五年戦争」，あるいは盧溝橋事件から太平洋戦争終結までを指して「日中戦争」という呼称が用いられることがある。しかし，少なくとも盧溝橋事件から1941年に中国による宣戦布告がなされるまでは，日本も中国も戦争状態の存在を認めていなかったのであり，法的意味での戦争は存在しなかった。したがって，本書では，1937年の盧溝橋事件から1941年12月9日の中国の宣戦布告までを「日華事変」という呼称を用いて表している。

[86] 日本の行動が自衛権の行使であったかを判断する要素となりうる日中両国の主張は，極東諮問委員会によって設置された小委員会の，本章第3節2で扱う報告書の中にまとまっている（"First Report of the Sub-Committee of the Far-East Advisory Committee adopted by the Committee on October 5th and by the Assembly on October 6th, 1937," *LNOJss*, No. 177（1937），at 40-42）。また，中国側の主張は，1937年8月30日に中国が国際連盟に提出した声明の中でも明らかにされている（"Communication, dated August 30th, 1937, from the Chinese Government to the Secretary-General" *LNOJ*, 18th year, Nos. 8-9（1937），at 653-655）。

[87] 「盧溝橋事件処理に関する閣議決定」『年表・文書下』365-366頁。

◆ 第Ⅲ部　異なる自衛権概念の混在

とる準備があった。こうした中，25日から26日にかけて，北平近郊の廊坊において，また26日夜には北平の広安門でも武力衝突が起こった。これを受けて，支那駐屯軍は28日に平津地区の武力制圧を開始し，翌日には同地区を制圧した。8月13日以降は，上海において日中間で激しい戦闘が繰り広げられた。日本側は15日に「盧溝橋事件に関する政府声明[88]」を発表して「支那軍の暴戻を膺懲」する姿勢を明らかにし，不拡大方針を転換した[89]。

第2節　日本政府の主張

日本は本件において自衛権を援用したが，以下の通り宣戦布告をしなかったために，援用された自衛権は平時の武力行使を正当化するためのものであった。1941年12月9日に中国が宣戦布告をして戦争状態となるまで，中国側も日本側も宣戦布告をしなかった[90]。日本に関して述べると，日華事変勃発以来，外務省条約局第二課において宣戦による戦争と事実上の戦争との利害が比較され，本事変において宣戦することの是非について慎重に議論が重ねられていた[91]。

[88] 「盧溝橋事件に関する政府声明」『年表・文書下』369-370頁。
[89] 事実の概要については，波多野澄雄ほか『決定版 日中戦争』（新潮新書，2018年）；加藤『前掲書』（注2）；伊香『前掲書』（注2）；岩谷將『盧構橋事件から日中戦争へ』（東京大学出版会，2023年）を参照した。以後，激しい戦闘が繰り広げられ，1938年の1月中旬には日中はそれぞれの大使を撤退させた（Grob, F., *The Relativity of War and Peace: A Study in Law, History, and Politics*（Yale University Press, 1949）, at 142）が，領事は概して残っており，規模は小さくなったものの通商取引は継続していた（Woolsey, L. H., "Peaceful War in China," *AJIL*, Vol. 32（1938）, at 317）。
[90] その理由の研究は，日本については，加藤陽子『模索する1930年代――日米関係と陸軍中堅層（新装版）』（山川出版社，2012年）67-71頁，中国については，土田哲夫「日中戦争と中国宣戦問題」西村成雄ほか編『日中戦争の国際共同研究4 国際関係のなかの日中戦争』（慶應義塾大学出版会，2011年）355-378頁を参照。
[91] この点についての条約局第二課における議論は，『支那事変関係国際法律問題』第1巻と第4巻（後掲注92・93）に収録されている。この第1巻の「序」には，「昭和13年3月」に「本集は昭和12年支那事変勃発以来之に関連して発生したる国際法律問題に関し当課に於て為したる調査研究の一部を集録したるものなり而して右は何れも忽卒の間に成るたるものにして未定稿的もの抄からざるも茲に資料の散佚を防ぎ兼ねて後日の参考に資する為便宜之を上梓することとせり」と記されている。第4巻にも「昭和13年8月」付けで同文が掲載されている。いずれも，「機密」と印字されている。宣戦布告に

第 7 章　日華事変

宣戦による戦争の不利な点は複数挙げられたが[92]，その一つに，「不戦条約違反の誹」を受けうることがあった。具体的には，次のような理屈である。不戦条約は，国家政策の手段としての戦争を禁止し，また平和的手段以外によって紛争の処理や解決を求めることを禁止している。ただし，不戦条約においても自衛権は留保される。日本が宣戦をしてかつ不戦条約違反ではないと主張するためには，「国家政策の手段として」なすのでないことおよび「紛争解決の為に」なすものでもないことを根拠とするか，自衛権を根拠とする以外に弁護すべき理由がない。真正の自衛権に基づかずに戦争に訴え，特に日中間の紛争解決または中国を膺懲する目的があると認められるような開戦宣言によって開戦する場合，不戦条約違反の誹を受けることを覚悟しなければならない[93]。その上で，事実上の戦争の有利な点は宣戦による戦争の不利な点として挙げた事項と表裏するものであるとし，事実上の戦争の有利な点の１つに，不戦条約および国際連盟規約等との関係も問題となるおそれが比較的少ないことが挙げられた。

　このように，宣戦による開戦の場合は不戦条約違反の誹りを受ける可能性があるが，事実上の戦争の場合は不戦条約との関係も問題となるおそれが比較的少ないと考察されており，事実上の戦争は不戦条約に違反しないと主張しうるという理解が背景にあるものと推察できる。結果的に宣戦布告はされなかったものの，実質的に武力が行使されたことにより，その正当化根拠として一層確実な自衛権が援用されることになった。

　以下で示すように，日本は自衛権を広く解し，領域外においても，日本国民を保護し治安を回復することを目的として自衛権を行使することが可能との立

　　ついての，外務省，海軍省，陸軍省の見解は，木戸日記研究会編『木戸幸一関係文書』（東京大学出版会，1966年）296-315頁を参照。

[92]　例えば，日本が中国に対して有する条約上の権益を喪失すること，契約上の利権関係等が消滅すること，中国における日本の公私財産および船舶の没収・押収，中国領域内にいる日本人の追放・抑留，国際連盟規約16条の適用，外交関係の断絶などである。外務省条約局第二課編『支那事変関係国際法律問題――機密外交条約関係資料』第１巻（外務省条約局第二課，1938年）249-252頁。

[93]　同上，250，270頁。同第４巻（外務省条約局第二課，1938年）15頁も参照。

◆第Ⅲ部　異なる自衛権概念の混在

場であった。

　1937年7月11日に発表された「華北派兵に関する声明[94]」の中で，盧溝橋事件に対する政府の見解が明らかにされている。それによると，当事件は支那側の計画的武力抗日であり，「北支治安の維持が帝国及満州国にとり緊急の事」であり，「支那側が不法行為は勿論排日侮日行為に対する謝罪をなし及今後斯る行為なからしむる為の適当なる保障」をする必要があるという。ここでは，「北支治安の維持」のみならず，謝罪や再発防止の保障を求めることまでもが派兵の理由として挙げられている。

　7月25日からの廊坊・広安門事件をうけて発表された7月27日の内閣書記官長発表では，両事件を「北平，天津間の交通線の確保及居留民の保護」という日本軍の任務に対する中国軍の「武力妨害」とし，日本はその任務遂行と停戦協定事項の履行確保に必要な「自衛行動」をとると主張された[95]。

　また8月15日の「盧溝橋事件に関する政府声明[96]」においては，平津地方については，「支那軍屢次の挑戦及不法行為」に対して，「我が支那駐屯軍は交通線の確保及我が居留民保護の為真に已むを得ざる自衛行動に出でたるに過ぎず」として，日本軍の行動が自衛権の行使であったことを主張した。また，南京政府には，挑発的行動の即時停止と現地解決を妨害しないよう注意を喚起したにもかかわらず，南京政府は「我が勧告を聴かざるのみならず，却って益々我方に対し戦備を整え，厳存の軍事協定を破りて顧みることなく，軍を北上せしめて我が支那駐屯軍を脅威」している。また，上海においては，「遂に我に向って砲火を開き帝国軍艦に対して爆撃を加ふるに至」った。このように，中国側が「帝国を軽侮し不法暴虐至らざるなく全支に亙る我が居留民の生命財産危殆に陥る」に及んでは，日本は「最早隠忍其の限度に達し，支那軍の暴戻を膺懲し以て南京政府の反省を促す」ために断固とした措置をとることも止むを得ないという。日本の希望は，日本と中国の提携にあり，このため「支那に於ける排外抗日運動を根絶し今次事変の如き不祥事発生の根因を芟除すると共に日満

---

(94)　「華北派兵に関する声明」『年表・文書下』366頁。「盧溝橋事件処理に関する閣議決定」『年表・文書下』365頁も参照。

(95)　情報局記者会編『日本の動きと政府声明』(新興亜社，1942年) 8頁。

(96)　「盧溝橋事件に関する政府声明」『年表・文書下』369-370頁。

第7章　日華事変

支三国間の融和提携の実を挙げんとするの外他意なし」として,「領土的意図を有するものにあらず」ということを強調した。

以上の日本の主張は,必ずしも国際法に基づいてなされているとは言えない部分もあるが,自衛権の主張を分析すると次のようになるであろう。日本政府によると,日本軍の行動は,中国が,交通線を確保したり居留民を保護したりするという任務を武力により妨害するなどの不法行為を行ったり,日本軍に対する爆撃をしたりしたことに対して,交通線を確保し,日本国民の生命財産を保護し,さらには治安を回復することを目的とした自衛権の行使であった。すなわち,中国という国家による違法行為に対して,自国領域外における自国民の生命財産を保護したり治安を回復したりするために,自衛権を行使したということになる。ここで正当化される措置は,満州事変の際と同様,平時における違法行為（主として武力行使）である。さらに,中国の反省を促し,謝罪をなさしめ,再発防止の保障を得るという,本来復仇に属することをも自衛権の内容として主張している[97]。

このような本来復仇に属するものを除いて,日本が主張した自衛権の内容は,満州事変の際と同様,不戦条約批准過程から想定されていたものと大きく乖離していない[98]。

---

[97]　これ以降も,政府による自衛の主張は繰り返されることになる。例えば,9カ国条約についてのブリュッセル会議への召喚に対する1937年10月27日の返答の中では,「日本の中国における行動は,中国の激しい反日政策や反日行動,特に武力に訴える挑発的行動に直面して採ることを余儀なくされた自衛措置である」("Reply of the Japanese Government, October 27, 1937, to the Invitation of the Belgian Government," *The Conference of Brussels November 3-24, 1937 ; Convened in Virtue of Article 7 of the Nine-power Treaty of Washington of 1922* (United States Government Printing Office, 1938), at 9) と主張していたし,意見交換のために代表を送ることを提案されたことに対する11月12日の返答の中でも,日本政府は,中国の挑発行為に対する防衛の措置として現在の行動に訴えざるを得なかったと主張している ("Reply of the Japanese Government, November 12, 1937, to the Communication of November 7 from the Conference," *Id.*, at 53)。

[98]　第4章第2節1(4), 第6章第2節参照。

◆ 第Ⅲ部　異なる自衛権概念の混在

第3節　中国および国際連盟の諸機関の見解

1　中国の主張

　日本が国際連盟加盟国であった満州事変の際と異なり，日華事変の際に日本は国際連盟を脱退していたが，中国が連盟加盟国であることに変わりはなかった。1937年8月30日，中国は国際連盟事務総長に文書を提出し，さらに9月12日，中国は，国際連盟加盟国が連盟各国の領土保全と政治的独立を尊重することを定めた連盟規約第10条，国際連盟が，国際平和を擁護するために適当かつ有効だと認める措置をとるべきことを規定した第11条に加えて第17条[99]を援用して，国際連盟に問題を付託した。

　中国の付託を受けて，9月14日，理事会は本件を議題に追加し，さらに，同16日には，極東諮問委員会[100]に問題を付託することを決定した[101]。10月1日，中国は諮問委員会に決議草案を提出したが，その主たる内容は，日本が9カ国条約および不戦条約に違反していることおよび日本による中国沿岸の違法な封

---

[99]　第17条は，非連盟国が関係する紛争が生じた場合に，非連盟国に対して連盟国が負う義務を受諾することを連盟理事会が勧告することができ（1項），勧告を受けた国が義務の受諾を拒み，連盟国に対して戦争に訴えた場合には，第16条を適用して当該非連盟国に対して制裁を加えることができる旨を定めている。

[100]　極東諮問委員会は，1933年2月24日，日中間の紛争を審議するために連盟総会で設置が決定されたが，実質的な活動はしていなかった。日本に対しても，9月21日に参加が招請されたが，日本政府は，同25日，本問題の解決は日中の二国間でなされうるとしてその招請を拒否した（"Report of the Far-East Advisory Committee and Resolution adopted by the Assembly on October 6th, 1937," *LNOJss*, No. 177（1937）, at 36）。

[101]　諮問委員会へ問題が付託されることになったのは，連盟規約第17条の適用を避けたいという英仏の意図があったからである。すなわち，欧州情勢が緊迫する中，英仏は，日本が連盟規約第17条の義務の受諾を拒否した場合に適用される可能性のある第16条の制裁を，日本に対して加えることを避けたかったのである。中国に対しては，イーデンイギリス外相，デルボスフランス外相が，中国が第17条の適用に固執することが，戦争状態の宣言，交戦団体承認，イギリスの貿易の制限，アメリカ中立法の発動という中国にも不利な結果につながるとして，アメリカも参加する諮問委員会に問題を付託する方がよいと説得した。国際連盟事務総長アヴノールが上記二者に加わって中国と話をする機会もあった（"The Consul at Geneva（Bucknell）to the Secretary of State," *FRUS 1937*, Vol. 4, The Far East（Kraus Reprint Co., 1972）, at 20–21）。

鎖を非難し，日本の行動が国際連盟規約第10条における外部の侵略を構成することを宣言するというものであった[102]。

中国は，8月30日に国際連盟事務総長に提出した文書の中で日本の自衛の主張を否定し，逆に中国の行動が自衛権の行使であったと主張した。中国の主張の内容は，具体的には次の通りである。まず，盧溝橋事件は日本軍が先に攻撃を開始したものである。そして，日本軍の行動は中国に対する侵略であり，中国は，意に反して自衛という自然権（her natural right of self-defence）を行使しているのであり，暴力に抵抗する他の全ての措置に失敗し，中国の意に反して武力に訴えざるをえなかった[103]。中国側の主張によると，中国は，日本の侵略に対する抵抗として自衛権を行使しているということになる[104]。

2　極東諮問委員会報告書

極東諮問委員会は，10月5日，同委員会が設置した13人の小委員会[105]による

---

[102]　"Minutes of the Third Session of the Far-East Advisory Committee, set up by the Assembly Resolution of February 24th, 1933, held at Geneva from September 21st to Ocrober 5th, 1937," *LNOJss*, No. 177（1937）, at 22–23.

[103]　*LNOJ*, 18th year, Nos. 8-9, *supra* note 86（1937）, at 653–655.
　　中国の行動が日本の侵略に対する自衛であるとの主張は，1938年9月15日の国際連盟総会における演説（*LNOJss*, No. 169（1937）, at 46–50）や，1937年の9カ国条約締約国によって開催されたブリュッセル会議においてもなされている（"Comments of the Chinese Ministry of Foreign Affairs, November 4, 1937, on the Japanese Reply to the Invitation to the Conference and the Statement of the Japanese Government of October 28, 1937," *The Conference of Brussels*, *supra* note 97, at 48–49）。

[104]　さらに中国は，日本が，故意に極東の平和を乱すことで国際連盟規約の根本原則に違反し，国家政策の手段として戦争を利用し，国際紛争解決のための全ての平和的手段を無視することによって不戦条約に違反し，中国の主権，独立，領土的行政的統一を尊重するとの約束に反して行動したことによって9カ国条約に違反すると主張した（*LNOJ*, 18th year, Nos. 8-9, *supra* note 86（1937）, at 655）。

[105]　*LNOJss*, No. 177, *supra* note 102（1937）, at 17–19. 小委員会の構成については，*Id.*, at 22を，小委員会が設置されることになった経緯については，"The Secretary of State to the Minister in Switzerland (Harrison)," *FRUS 1937*, Vol. 4, *supra* note 101, at 32–33 を参照。

二つの報告書を採択した[106]。第1報告書では，本件に関係する主要な条約は次の三つであるとする。第1に，中国の特定の地域に日本軍の駐屯を許可した1901年9月7日の北京議定書，第2に，中国の主権，独立，領土的行政的統一の尊重などを定めた9カ国条約，そして第3に，国際紛争の解決のために戦争に訴えることを非とし，国家政策の手段としての戦争を放棄すること，そして紛争の平和的解決義務を定めた不戦条約である。これらの条約に照らして本件の合法性が検証された[107]。

そして，日本および日本軍のそれまでの行動は，上記の条約，そして中国の主権，独立，および領土的行政的統一を尊重する義務，そして，中国との紛争の解決を平和的手段によってのみ試みる義務に一見すると（prima facie）違反するが，それが自衛（合法的に中国領土にいる日本軍と日本国民を守ることも含む）のための必要な手段であったことが示される場合にのみ日本軍の状況は条約上の義務に違反しないとする[108]。

結果的には，紛争の背景について，また敵対行為を最初に勃発させた事件について両国が異なる見解をとっていることは明らかであるとして，盧溝橋事件についての両国の異なる主張については判断を留保した上で，日本軍が中国の領土に侵攻し（invaded），北平を含む広い地域に軍事的コントロールを敷き，また中国船舶に対して中国海岸を海軍により封鎖する措置をとり，中国の様々な地域で空爆を行ったという事実を認定した[109]。日本の軍事行動が，紛争を生じさせた事件との均衡性を全く欠いていること，それは現行の法的文書（legal instruments）や自衛権によっても正当化できないこと，9カ国条約と不戦条約上の義務に違反することなどを認定した[110]。

---

(106) この時点では日本は既に国際連盟から脱退しており，また諮問委員会への参加の招請も上述の通り拒否したために，日本側の主張としては首相や外相の議会における演説が引用されている。ただし，小委員会第一報告書の中で広田外相の演説として英訳の上で引用されているのは，その内容から，9月5日の近衛首相の議会演説であることが指摘されている（森肇志『自衛権の基層――国連憲章に至る歴史的展開（増補新装版）』（東京大学出版会，2023年）138頁注165）。

(107) *LNOJss*, No. 177, *supra* note 86（1937），at 40.

(108) *Id*（傍点筆者）．

(109) *Id.*, at 42.

第7章　日華事変

　この報告書が日本軍の自衛権の主張を否定したのは，日本軍の行動が紛争を発生させた事件との均衡性を失しているとの判断に基づいたものであった[110]。しかし，注目すべきは小委員会の自衛権に関する見解である。報告書は，自衛権の範囲が領土外にも及ぶという点を批判していない。それどころか，中国領土に合法的に滞在する日本軍や日本国民を保護することも自衛のための必要な措置に含むと解釈していた[112]。この点は特筆すべきである。既述のように，これまでも，満州事変に際して日本軍の行動が中国領土における自国民およびその財産の保護を目的とする限りにおいて了承できるとの国際連盟の態度が示されたことはあった。しかし，それが自衛権の内容として認められるとみなされていたか否かは明らかではなかった。ところが，本報告書では，中国領土内における日本軍および日本国民の保護が自衛のための手段として認められるということが明示されている。つまり，自衛権の範囲は自国領土に限られないということ，そして保護法益に在外自国軍および自国民の生命を含むという解釈が明らかにされたのである。この諮問委員会の報告書は，10月6日に国際連盟総

---

[110] 本委員会の議論において，日本を侵略国と名指しすることは，国際連盟の制裁の発動につながるとして慎重に避けられた。
　　日本の行動が，紛争を発生させた事件との均衡性を欠いていたという判断には，日本の度重なる戦争法規違反も影響したものと考えうる。実際に，極東諮問委員会における議論は，まず，日本の航空機による中国の無防守都市に対する空爆を非難する決議を採択することから始まった（*LNOJss*, No. 177, *supra* note 102（1937）, at 13-16）。

[111] なお，第二報告書においては，9カ国条約の規定の適用問題を包含しこのような適用について議論することが望まれる状況が起こったときには，関係諸国の間で十分かつ隔意のない交渉を持つべきだということについて，条約署名時に締約国の合意があったことに留意し，連盟国がとるべき措置は，連盟加盟国であり9カ国条約の締約国である国家を招集し協議を開始させることであるとした（"Second Report of the Sub-Committee of the Far-East Advisory Committee adopted by the Committee on October 5th and by the Assembly on Ocrober 6th, 1937," *LNOJss*, No. 177（1937）, at 43）。この決議を受けて，9カ国条約についてのブリュッセル会議が開催された。

[112] 対応する英文は次の通りである。"It would seem that only if it could be shown to be a measure necessary for self-defence (including the defence of the Japanese forces and nationals lawfully upon Chinese territory) could the position of the Japanese forces in China possibly be reconciled with Japan's treaty obligations"（*Id.*, at 40）。

◆第Ⅲ部　異なる自衛権概念の混在

会の場で採択された[113]。

「自己判断」については，満州事変に引き続き，日本の自衛権の主張が国際連盟総会の場で否定されたことから，自衛権の行使の合法性について，事後的な判断に服することが受け入れられたと解しうる。

また，日本および日本軍の行動は，自衛のための必要な手段であったことが示される場合にのみ条約上の義務に違反しないと述べられた部分は，自衛権の均衡性を問題としている。最終的に，「自衛のための必要な手段」であったか否かについては，日本軍の行動の均衡性を審査した結果否定した。同報告書が均衡性については判断しながら，必要性についての判断をしなかったのは，日本の一連の行動が均衡性を欠いていたことが明らかであったこと，そして，盧溝橋事件についての日中両国の見解が大きく異なっており，そもそも必要性の判断が難しかったことが理由であったと考えられる。

第4節　国際法学者の見解

1　欧米

以上のように，極東諮問委員会や国際連盟総会の場において，日本の行動が自衛権の行使とは認められず，それが9カ国条約および不戦条約に違反する，という内容の報告書が早々に採択された。そうしたことも背景にあると考えら

---

[113]　*LNOJss*, No. 169 (1937), at 120–125 ; "Resolution, adopted by the Assembly at its Fourteenth Meeting, Wednesday, October 6th, 1937, at 5 P.M.," *Id.*, 148–149. さらに，9カ国条約の締約国会議の招集を求め，中国に対する精神的支援を表明した (*Id.*, at 121)。
　　アメリカの国務長官であったハルは，同日，アメリカ政府は，中国における日本の行動が9カ国条約や不戦条約に違反すると結論せざるを得ず，この点に関してのアメリカ政府の結論は国際連盟総会のものと概して一致するという声明を発表した。"The Secretary of State to the Minister in Switzerland (Harrison)," *FRUS 1937*, Vol. 4, *supra* note 101, at 62–63.
　　なお，これ以降，国際連盟における議論の焦点は，日本の侵略を認定するか否か，そして認定した場合に制裁を適用することが連盟各国の義務であるのか否かという点に置かれた。1938年9月30日，理事会は，日本が第17条による理事会の招請を拒絶したことにより第16条が適用され，制裁措置は各国が個別的に適用しうるとした決議文案を決定した (*LNOJss*, No. 169 (1937), at 121)。この文案は，「議長報告」として公表された (伊香『前掲書』(注2) 128頁)。

れるが，日華事変以降の欧米の国際法学者の著作においては，日本の行動は当然に侵略である，あるいは少なくとも不戦条約や9カ国条約に違反すると断定されることが一般的であった[114]。そのことによって日本の自衛権の主張は間接的に否定されており，日本の行動が自衛権の行使であるか否かという点を詳細に議論するものはほとんど見られない[115]。このため国際法学者の議論の中から当時の自衛権がどのように捉えられていたのかを明らかにすることは容易ではない。

　例えば，ウールジーは，日本軍の行動の合法性を検討する文脈で次のように述べている。国際法は，緊急の場合のみ，そして自国民の生命および財産の保護が現地の当局によってなされない場合に，自国民の生命および財産を保護するために他国に軍隊を入れることを許しているが，緊急性がなくなると撤兵することを要求する。これまで中国に軍をとどまらせ続けるために日本がなした弁解には国際法上の根拠がなく，中国からの撤兵に関する他国の実行に倣っていないと考えられる。つまり，ウールジーの見解では，日本軍の行動の緊急性，すなわち必要性が否定されている。ウールジーはさらに，国際法に照らして，また国際法の条件からみて，現在の中国における日本の兵力（Japanese armies）は主張される目的との均衡性を著しく欠くため，日本政府には別の目的があるに違いない[116]と述べている。ここでは，日本の兵力の，目的に対する均衡性が否定されている。このように，在外自国民の生命・財産のために他国に出兵することは国際法上許されるとするが，そのための必要性がなく，また，そのような目的に照らした日本の兵力の不均衡性が指摘されている。以上のように，必要性や均衡性といった自衛権行使の要件に照らして日本軍の行動の正当性を判断していることは，彼が，在外自国民の生命・財産の保護は「自衛権の行使として」許されるとみなしていることを強く示唆するものであるが，この点は

---

[114] Chrétien, M., "La《guerre totale》du Japon en Chine," *Revue générale de droit international public*, t. 46 (1939), at 229 ; Woolsey, *supra* note 89, at 316 ; Fenwick, C. G., "The Nine Power Treaty and the Present Crisis in China," *AJIL*, Vol. 31 (1937), at 671-674 ; Brown, *supra* note 74, at 540.

[115] 例えば，Fenwick, C. G., "War without a Declaration," *AJIL*, Vol. 31 (1937), at 695.

[116] Woolsey, *supra* note 89, at 317.

◆ 第Ⅲ部　異なる自衛権概念の混在

　明らかではない。
　クレチアンは，盧溝橋事件も上海事変も日本が計画的に行った可能性を指摘し，また，日本はこれらの事件を口実に中国に対する侵略を行ったとして日本を批判する[117]。日本の自衛の主張は否定されているが，そこでは日本が自衛権の対象として主張する中国による先行違法行為が存在しなかった可能性が指摘されているのみである。
　以上のように，欧米の国際法学者は，日本の行動が侵略である，あるいは少なくとも不戦条約や9カ国条約に違反するとするものが多く，そもそも日本の自衛権の主張自体について取り上げる者が少なかった。日本の自衛権の主張に関連する議論がなされている場合であっても，日本の行動が必要性や均衡性を欠いていたことが指摘されているだけであり，彼らが広義・狭義いずれの意味で自衛権を解釈していたのかは明らかではない。

2　日　本

　日華事変に際して日本の国際法学者の議論の中心となったのは，法的意味での戦争に至らない「事変」に対しても，戦時国際法が適用されるのか否かということであった[118]。

---

[117]　Chrétien, *supra* note 114, at 229–233.

[118]　立は，この点について「戦時法規につき交戦法規と中立法規とを区別するときは，概言すれば交戦法規中の直接の兵力的害敵手段に関するものは事実上の戦争に於て準用を認められ，而して中立法規は概して未だ準用を認めらるるに至らぬものと言ひ得べきに非ずやと思はれる」（立作太郎『支那事変国際法論』（松華堂書店，1938年）4-5頁）と述べているが，これが当時の日本の国際法学者の一般的な見解であった。
　なお，戦時法規の研究の必要性・妥当性をめぐる議論は，欧米では戦時法規違反が目立った第一次世界大戦中より盛んになり，戦争の違法化が進展すると，戦争の違法化と戦争法規との関係という観点から戦間期を通して論争がなされた。日本では，欧米における議論が第一次世界大戦後から紹介されていたが（立作太郎「戦時国際法の現在」『国際法外交雑誌』第21巻第5号（1922年）6-12頁），戦争の違法化と戦時国際法との関係という観点からの議論が盛んになるのは1930年代になってからである。その議論の内容については次の文献を参照。松原一雄「中立法規の再検討」『法学新報』第47巻第4号（1937年）1-5頁；大沢章「国際法秩序における制裁と中立（三）」『国際法外交雑誌』第37巻第7号（1938年）8-10, 30頁；大沢章「国際紛争と中立の概念」刑部荘編『公

第 7 章　日 華 事 変

　しかし，日華事変における日本の行動の合法性そのものについて論じた国際法学者も存在した。これらの国際法学者たちは，日本軍の行動が自衛権に基づいたものであり国際法に違反しないという主張を展開している。

　立作太郎は，本件における日本軍の行動は「我国軍隊が盧溝橋に於て襲撃を受けたるに対する自衛の措置[119]」であったと評価した。まず，国際連盟規約については，日本はこの時点では既に連盟を脱退しており，「今日に於て全然問題を生じない」とする。そして，他の条約についても，今回の事件が「自衛的措置として急遽の際敵対行為が開始された」場合であるために，「国際法規又は条約の違反を生ずること無きは勿論である」というように，自衛権の行使はいかなる条約の違反ともならないとの立場をとる[120]。

　ただし，立の自衛権論や日華事変の評価には，一貫性を欠く部分が見られる。「広汎なる自衛権の留保につき不戦条約締結の際了解が存したと認め得るを以て，不戦条約に関しても違反を認むる必要なきこととなるのである」と述べて本件における日本軍の行動は不戦条約に反しないと主張しながらも，不戦条約

　法政治論集（野村教授還暦祝賀）』（有斐閣，1938年）21-25頁；大淵仁右衛門「中立義務に就いて」『外交時報』第834号（1939年）66-71頁；横田喜三郎「アメリカ中立法の研究」一又正雄・大平善梧編『時局関係国際法外交論文集（中村進午博士追悼記念）』（巌松堂書店，1940年）331-332頁；横田喜三郎『安全保障の問題』（勁草書房，1949年）204-205頁。なお，1930年代中葉における日米における中立法規をめぐる論争については，篠原初枝『戦争の法から平和の法へ──戦間期のアメリカ国際法学者』（東京大学出版会，2003年）182-219頁。

[119]　立作太郎「大東亜戦争の開始」『外交評論』第22巻第1号（1942年）4頁。

[120]　立作太郎「日支事変と国際法上の戦争」『国際知識及評論』第18巻第1号（1938年）10-11頁。同様の主張は，自衛権に基づく戦争の開始と，開戦に関する条約との関係について論じる中にも見られる。立は，自衛権に基づく「戦争」が許されるとみなしているが，自衛権に基づいて敵対行為が行われ始め，漸次その範囲または規模が拡張した場合においては，紛争当事国の一方が戦争状態開始の意思をもって敵対行為を行うに至ったときは，開戦宣言又は最後通牒の形式をもってする一定の予告なしに敵対行為が行われ，その結果戦争状態が開始されたとしても開戦に関する条約には反しないとする。それは，一国の真の自衛権は一切の条約の規定に優位するべきであり，開戦条約は一旦自衛権に基づく敵対行為が開始された後には適用がないためであると述べている（同上，9-10頁）。

173

◆第Ⅲ部　異なる自衛権概念の混在

に関して「自衛権の解釈につき国際法規上の厳正なる解釈を執るときに於て多少問題を生ずる場合なきに非ざる」と留保する[121]。また，不戦条約に照らした開戦の合法性について検討するという文脈ではあるが，本件における自衛権の行使について以下のような主張をした。上述した外務省条約局第二課が編纂した『支那事変関係国際法律問題』第1巻所収の「戦争開始の宣言に関する考察」は立によるものであるが，そのうち「（第1）開戦と不戦条約との関係」では，自衛権が不戦条約中に暗黙に留保されているとした上で，次のように，日華事変における自衛権の行使が真正の自衛権の行使と認めがたいと論じる。自衛の観念は，現在の一般国際法上の観念としては狭い解釈を受け，「他国の不法の攻撃に対して自己を防衛するの急迫の必要を存する場合に非ざれば，之が発動を認めざるなり。紛争解決の為又は対手を膺懲する為開戦を行う如きは，自衛権の発動として見るを得ざるなり。故に紛争解決又は対手膺懲の目的を有すると認めらるる如き開戦の宣言に依り開戦を行うことは自衛権に基くと為すを得ず，従て不戦条約に違反すること無しと称するを得ざるなり[122]」。以上の引用部分が，紛争の解決のため，または相手を膺懲するための自衛権を排除する趣旨であることを考慮すると，立が「厳正なる解釈」と述べているものは，本書で論じてきた「狭義の自衛権[123]」と同程度にまで狭い解釈ではない。それは，立が従来から支持していた広義の自衛権[124]を指しているものと考えられる。

立は，日華事変は「他国の不法の攻撃に対して自己を防衛するの急迫の必要を存する場合」ではなく，その実，紛争解決や相手を膺懲する目的をもってするものであり，そのような目的のための開戦は不戦条約に違反すると評価していたのである。さらに，不戦条約に関して，アメリカやイギリスが自衛権に広範な意義を与えたと論じうるが，「真の自衛権の観念を以て律するの議論よりすれば，戦争の開始は之を真の自衛権の発動と認むべき場合稀にして，此際の戦争の開始と雖も，不戦条約の関係よりして兎角の批評を受くることあるべき

---

[121]　同上，11頁。

[122]　外務省条約局第二課編『前掲書』（注92）279-280頁。

[123]　違法な攻撃や侵入に対して，禁止された戦争を例外的に許容する権利のことである。第3章第5節参照。

[124]　第5章第1節2(1)(a)参照。

第 7 章　日華事変

を覚悟せざるべからず⑿⁵」と述べている。このように，本件において開戦した場合は，不戦条約違反の批判を受けうることを指摘しているが，「戦争の開始は之を真の自衛権の発動と認むべき場合稀」であることの理由は述べられていない。

　松原一雄は，日華事変を自衛権の行使として認めているが，この点は，松原が自衛権について広義の解釈をとっていたことを考慮すると当然のことである。ただし，本件の日本軍の行動が復仇である可能性については，次のように述べている⑿⁶。

　　今回の我方の行動は眼前の危害・危険に対する防衛行為たることもあるし，急迫不法の攻撃に対する反撃たることもあるであろう。見方によれば既往・既発の支那側不法事件に対する救済促進の為めにすると云う点もあるであろう。前の二者は自衛権の発動に属するが，後の一は既往・既発の損害に対する救済手段としての復仇行為とみるべきものであろう。

　日本軍の行動について，既に発生した損害に対する救済手段としての復仇行為である可能性を認めている点は注目に値する。松原は，復仇と自衛の違いを，既に発生した損害に対するものか否かという点にもとめているが，復仇が既に発生した損害に対するものである以上，本件が復仇である可能性は排除できない。しかし，松原は，今回の行動については「既往の損害に対する救済など目下の処我方の眼中にな」く，したがって「自衛権の発動」であるとする⑿⁷。また，「支那に於ける最近の排日・侮日の諸組織・諸機関」は規模が大きく，「支那の政府要人，党部等の諸機関自体が陰に陽に右の組織に加担し，之を醸成した」ものであり，「現在日本は之により生ぜる目前の危害を，否危害の原動力たる政府・政権・党部・軍隊等を排除し打倒せんとする為め，防衛的・自衛的措置に出でて居るのであることは，我当局者屡次の声明によって明」らかと言う⑿⁸。すなわち，本件が復仇ではなく自衛であるという「意図」を政府の声明からくみ取ることができるために，本件は自衛権の行使であると主張している。

⑿⁵　外務省条約局第二課編『前掲書』（注92）280頁。
⑿⁶　松原一雄「日支事変と国際法」『国家試験』第 9 巻第23号（1937年）26頁。
⑿⁷　同上。
⑿⁸　松原一雄「自衛権の発動又は主張についての若干の先例」『法学新報』第48巻第 4 号
　　（1938年）20-21頁。

175

◆第Ⅲ部　異なる自衛権概念の混在

　以上のように，日本の国際法学者は日華事変の合法性を主張した。すなわち，領域外における権益や自国民を保護するために，中国という国家による侵害が発生した場合に，中国という国家に対して自衛権を行使しうるというように自衛権を広義に解釈している。

第5節　小　括

　日華事変に際しては，日本と中国という紛争当事国の双方が，自国の行動は自衛権に基づいた行動であると主張する結果となった。しかし，両国が主張する自衛権の内容は異なる。
　中国は，自国の行動が，日本による侵略に対する防衛のための自衛権行使であると主張した。この自衛権の範囲は自国領域に限られており，また保護法益も自国の安全や存在といった重大なものである。この自衛権は，侵略に対する防衛を許す権利，すなわち狭義の自衛権である。
　一方，日本政府は，中国が，交通線を確保したり居留民を保護したりするという任務を武力により妨害するなどの不法行為を行ったり，日本軍に対する爆撃をしたりしたことに対して，領域外において，日本国民を保護し，治安を回復するために自衛権（広義の自衛権）を行使したと主張した。日本の主張する自衛権行使の対象は中国という国家である。正当化される措置は，平時における違法行為（主として武力行使）である。日本政府は，自衛権がこのような内容を持つとの立場を不戦条約締結当初から貫いてきたが，本件で主張された自衛権の内容には，中国の反省を促し，謝罪をなさしめ，再発防止の保障を得るという，本来復仇に属するものも含まれている[129]。
　国際連盟総会でも採択された極東諮問委員会の報告書によって，結果的には日本の自衛権の主張は排斥されたが，その根拠は，日本軍の行動が紛争を生じさせた事件との均衡を欠くというものであった。しかし，この報告書には，領域外における自国の軍隊や国民を保護することも自衛権の内容に含むという立場が明記されている。当時，自衛権は侵略に対する防衛すなわち狭義の自衛権

---

[129] このような日本政府の主張は，戦争禁止が進展する傍らで紛争の平和的解決手段が整わない国際社会において自衛権が拡大解釈されれば，自衛権と復仇との区別があいまいになってしまうことを如実に示している。

第7章　日　華　事　変

のみを内容とするものではないという見方があり，それが総会でも採択されたという意味で，この報告書の持つ意味は大きいと言える。
　結局，満州事変と同様，日華事変においても，一国の自衛権の行使は国際連盟という機関の事後的判断に服しており，自国の行動が自衛権の行使か否かを自衛権を行使する国家のみが判断するという「自己判断」については，本件においても否定されたとみることができる。不戦条約締結過程では，交渉を主導した国家が，自衛戦争に訴える必要のある状況か否かはその国家のみが決定すると述べていたことは繰り返し述べたが，満州事変，日華事変を通して，国際連盟も諸国家も，これを否定したものと解しうる。また，自衛権の行使の合法性の判断にあたって，国際連盟や学説で均衡性の有無が検討されており，均衡性が自衛権の要件だという見方が受け入れられていたことを示している。

◆ 第Ⅲ部　異なる自衛権概念の混在

第8章　第二次世界大戦

　本章では第二次世界大戦を取り上げる。まずは第1節で事実の概要を紹介し，第2節では日本政府が太平洋戦争を正当化するために主張した「自存自衛」と「自衛権」の意味を分析する。その後，第3節では，太平洋戦争開戦前にアメリカ[130]が，自国や西半球の防衛，そしてそのための連合国援助を正当化するために主張した自衛権の内容を検討する。対象とする時期は，第3節の方が第2節よりも前になるが，第3節で扱う自衛権は，本来であれば中立法上の公平義務違反となる連合国援助も正当化するなどここまで扱ってきた自衛権の内容とは異なるため，最後に検討する。

第1節　事実の概要

　1939（昭和14）年9月1日，ドイツがポーランドに侵攻した。イギリスおよびフランスは，この侵攻で，それぞれにポーランドと締結していた同盟条約上の義務が発生するとして，9月3日ドイツに宣戦布告した。
　欧州で始まったこの戦争[131]について，アメリカは同年9月5日中立を維持する意向を表明した[132]。戦間期の国際法の体系書では一般的に，中立国は交戦国を公平に扱う義務を負うと説明されていたが[133]，アメリカは第二次世界大戦に参戦する前から，連合国（とりわけイギリス）援助という形で交戦国を差別的

---

[130]　「アメリカ」は，とりわけ本章で言及するモンロードクトリンの文脈において米州を指す語として用いられることもあるが，以下では特に断りのない限り，アメリカ合衆国を指すものとする。

[131]　以下では，1941年に太平洋戦争が開始するまでのヨーロッパを主戦場とする戦争を，当時の呼称に倣って「欧州戦争」とする。

[132]　"Proclamations of Neutrality of the United States," *The Department of States Bulletin*, Vol. I (Government Printing Office, 1940), at 203-208.

[133]　Oppenheim, L., *International Law: A Treatise: Disputes, War and Neutrality*, Vol. 2 (5th ed., Longmans, Green and Co., 1935), at 539-543.

に扱う政策をとるようになっていった。実際に，1941（昭和16）年3月11日から1945（昭和20）年9月30日までに，イギリス，ソヴィエト，フランス，中国，米州諸国その他に対して，火砲，航空機，戦車その他の車両，船舶の他，食料を中心とする農産物，金属，鉱物，石油製品その他の工業製品，機械および設備などが貸与援助された[134]。

1941年春から日米交渉が行われたが[135]，同年12月8日，日本は真珠湾を攻撃するとともに，対米英戦争開始の詔を発布した。開戦の後，同年12月12日の閣議において，政府は日華事変を含めて「大東亜戦争」とすることを正式に決定した。この時期の日本の行動についての主たる批判は，日本の宣戦布告自体の違法性についてのものではなく，真珠湾を宣戦布告なしに「奇襲攻撃」したという手続き面に向けられており，主にアメリカからのものであった[136]。

日本では，太平洋戦争の戦争目的の一つとして「自存自衛」が主張された。日本において，太平洋戦争の目的をどのように設定するかをめぐっては，陸軍と海軍の間で主張の対立があった。すなわち陸軍側スタッフが「自存自衛」の

---

[134] United States Department of Commerce, Bureau of Foreign and Domestic Commerce, *Survey of Current Business*（Government Printing Office, 1946), at 10. See also, *Twenty-First Report to Congress on Lend-Lease Operations: For the Period Ended Sept. 30, 1945*（Government Printing Office, 1946). 武器貸与法成立前までの援助については，次の文献を参照。Brown, W. A. Jr. and Opie, R., *American Foreign Assistance*（The Brookings Institution, 1953), at 16-30. 武器貸与法制定までの背景や議論状況，武器貸与法関連資料については，次の文献に詳しい。Kimball, W. F., *The Most Unsordid Act : Lend-Lease, 1939-1941*（The Johns Hopkins Press, 1969).

[135] 日米交渉は，日米了解案をたたき台にして1941年春から開戦まで続けられた。交渉で取り上げられた話題のうち，焦点となり後に交渉が行き詰まる要因となったのは，第一に，既に欧州において起こっていた欧州戦争に対して日米両国政府はいかなる態度をとるのかという問題，第二に，中国やインドシナなどに駐屯している日本軍が撤兵すべきかという問題，第三に，国際商事へ無差別原則を適用するかという問題である。そのうち，自衛権に関係する議論が見られるのは，第一の点と第二の点に係る議論の中においてである。加瀬俊一『日本外交史 第23巻 日米交渉』（鹿島平和研究所出版会，1970年）をも参照。

[136] 例えば，Hyde, C. C., "Law in War," *AJIL*, Vol. 36 (1942), at 83-87 ; Stowell, E. C., "Japan Attacks the United States," *AJIL*, Vol. 36 (1942), at 87-89.

◆ 第Ⅲ部　異なる自衛権概念の混在

みならず「大東亜共栄圏」や「大東亜新秩序」の建設をも目的として加えるべきであると主張したのに対し，海軍側スタッフは「自存自衛」に限定すべきであるとの立場であった(137)。このような対立の原因は，陸軍が対米英戦を「長期持久戦」と想定していたのに対し，海軍が「短期決戦」と想定していたためであるとされる(138)。

　政府レベルでは，戦争目的のうち「自存自衛」と「大東亜共栄圏建設」のいずれが前面に現れるかは，時期によって異なる(139)。開戦にあたって発布された1941年12月8日の「宣戦の詔書(140)」では，英米が「与国を誘い帝国の周辺に於て武備を増強して我に挑戦し，更に帝国の平和的通商に有らゆる妨害を与え，遂に経済断交を敢てし，帝国の生存に重大なる脅威を加」えたと非難した。さらに，日本は事態を平和的に回復しようとしたが，英米はかえって経済上軍事上の脅威を増大し日本を屈従させようとし，日本の存立が危殆に瀕していることから，「自存自衛」のため「一切の障礙を破砕するの外」ないと主張された。一方，1941年12月12日の閣議決定では，「大東亜戦争と称する所以は，大東亜新秩序建設を目的とする戦争なることを意味するものにして，戦争地域を大東亜のみに限定する意味にあらず」と記されており，「大東亜新秩序建設」のみが戦争目的として挙げられている。1942年1月21日の東條首相の第79議会演説以降，「民族解放」論が戦争目的の地位に押し上げられ，それ自体が戦争目的とされるようになる(141)。

---

(137)　波多野澄雄『太平洋戦争とアジア外交』（東京大学出版会，1996年）8頁。

(138)　同上，10頁。

(139)　御前会議決定文書によると，9月6日の御前会議決定までは，南方施策の目的はほぼ「自存自衛」に限定され，それ以降の対米英蘭戦争を「決意」した段階では，戦争目的として「自存自衛」のほかに「大東亜新秩序」の建設が加わるという傾向がある。「自存自衛の基礎」の確立は，「大東亜共栄圏建設」のための前提であり不可欠のプロセスであると位置づけられていたのであり，対米英蘭戦争の目的が「自存自衛」であっても，「大東亜共栄圏建設」であっても矛盾するものではなかった（同上，8-9頁）。

(140)　「宣戦の詔書」『年表・文書下』573-574頁。

(141)　波多野『前掲書』（注137）23頁。なぜならば，「国防資源の獲得や経済的『搾取』という実質的な目的をカムフラージュする必要性，さらに戦争終結の直接的な契機が対英戦争に求められたことによって，マレー半島からビルマ，さらにインドをうかがう軍事

1945年5月にドイツは降伏した。同年8月には日本がポツダム宣言を受諾したことによって、第二次世界大戦は事実上終結した。

第2節　日本政府の主張とその評価

1　日本政府の主張

(1)「自存自衛」論の出現とその意味

　日本の戦争目的の一つとされた「自存自衛」は、どのような意味で用いられていたのであろうか。また、日本が主張した「自存自衛」と「自衛権」との異同はどこにあったのであろうか。以下では、太平洋戦争に際して日本が主張した「自衛権」概念を明らかにするための前提として、まず「自存自衛」概念を分析し、その上で、「自存自衛」と「自衛権」概念の異同を明らかにする。

　「自存自衛」という語は、1940年代以前にも見られることがあるものの、太平洋戦争に関連した重要国策を決定する文書に見られるようになるのは、国策としての南進が具体化する時期に重なる。1940年春から夏にかけて、前年に始まった欧州戦争でドイツが優位に立ったことに伴い、南方に積極的に進出して日満支を中心とした自給圏を確立すべきだという声が大きくなっていく。このような考え方は、1940年7月22日に大本営政府連絡会議において採択された「世界情勢の推移に伴ふ時局処理要綱[142]」、および同26日に閣議決定された「基本国策要綱[143]」の中に組み込まれた。このうち、「世界情勢の推移に伴ふ時局処理要綱」に関して、大本営陸軍部および海軍部による「提案理由[144]」の中の南方問題解決にかかる部分では、日本が英米依存の体制から脱却し、日満支を骨幹として概ね印度以東濠洲、新西蘭以北の南洋方面を一環とする自給体制を確立することが、日本が早急に実現するべきところであるとされている[145]。この

　　攻勢の大義名分を求めるとすれば、それは『自存自衛』の枠組みにはおさまらず、英帝国下に呻吟する民族の『解放』にほかならなかった」ためである（同上、23-24頁）。
[142]　参謀本部編『杉山メモ（上）』（原書房、2005年）10-12頁。
[143]　同上、7-9頁。
[144]　同上、15-16頁。
[145]　南進の主眼は、この地域に日本の経済的自給権を確立することによって日本の戦略的態勢を強化することと、欧米勢力を駆逐することで援蒋ルートを遮断して日華事変を解決することにあった（吉田裕『アジア・太平洋戦争』（岩波新書、2007年）5頁；「陸海

◆第Ⅲ部　異なる自衛権概念の混在

ように，南方進出を決定した当初は，日満支三カ国を中心とした自給自足体制を確立することがその理由とされた。南進策の公表に際して，「大東亜共栄圏[146]」という言葉が公式に登場し，「大東亜共栄圏」の建設が「世界新秩序」建設の一環とされるようになる。この「世界新秩序」を作るという共通の立場にある日独伊の提携強化も同時に進み，新秩序において，東亜においては日本の生存圏を，欧州・アフリカにおいては独伊の生存圏をそれぞれ尊重することが了解された[147]。

そこで，日本は実際に南進政策を遂行することになったが，南進政策が具体化してくるのに伴い「自存自衛」という語が重要国策にも登場してくるようになった。「自存自衛」が，太平洋戦争関連の重要国策の中に初めて登場するのは，管見の限りでは，1941年1月30日の「対仏印，泰施策要綱[148]」である。この要綱は，仏印，タイに軍事基地を設定する目的で作られたものであり，少なくとも当初の意図としては，やむを得なければ武力を行使することを決定しようとしたものであった。大本営政府連絡会議で採択されたこの要綱では，「大東亜共栄圏建設の途上に於て帝国の当面する仏印，泰に対する施策の目的は帝

　　軍首脳部会談ノ際ニ於ケル『時局処理要綱』ニ関連スル質疑応答資料」参謀本部編，同上，16頁も参照）。

[146]　「大東亜共栄圏」の地理的範囲は必ずしも自明であったとは言えないが，1940年9月6日に四相会議および9月16日に連絡会議で決定された「日独伊枢軸強化に関する件」に付された秘密了解事項では，大東亜新秩序を建設する生存圏について次のように説明された。「日満支を根幹とし旧独領委任統治諸島，仏領印度及同太平洋島嶼，泰国，英領馬来，英領ボルネオ，蘭領東印度，ビルマ，濠州，新西蘭並に印度等とす。但し交渉上我方が提示する南洋地域はビルマ以東蘭印ニューカレドニア以北とす。尚印度は之を一応『ソ』連の生存圏内に置むるを認むることあるべし」（「日独伊枢軸強化に関する件」『年表・文書下』450頁）。山本有造『「大東亜共栄圏」経済史研究』（名古屋大学出版会，2011年）70-76頁も参照。「大東亜共栄圏」概念に含まれた，日本の軍部と外務省の二つの異なるアイディアについては次の文献を参照。Yanagihara, M., "Japan's Engagement with and Use of International Law : 1853-1945," Marauhn, T. and Steiger, H. (eds.), *Universality and Continuity in International Law* (Eleven International Publishing, 2011), at 466-467.

[147]　同上（『年表・文書下』），449-450頁。
[148]　「対仏印，泰施策要綱」同上，479-480頁。

182

国の自存自衛の為仏印泰に対し軍事，政治，経済に亘り緊密不離の結合を設定するに在り」とされている。この「自存自衛」という語は，本国策決定過程のどの段階で挿入されたのであろうか。

当時の国策決定過程は極めて複雑であるが[149]，本要綱については，大本営陸軍部第20班，いわゆる戦争指導班により立案されたものであることがわかっている。その後，修正案がいくつか出され，最終的には大本営政府連絡会議で決定され，天皇の裁可を得た。立案から決定されるまでの過程を見てみると，大本営陸軍部の当初の案では「帝国の当面する仏印及泰処理の目的は仏印及泰に対し軍事，政治，経済に亘り緊密不離の結合を設定するに在り[150]」とされている。しかし，大本営陸軍部の最終案では「自存自衛」という語が使用されており，立案から大本営政府連絡会議に提出された最終案までの間に「自存自衛」の語が挿入されたことが分かる[151]。どの段階でなぜこの語を使用することが提案されたのか，またそれにどのような意味を持たせようとしていたのかは不明であるが，明確なのは，対南方武力行使を主張していた大本営陸軍部の立案の段階で挿入されたということである。

「自存自衛」という語は，その後，太平洋戦争開戦までの主要な国策を決定する過程で何度も使用されている[152]。日本政府はこの「自存自衛」という語を，概ね以下のような二つの意味で用いていた[153]。

---

[149] 森茂樹「国策決定過程の変容——第二次・第三次近衛内閣の国策決定をめぐる『国務』と『統帥』」『日本史研究』第395号（1995年）34-62頁。

[150] JACAR（アジア歴史資料センター）Ref. B02032438600, 大東亜戦争関係一件／日，仏印共同防衛協定及コレニ基ク帝国軍隊ノ仏印進駐関係 第二巻（A-7-0-0-9_2_002）（外務省外交史料館）。

[151] なお，当初案では，「大東亜共栄圏建設の途上に於て」という句はなかったが，外務大臣が大東亜共栄圏樹立を目的として入れることを提案したためこの句が挿入されたという経緯がある（参謀本部編『前掲書』（注142）166頁）。

[152] 例えば，1941年6月25日の大本営政府連絡懇談会で決定された「南方施策促進に関する件」の上奏説明（防衛庁防衛研修所戦史室著『大本営陸軍部大東亜戦争開戦経緯〈4〉』（朝雲新聞社，1974年）138頁），同年7月2日の御前会議で決定された「情勢の推移に伴ふ帝国国策要綱」（『年表・文書下』531頁）など。

[153] 波多野は，「自存自衛」の語は，「生存権」の観点から重要資源の確保に重点を置いた表現と，英米蘭の対日圧迫の強化に対抗する意味合いを重視した表現という，二つのニュ

◆ 第Ⅲ部　異なる自衛権概念の混在

　まず，①「重要資源を確保するための自給体制を南進により確立することによって日本の生存を維持すること」という意味である。「対仏印，泰施策要綱」奏上の際の「内閣総理大臣所要事項御説明」の中には次のような説明が見られる。すなわち，「大東亜共栄圏建設の途上にある現段階に於きまして，支那事変処理を中心とする外廓的施策，竝帝国の必需資源確保の見地より，仏印及泰と帝国との間に軍事，政治，経済に亘る緊密なる結合関係を設定致しますことは，帝国の自存自衛上の緊急，且重要なる措置で御座います[154]」というものである。ここでは，日華事変の処理を中心とする「外廓的施策」，ならびに「必需資源確保」のために，仏印やタイと緊密な関係を設定することが，「自存自衛」上の措置だとされている。「自存自衛」は，このように，「外廓的施策」，そして重要資源を確保する見地から，自給体制を南進により確立することによって日本の生存を維持するという意味で用いられた。

　次に，「自存自衛」の語は，②「国防上やむを得ない場合に戦争や武力行使に訴えること」を正当化するために用いられた。南進を国策として決定した後，1940年末より実際に日本がタイ・仏印に軍事的，政治的，経済的影響力を拡大しようとし始めると，これに呼応するかたちで，英米は禁輸や資産凍結等による対日経済圧迫を強化するなど対日態度を硬化させていく。さらに，アメリカがイギリス・オランダ・中国等と対日包囲体制を強化していった。このような状況下，将来行いうる武力行使を正当化するために「自存自衛」の語が用いられた。

　1941年4月17日の「対南方施策要綱[155]」では，「大東亜共栄圏建設の途上に於て帝国の当面する対南方施策の目的は帝国の自存自衛の為速やかに総合国防力を拡充するに在り」として「自存自衛」が対南方施策の目的として表明された。さらに続けて，「……下記事態発生し之が打開の方策なきに於ては，帝国は自存自衛の為武力を行使す」とされたが，そのような「事態」とは具体的には次の二つの場合である。第一に，「英，米，蘭等の対日禁輸により帝国の自

　　アンスをもつ表現として用いられていたと説明する（波多野澄雄「日本の『新秩序』理念と戦争目的」『新防衛論集』第8巻第3号（1980年）38頁）。
[154]　「内閣総理大臣所要事項説明」参謀本部編『前掲書』（注142）169頁。
[155]　「対南方施策要綱」『年表・文書下』495頁。

存を脅威せられたる場合」である。そして，第二に，「米国が単独若くは英，蘭，支等と協同し帝国に対する包囲態勢を逐次加重し帝国国防上忍び得ざるに至りたる場合」である。ただ，このような場合の武力行使の目的，目標，時機，方法等に関しては，その時の欧州の戦局の展開並びに対ソの情勢を勘案し，機を失せずに別途定めるというように，後の決定に委ねられた。

また，1941年7月2日の御前会議で決定された「情勢の推移に伴ふ帝国国策要綱」[156]では，「……自存自衛の基礎を確立する為南方進出の歩を進め又情勢の推移に応じ北方問題を解決する」ことが方針の一つとして示された。そして，南方進出の態勢を強化する目的のためには，対英米戦も辞さないことが明記された。

以上のように，「自存自衛」という語は，必ずしもその内容は明確ではないものの，イギリス，アメリカ，オランダ等の対日禁輸によって「自存」が脅かされた場合，そしてアメリカ，イギリス，オランダ，中国などの「包囲態勢」が「加重」され国防上耐えられなくなった場合に，武力行使に訴えることを正当化するため，また，南方進出の態勢を強化するためにイギリスやアメリカに対して戦争を遂行することを正当化するためにも使用された[157]。

政府・大本営ともに，「自存自衛」のうち「自存」と「自衛」という語を，それぞれ個別に用いることもあった。この場合，一貫していたとは言えないものの，おおよそ「自存」は「重要資源を確保するための自給体制を南進により確立することによって日本の生存を維持する」ことを，「自衛」は武力行使を，

---

[156] 「情勢の推移に伴ふ帝国国策要綱」『年表・文書下』531頁。

[157] 「自存自衛」については，明治維新以来の日本の大陸政策という歴史と関連づけた証言もある。戦争指導を任務とする参謀本部第20班に所属していた原四郎による，「日本が四つの島や朝鮮，台湾等において，必要なる食料を得て単に生活できるだけのことが自存自衛ではない。日本は明治維新（一八六八年）以来七十年余にわたる英米両国も一時は支持協力したところの大陸政策という民族の歴史がある。この歴史には民族の生命と権威がともなう。その民族の生命と権威と国民の生存とが危機に瀕した場合，起って戦争に訴えることを自存自衛の戦いと信じてきたのである」（原四郎『大戦略なき開戦——旧大本営陸軍部一幕僚の回想』（原書房，1987年）312頁）という回想である。ただし，本手記は，戦後にまとめられたものであり，「自存自衛」の意味をどの程度正確に描写しているのかは不明である。

◆ 第Ⅲ部　異なる自衛権概念の混在

それぞれ正当化する語として用いられていた[158]。

ここで，第2章で説明した19世紀中葉から後半の自己保存権論が想起される。これは以下のような内容を有するものであった。第一に，将来の防衛に備えること，例えば，軍隊の組織，要塞の構築，武器の製造，同盟条約の締結などの措置をとることである。第二に，領土を拡大したり，富や国力を増加させたりといったように，自己を完成させ発展させることである。そして第三に，国外からの危険が存在する場合に自国を守る措置をとることである。これに照らして上記「自存自衛」の①②を検討すると，おおむね次のような対応関係がある。①は，自己保存権が許容する措置のうちの第一と第二の措置に，②は，第三の措置におおよそ合致する。要するに，日本が主張した「自存自衛」の実体は，19世紀中葉から後半に支持されていた自己保存権と大きくは異ならなかった。

(2)「自存自衛」と「自衛権」

次に，この「自存自衛」の内容と日本が主張していた「自衛権」の内容との異同を検討する。以下では，まず，この「自存自衛」という言葉が，語としては「自衛権」と意識的に区別され，選択されて用いられたことを示す資料の存在を明らかにする。次に，それにもかかわらず，この時期に日本政府が対外的に自国の行動を正当化するために援用した「自衛権」の実体は，「自存自衛」と同内容であったことを示す。

1941年10月13日，天皇が木戸内大臣に詔書案作成を指示し[159]，その後，陸海

---

[158]　例えば，「現情勢下に於て帝国海軍の執るべき態度　昭和十六年六月五日」参謀本部編『前掲書』（注142）64-82頁；「泰に関する対英交渉要綱　昭和十六，八，十三　連絡会議決定」，同上，298-299頁；「『帝国国策遂行要領』に関する御前会議　昭和十六年九月六日　内閣総理大臣口述」，同上，314頁；「『帝国国策遂行要領』に関する御前会議　昭和十六年九月六日　企画院総裁説明事項」，同上，320頁など。ただし，例外も多く見受けられる。

　森松俊夫は，「自存」を「重要な不足資源を確保」すること，「自衛」を「米英蘭等の対日禁輸または軍事的圧力が過重され，打開の方策がなく，やむを得ず武力を行使せねばならぬ場合に，対抗する決意」というように区別している（森松俊夫「大東亜戦争の戦争目的」『近代日本戦争史　第四編　大東亜戦争』（同台経済懇話会，1995年）301頁）。

[159]　木戸幸一著（木戸日記研究会編集校訂）『木戸幸一日記　下巻』（東京大学出版会，1966年）914頁。

第 8 章　第二次世界大戦

軍省で「対米英蘭戦名目骨子案」が研究され，外務省の複数の局で戦争目的，大義名分，開戦名目などが作成された。このうち，当時外務省に置かれていた6つの局のうちの一つであった南洋局[160]によって作成された11月19日「南方戦争の性格，戦争目的に関する一意見」[161]には，「自存自衛」と「自衛権」の違いについての言及が見られる。本文書には，「南洋局」との印字があり，省内で検討されたものと考えられる。審議過程は不明であるものの，外務省条約局が起草し11月27日に大本営政府連絡会議に提出された「詔書」案の中では，「自存自衛」の語が使用された[162]。以下ではこの南洋局の文書を検討する。

　南方戦争が起こった場合に宣言すべき戦争目的について，最初に「帝国生存権（Right of existence）の擁護 ── 自存自衛（Self-preservation）の必要上実力に依る敵性国家の包囲陣突破」が挙げられている。そして，注において，「自衛権」を戦争の根拠とすべきでない理由として，「所謂『自衛権』（Right of self-defense）を根拠とすることは余りに突発的，小乗的なる感を与え南方戦の如き深淵広大なる意義を有する大戦争に付ては適当ならず」，「殊に此の用語は満州事変以来使い古されたる観あり」というように[163]，「自衛権」という語を用

---

[160] 南洋局は「タイ」国，「フィリピン」群島，印度支那，「ビルマ」，「マレー」，北「ボルネオ」，東印度諸島，濠洲及「ニュー・ジーランド」其他の大洋洲諸島並に南極地方に関する外交事務を掌る（外務省官制第 6 条の 3）。南洋局以外の 5 局は，東亜局，欧亜局，亜米利加局，通商局，条約局である（同第 4 条）。以上につき，外務大臣官房人事課編『外務省年鑑』第 1 巻（外務省，1942年）4－5 頁。

[161] 「南方戦の性格，戦争目的に関する一意見（南洋局）」JACAR（アジア歴史資料センター）Ref. B02032965600，大東亜戦争関係一件／開戦関係重要事項集（A-7-0-0-9_51）（外務省外交史料館）。本文書においては，生存権，自己保存，自衛権にそれぞれ，"Right of existence"，"Self-preservation"，"Right of self-defense" の語が充てられているが，英語の最初の文字が大文字になっている理由は不明である。

[162] 陸海軍省による「開戦名目骨子案」にも「自存自衛」という語が使用されている（防衛庁防衛研修所戦史室著『大本営陸軍部大東亜戦争開戦経緯〈5〉』（朝雲新聞社，1974年）418頁）。

[163] 「生存権」という用語が選択された理由については，同文書の別の注で，「『生存権』の擁護は戦争性格をよく表現し且其の強調は国民の理性及感情に訴うる力最も大にして我国民をして戦争目的を充分納得し，最後迄一致団結其の遂行に協力せしむる為絶対に必要なり」とされている。このことから「自衛権」のように使い古されていない「生存

187

◆ 第Ⅲ部　異なる自衛権概念の混在

いることが適切でない理由が述べられている。このように，「生存権」や「自存自衛」は，少なくとも用語の上では「自衛権」とは区別され，選択されたことを示す資料が残っている。

　ただし，本文書においては，「自存自衛」や「自衛権」の内容について，詳述されていない。「自衛権」が「満州事変以来使い古され」，「突発的，小乗的なる感を与」えるとされていることから，「生存権」や「自存自衛」は使い古されておらず，「突発的，小乗的」な印象を与えないとみなされていたことは明らかであるものの，それらの概念の詳細はここからは明確ではない。ただ，「自存自衛」は，伝統的に国際法上の自己保存を表す語であった"self-preservation"と言い換えられていることから，自己保存と同視しうる概念として用いられていた可能性が高い。

　以上のように，日本においては，国内での戦争目的の検討で「自存自衛」という語を意識的に選択し使用していた。しかし，とりわけアメリカに対する説明においては，自国の行動を正当化するために，「自衛」や「自衛権」という語を使用することが多かった。1941年春から開戦までの日米交渉[164]においても，「自衛」，「自衛権」という用語で自国の現在および将来の行動が説明されることが一般的であった[165]。このことは，「世界新秩序」における新たな法秩序の下での正当化は別として[166]，少なくとも国際法上は，戦争や武力行使を含む当

　　　権」をあえて選択することによって，来るべき戦争を大戦争と位置付け，国民の理性および感情に訴えることで戦争目的を納得させて協力を得やすくすることが意図されていたことがわかる。
[164]　前掲注135参照。
[165]　もっとも，対外的説明において（"Oral Statement Made to the Counselor of the American Embassy in Japan (Dooman) by the Director of the American Bureau of the Japanese Foreign Office (Terasaki)," *FRUS : Japan : 1931-1941*, Vol. 2（Kraus Reprint Co., 1972), at 641），また国内向けの文書とはいえ外国語に訳されて読まれることが想定された宣戦の詔書などでも「自存自衛」が使用されることもあり，対外的説明において，徹頭徹尾「自衛権」のみによって自国の行動が正当化されていたとは言えない。
[166]　1940年代に，日本の学界で大東亜共栄圏をめぐる法的問題が議論の対象となり，大東亜共栄圏内の国家間関係，そして大東亜共栄圏とそれ以外の国家の間の関係を規律する法秩序（大東亜国際法）の構築が試みられるようになる。本章第2節3(2)参照。

時の日本の行動を正当化するのは,「生存権」や「自己保存」ではなく,「自衛権」であったという日本政府の認識を示していると見てよいであろう。

ところが,日米交渉において日本が主張した「自衛」あるいは「自衛権」は,上述した「自存自衛」の内容とほぼ一致する。

東郷外相は,南部仏印進駐についての批判に反駁する中で,自国の行動は「自衛権」の行使であったと説明した。1941年7月,日本はフランス(ヴィシー)政府と共同防衛協定を締結し,この協定に基づき南部仏印進駐を開始した。インドシナにおける措置について,日本政府は,太平洋の平和(the peace of the Pacific)に対する全ての脅威を除き,日本に対する重要資源を公平に供給することを確保することを意図したものであり,日本政府がとらなければならないと考えた自衛の措置であったとした[167]。また,米を始めとした食料,材料,産物などの供給を確保するための自衛の措置であるとも説明された[168]。これは,本章第2節1(1)で述べた「自存自衛」の二つの内容のうち,①「重要資源を確保するための自給体制を南進により確立することによって日本の生存を維持すること」と一致する。

1941年11月10日,東郷外相は,アメリカの日本資産凍結が日本への多くの重要な原料供給を止めたとし,「このような性格の経済的圧力は,直接の武力行使よりもはるかに国家の生存を脅かしうる。アメリカ政府は,このような性格の状況を考慮に入れ,もしも継続的な経済的圧力にさらされれば,日本人は,自衛の措置に訴えなければならないと最終的には断固として(resolutely)感じさえしうるということを自覚して欲しい[169]」と述べた。東郷が交渉にあたっていた1941年11月10日の時点では,日本軍は既に南部仏印に進駐していることから,ここでの自衛の措置は南進ではない。また,この発言がなされた時期が太

---

[167] "Oral Statement Handed by the Japanese Ambassador (Nomura) to the Secretary of State on August 6, 1941," *FRUS : Japan, supra* note 165, at 548 ; "Statement by the Japanese Government Handed by the Japanese Ambassador (Nomura) to President Roosevelt on August 28 1941," *Id.,* at 574.

[168] "Memorandum by the Secretary of State," *Id.,* at 553-554 ; *Id.,* at 574 ; "Memorandum of a Conversation," *Id.,* at 774.

[169] "Memorandum by the Ambassador in Japan (Grew)," *Id.,* at 714.

◆ 第Ⅲ部　異なる自衛権概念の混在

平洋戦争開戦の直前であり，御前会議において米国との交渉期限が11月末までとされ，交渉が決裂した場合には米英と開戦することが合意されたことを考慮すると，この自衛の措置とは，戦争や武力の行使を示唆していると考えられる。このように，国家の生存を脅かしうるような経済的圧力に対して，戦争や武力に訴えることが自衛の措置として説明された。この内容は，上述した「自存自衛」の二つの内容のうち，②「将来なしうる武力行使を正当化すること」と一致する。

　以下では，より詳細に，日本が主張した「自衛権」の先行行為，権利行使の対象，正当化される措置について，順に検討していく。

　まず，「自衛権」の先行行為についてであるが，とりわけ1941年7月の南部仏印進駐後，禁輸や資産凍結といった形で各国の経済圧迫が強まっていく中で，日本が現在あるいは将来の行動をとらざるを得ない原因として頻繁に挙げていたのは，経済断交であった[170]。このような経済圧力が違法だとみなされていたのかは，「自衛権」が先行違法行為を前提とする概念だと捉えられていたのか否かと関連して重要である。この点について，東郷は，経済圧迫が「直接の武力行使よりもはるかに国家の生存を脅かしうる」としている。また，1941年12月9日に発表された政府声明においても，「凡そ交戦関係に在らざる国家間における経済断交は武力に依る挑発に比すべき敵対行為[171]」と述べられている。また，戦後のものではあるが，1946年に外務省および第一復員省，第二復員省が共同編纂した文書には，「帝国に取りては米英の経済断交は即ち武力行為を伴わざる宣戦布告と同様[172]」と記されている[173]。これらを総合すると，経済圧迫の違法性が主張され，「自衛権」は先行違法行為を前提とすると捉えられているようにもみえるが，以上の資料のみからはこの点は明らかであるとは言え

---

[170] 「宣戦の詔書」では，「日本周辺での武備増強」も挙げられている。
[171] 1941年12月9日朝日新聞東京夕刊。
[172] JACAR（アジア歴史資料センター）Ref. C12120363800，重要国策決定の経緯概説（第2次近衛内閣より開戦まで）（防衛省防衛研究所）。
[173] 東京裁判の一般最終弁論でも，アメリカにおける不戦条約審議過程でのケロッグ国務長官の，経済封鎖は戦争行為である旨の発言が引用された（東京裁判資料刊行会編『東京裁判却下未提出弁護側資料　第7巻』（国書刊行会，1995年）384頁）。

ない。しかし，南部仏印進駐は，先行違法行為が存在しないことが自明であるにもかかわらず，重要資源を公平に供給することを確保するための「自衛権」行使であると主張されており，「自衛権」が必ず先行違法行為を前提とするとは捉えられていなかったと考えうる。

権利行使の対象については，南部仏印進駐については，南進の対象となる「国家」であると捉えうる。「将来なしうる武力行使」の対象も，イギリスやアメリカといった「国家」が想定されていた。

また，正当化される措置についてであるが，主として，戦争や武力行使といった本来違法な行為の正当化のために「自衛権」は援用された。もっとも，南部仏印進駐のように，日本の主張では議定書に基づく「合法的」な行為もまた「自衛権」によって正当化しうる行為として説明されることもあった。

以上のように，日本が主張した「自衛権」は，少なくとも用語の上では「自存自衛」と区別されていたこと，そして，従来の国際法上，日本の行動を正当化しうる概念は「自存自衛」や「自己保存」ではなく，「自衛権」だと捉えられていたという点は，改めて強調しておくべきであろう。とはいえ，日本政府が主張した「自衛権」は，実質的には「自存自衛」とほぼ同じ内容であった。本節1で述べたように，「自存自衛」は19世紀中葉から後半に支持されていた自己保存権とその実体が異ならなかったことを考慮すると，日本政府が主張した「自衛権」もまた，19世紀中葉から後半の自己保存権と同様の内容を持つものであったということになる（広義の自衛権）。

2　アメリカの評価

1941年の太平洋戦争開戦当時，ヨーロッパの主要国は1939年からの欧州戦争のただ中にあった。日本の「自衛権」の主張に対して，なんらかの態度を表したのは，1941年春から日本と外交交渉をしていたアメリカであった。アメリカは，日米交渉が進むにつれて日本軍の撤兵を要求するようになっていったが，日本の駐兵に対する態度の中にも，アメリカの自衛権解釈を示唆するものが見られる。ハルと会談を行った野村駐米大使は，1941年5月の会談について，「此の頃は初めの間は米国政府に於ても用語次第にて，例えば生命財産の保護とか，或は自衛権というような点で必ずしも或る地点の駐兵には反対せざるが如く見

◆ 第Ⅲ部　異なる自衛権概念の混在

えた[174]」と述べている。この記述は，アメリカは当初，生命財産保護，自衛権のための駐兵には寛容な姿勢を見せていたことをうかがわせる。しかし，この会談日のアメリカの記録には，自衛権という用語が出ていないばかりか日本の駐兵に対する態度について詳述されていないため[175]，アメリカの立場の詳細は不明である。

　日本の自衛権の主張に対するアメリカの態度が硬化し，明確な形で日本を非難し始めるのは，7月に日本が南部仏印に進駐してからのことである。アメリカは，日本の仏印進駐について，武力および征服という政策を遂行することを意図したものであり，南洋地域における拡張と征服の政策を始める前の最後の行動をとったものだとみなすと批判した。そして，日本が自衛の措置としてインドシナを占領したりその地域に基地を建設したりする正当な根拠はなく，米英蘭がインドシナに対する領域的野心を持っている，あるいは日本への脅威とみなされるような動きを計画していると信じる根拠もないとし[176]，日本の南部仏印進駐が自衛権の行使としての根拠を欠くことを示唆した。このことは裏を返せば，米英蘭が日本への脅威とみなされるような動きをとることのみならず，米英蘭がインドシナに対する領域的野心を持った行動をとることも，自衛権行使の根拠としうると捉えているようにも解することができる。自国の権益侵害やその恐れに対しても自衛権を行使しうるとアメリカが捉えていることを示唆するものであり，次の主張もこれを補強する。

　ローズヴェルトは，8月17日，南部仏印進駐に続き武力やその脅威による近隣諸国に対する軍事制圧の政策や計画を遂行するためのこれ以上の行動を日本がとるならば，アメリカ政府は，自国や自国民の正当な権益を守るため，また自国の安全や安全保障を確保するため，必要だと考えられる全ての措置を直ちにとらざるをえないであろうと述べた[177]。ここで言及された将来の措置は「自

---

(174)　野村吉三郎『米国に使して　日米交渉の回顧』（岩波書店，1946年）58頁；防衛庁防衛研修所戦史室著『大本営陸軍部大東亜戦争開戦経緯〈3〉』（朝雲新聞社，1973年）594-595頁も参照。

(175)　"Memorandum of Conversation," *FRUS : Japan, supra* note 165, at 435.

(176)　"Press Release Issued by the Department of State on July 24, 1941," *Id.*, at 316；"Memorandum by the Acting Secretary of State," *Id.*, at 525.

衛権」として説明されているわけではない。しかし，これに先立つ7月23日，野村大使とウェールズ国務次官が会談した際，ウェールズは，日本の占領について次のように述べていた。彼によると，アメリカは，自国の「自衛の準備に照らした自国の安全に関して」，日本が南洋（South Seas）地域の追加的領域を奪取することを通して，そこへの全体主義的領域拡張と征服という政策を始める前の最後の行動をとっているとみなさなければならないという[178]。以上の発言から，日本の将来の行動に対する対応は，自国や自国民の権益を守るための自衛の措置であるとみなしていた可能性が高い[179]。

3　日本の国際法学者の見解
(1) 立 作 太 郎

1940年代になって，多くの国際法学者が後述する大東亜国際法理論の研究に傾倒していく中で，従来の国際法[180]上の自衛権を援用して日本の開戦が合法であることを論証しようとしたのは，立作太郎であった。一貫して厳格な実証主義の手法を採用してきていた立にとって，国際法上確立していた国家平等の原則に変質をもたらすなど，従来の国際法の解釈の枠内に収まりきらない大東亜国際法理論は受け入れ難かったであろうことは想像に難くない。

立は，開戦条約や不戦条約に照らして，本件における日本の開戦の合法性を検討した[181]。太平洋戦争の開戦に際して，「宣戦の詔書」で「自存自衛」が戦

---

[177]　"Oral Statement Handed by President Roosevelt to the Japanese Ambassador (Nomura) on August 17, 1941," *Id.*, at 556-557.

[178]　"Memorandum by the Acting Secretary of State," *Id.*, at 525.

[179]　そもそも，同時期のアメリカは，自国の行動を正当化する際には非常に広い自衛権を主張していた。この点については，本章第3節1(2)も参照。

[180]　「従来の国際法」という語は，後述する大東亜国際法を「新しい国際法」を構築する試みとして捉えた場合の，その「新しい国際法」に対置される，伝統的に存在する国際法（「旧秩序」）を指すものとして用いる。

[181]　ハーグ開戦条約に照らした日本の開戦の合法性に関しては，立「前掲論文」（注119）11頁；立作太郎・鹿島守之助「戦争開始の際の敵対行為に関する研究報告」外務省条約局第二課編『大東亜戦争関係国際法問題論叢』（外務省条約局第二課，1942年）11-22頁を参照。立・鹿島によるこの研究報告は，大東亜戦争関係の諸問題を研究するために設

193

◆ 第Ⅲ部　異なる自衛権概念の混在

争目的とされたことについて，立は「自己保存権及自衛権（rights of self-preservation and self-defence）の併存を認め[182]」たものだと捉える。そして，満州事変のときと同様，自衛権と自己保存権が併存する可能性を示唆し[183]，自己保存権および自衛権に基づく行為として日本の開戦を正当化しようとした。

　立は，1930年代には自己保存権と自衛権を先行行為や保護法益の観点から峻別し，自己保存権は国家実行においても学説においても衰えたことを認めていた[184]。しかし，1942年の考察では自己保存権の捉え方について曖昧さを残している。すなわち，近時において，自己保存権を全く否認し，単に自衛権のみを認める学説が有力になったとしながらも，現在の国際関係において，自己保存権を自衛権と並立するものとして認める理論上の根拠があるとの考えを示す[185]。そして，二者を並立させてこれを区別する単純な理論に基づくとすれば，自己保存権と自衛権との異同は次の通りであると説明する。自己保存権は，権利またはそれ以外の法益に対する切迫した危険が存在する場合に，その擁護に必要な範囲においてのみ作用することが認められるものである。必ずしも他の攻撃の存在を待つことなく，生存（またはこれにほぼ準じる程度の重大利益）に対する切迫する危険が存在する場合は，狭義の自己保存権[186]を行使することができ，ときに第三国に対しても行使することができる。これに対して，自衛権は，他からの攻撃を受けた場合に，自ら権利または法益を守るために行使しうるもの

　　　置された国際法学会時局特別委員会の担当委員が提出した報告書を，外務省条約局が取りまとめた資料である。松本俊一条約局長による「序」に，ここに印刷された各報告はいずれも各委員の個人的意見であるが，同時に委員において時間的に十分の検討を加える余裕がなく，その論旨は必ずしも各委員の決定的意見という程度に熟しているものではないため，報告の取り扱いについては特に注意すること，との旨が記されている。また，本報告は，連名のものではあるものの，立の他の著作と論旨を同じくする。

(182)　立・鹿島，同上，22頁。
(183)　第6章注79参照。
(184)　第5章第1節2(1)(a)参照。
(185)　もっとも，「国際慣例上」，自己保存権（「自己保全権」）と自衛権の二者が明白に区別して考えられることはほとんどないため，自己保存権が自衛権と並立するか否かという点の議論は他日に譲るとして保留にした（立・鹿島「前掲論文」（注181）19頁）。
(186)　立による，広義の自己保存権と狭義の自己保存権の区別は，第5章注104参照。

であって，攻撃が現に行われている場合または攻撃の行われるべき形勢が切迫した場合に初めてその攻撃者に対して行使しうるものである。そして，自衛権の場合は，これを国内法上の正当防衛権と類似する観念として解する傾向から言うと，必ずしも生存（またはこれにほぼ準じる程度の重大利益）の切迫した危険が存在する場合に限らず，甚だしく些少ではない権利または利益に関する切迫した危険が存在するときに行使しうる[187]。

　その上で，開戦条約に照らした合法性という観点から，本件における日本の行動が狭義の自己保存権や自衛権の行使に該当するか否かを検討している。立は，開戦に至る事態を次のように分析する。米国は，日本との交渉が継続しているにもかかわらず，経済断交を計画し，英国その他の国家とともに対日圧迫策をめぐらせて，いわゆるABCD計画を進め，軍備強化など戦争開始の目的をもって多くの準備行為を行っている。また，イギリスも，マレーの英国総督が非常事態の宣言を発し，東亜艦隊を編成し，本土からの砲兵，工兵の増派，またインド洋および南アフリカ方面から艦船の増派を受け，マレーシアの防備を名目としてタイ，マレーシアの国境に数万の大軍を集結させており，タイ侵略が切迫している状況であった。イギリス空軍も米国の援助により増強された。さらに，ABCD連合はオーストラリアを加え，またいつソ連を加えることになるかも予測できず，政治的軍事的および経済的に緊密な連繋を保って日本の南方発展を抑えようとし，開戦の覚悟をもって日一日に包囲陣を強化しようとするものと認められる。

　そしてこのような状況における日本の開戦が，まずは自己保存権に基づくものであったか，次に自衛権に基づくものであったかを検討する。そして，上記のような事態について，国家生存に関わる重大利害がかかった切迫した危険があることは明白であるから，「狭義の自己保存権の国際関係に於ける存在を認めるときは」という仮定の上に，日本の開戦が自己保存権に基づくものであったことを認める[188]。

　次に，日本の開戦が自衛権に基づくものであったか否かについては，以下の

---

[187]　立・鹿島「前掲論文」（注181）19-20頁。
[188]　同上，20頁。

◆ 第Ⅲ部　異なる自衛権概念の混在

ように述べる。すなわち，上記開戦に至る事態は，「我国に対する攻撃を含蓄すると称するの根拠を求め得べきにあらざるやの疑を存する」。しかし，「我国に対する敵意を包蔵して，開戦の覚悟を以て行える包囲陣」は，「経済及軍事に関係し我国の死命を制せんとするもの」であって，「一種の攻撃又は攻撃の切迫せる脅威」として認めることができるとして，自衛権を行使できる場合として論じる余地がある[189]。

以上のように，立は，日本の開戦は自己保存権および自衛権の行使と論じうるとの立場を表していた。しかし，彼自身が1930年代から国家実行上も学説上も衰退したと認めていた，自己保存権を自衛権の他に援用していること，自衛権については，その前提となる攻撃を含蓄するという根拠を「求め得べきにあらざるやの疑を存する」といった表現や自衛権行使の場合として「論ずるの余地ある」という表現を用いていることから，自衛権行使の前提となる攻撃が存在するとの根拠が脆弱であると見ていた可能性が高い[190]。立のこのような見方は，彼が実質的法律顧問を務めていた外務省が，自国の行動を「自衛権」ではなく，より広い行動の自由を許す「自存自衛」をもって正当化しようとしたことに影響した可能性はあるが，その真相は不明である。

いずれにしても重要なのは，立が1930年代と同様，自衛権は，他からの攻撃

---

[189]　同上，20-22頁。なお，立「前掲論文」（注119）12頁も参照。

[190]　立が，実質的に外務省の法律顧問であったこと，そして1930年代の立の（欧文）著作の中には，「日本の中国に対する干渉を容認するための法的根拠としての効果を有する」ものや「日本の（特に，中国・満州を巡る）対外政策の目的遂行にとって有利に作用するもの」が散見されたこと（明石欽司「立作太郎の国際法理論とその実践性──日本の国際法受容とその一つの帰結」『東アジアにおける近代ヨーロッパ国際法の受容と伝統的華夷秩序の相克に関する研究　平成16年度～平成18年度科学研究費補助金（基礎研究（B））研究成果報告書』8-9頁），何よりも1930年代には，国家実行上も学説上も自己保存権が支持を失っていたことを認めていたことなどを考慮すると，太平洋戦争の開戦の時期に自己保存権が自衛権と併存する可能性を示唆したことについて，それが純粋に学問的な見地からのものであったのかという疑問を提起せざるを得ない。明石は，立作太郎の論考や見解が結果的に当時の日本の帝国主義的膨張政策の一助となったと評する。明石欽司「立作太郎の国際法理論とその現実的意義──日本における国際法受容の一断面」『法学研究（慶應義塾大学）』第85巻第2号（2012年）22頁。

を受けた場合に自ら権利または法益を守るために行使しうるものであって，必ずしも生存（またはこれにほぼ準じる程度の重大利益）に対する切迫した危険が存在する場合に限らず，はなはだしく些少ではない権利または利益に関する切迫した危険が存在するときにも行使しうるというように，広義の解釈をとっていたということである。

(2) 大東亜国際法理論の主唱者たち

(a) 大東亜国際法と従来の国際法

日本の国際法学者の中には，立のように，日本の開戦の合法性を従来の国際法に照らして説明しようとした者もいた。その一方で，新たに大東亜国際法を打ち出し，大東亜国際法上の「生存権」に基づいて大東亜共栄圏の建設を，ひいては開戦を説明しようとする動きが現れた。

大東亜国際法は従来の国際法の枠内に完全には収まるものではない。しかし，それは後述の通り全く新しい独自の理論ではなく，従来の国際法の批判の上に，欧州や米州の理論にならって構築されたものである。また，当時の大多数の国際法学者が大東亜国際法理論の構築に携わり，当時の国際法学界において圧倒的な影響力を持った理論であった。以上のことを考慮すると，大東亜国際法，そしてそれに基づく戦争の正当化を検討することには以下の意義があるであろう。すなわち，従来の国際法の自己保存権や自衛権に対応する大東亜国際法上の概念を明らかにすることにより，当時の世界の一カ国内において独自の「自己保存権観」や「自衛権観」が存在したことが実証できるということである。

さて，太平洋戦争の戦争目的の一つとして，日本では，大東亜共栄圏の建設が挙げられたことは既述の通りである。この大東亜共栄圏という語が初めて用いられたのは，1940年になってからのことであるとされる。1940年7月26日，近衛文麿内閣によって「基本国策要綱[191]」が発表され，その中で「皇国の国策は八紘を一宇とする肇国の大精神に基き世界平和の招来するを以て根本とし先ず皇国を核心とし日満支の強固なる結合を根幹とする大東亜の新秩序を建設するに在り」というように国策が示され，この要綱についての，同年8月1日の松岡洋右外相による談話において「大東亜共栄圏」という語が初めて用い

---

[191] 「基本国策要綱」『年表・文書下』436-437頁。

られたとされる⁽¹⁹²⁾。そして，1943年11月5日-6日に開催され，日本，中国，満州，フィリピン，ビルマ，タイ，自由インド仮政府が参加した大東亜会議において，大東亜共同宣言⁽¹⁹³⁾が採択された⁽¹⁹⁴⁾。

　松岡外相によると，大東亜共栄圏は，日満支を一丸とする東亜新秩序を枢軸とし，日本を「大東亜共栄圏の事実上の盟主⁽¹⁹⁵⁾」として，八紘一宇の理想を実現して地球上の諸民族・諸国家に「各々其の処を得せしむる⁽¹⁹⁶⁾」ことを究極の目的とする。

　大東亜共栄圏の構築が国家の政策として唱えられたのに伴い，1940年代になると，日本の学界でも大東亜共栄圏をめぐる法的問題が議論の対象となり，大東亜共栄圏内の国家間関係，そして大東亜共栄圏とそれ以外の国家の間の関係を規律する法秩序（大東亜国際法）の構築が試みられるようになる。それは，田畑茂二郎や安井郁といった，当時の若手の反実証主義者によって担われた。日本の国際法学会は，1941年，新たに東亜新秩序委員会，東亜国際法委員会，戦時国際法委員会および時局問題特別委員会を設置した⁽¹⁹⁷⁾。そこでは，大東亜

⑴⁹² 藤井祐介「統治の秘宝 ── 文化建設とは何か？」池田浩士編『大東亜共栄圏の文化建設』（人文書院，2007年）38頁。

⑴⁹³ 「大東亜戦争を完遂し大東亜を米英の桎梏より解放して其の自存自衛を全う」することが前文で謳われ，大東亜を建設する際に基づくべき綱領が記されている。「大東亜共同宣言」『年表・文書下』593-594頁。

⑴⁹⁴ 大東亜会議と共同宣言についての詳細は，波多野『前掲書』（注137）161-192頁を参照。

⑴⁹⁵ 松岡洋右『興亜の大業』（教学局，1940年）25頁。

⑴⁹⁶ 同上，5頁。

⑴⁹⁷ それぞれの委員会の構成委員および活動については，「会報」『国際法外交雑誌』第42巻第5号（1943年）105-111頁を，各委員会で扱われた問題については，竹中佳彦「国際法学者の"戦後構想" ──「大東亜国際法」から"国連信仰"へ」『国際政治』第1995巻第109号（1995年）72-73頁を参照。1942年11月には，東亜新秩序委員会とは別に東亜新秩序小委員会が設立された。1943年3月23日より，長岡春一が作成した「世界新秩序綱要私案」に基づいて会議を開催し，枢軸国が勝利した場合の連合国の戦争責任や賠償の問題，講和条件，戦後構想等，様々な事項について審議を重ねた。13回分の会議の議事抄録については，JACAR（アジア歴史資料センター）Ref. B04011425300, B04011425400, 本邦ニ於ケル学会関係雑件／国際法学会（I-1-3-0-10_3）（外務省外交史料館）を参照。

第 8 章　第二次世界大戦

共栄圏に即した秩序づくりのために学問的な貢献をすることが謳われ，また，同学会より「大東亜国際法叢書」を発行することが計画された。実際に，1942年12月8日にはその第1巻と第2巻が発行された[198]。

　大東亜国際法は，当時の特殊な時代背景の中で生み出された国際法理論であり，当時の主要な国際法学者による議論の産物として生まれた新しい学説である[199]。

　そもそも1940年代になって本格的に検討されるようになった大東亜国際法理論は，従来の国際法とどのような関係にあるのであろうか。大東亜国際法理論は，欧州におけるナチスドイツの「広域国際法」論，特にカール・シュミットの理論[200]，そして米州におけるモンロードクトリン[201]の影響を強く受けており，

柳原正治「紛争解決方式の1つとしての国際裁判 —— 戦争との対比において」『世界法年報』第35号（2016年）17-18頁も参照。
　当時の政治家や知識人等の思想については，栄沢幸二『「大東亜共栄圏」の思想』（講談社，1995年）を参照。

[198]　第1巻が安井郁『欧州広域国際法の基礎理念』，第2巻が松下正寿『米洲広域国際法の基礎理念』である。なお，全部で12巻が刊行される予定であったが，実際に発行されたのはこの2巻に加えて，第3巻の英修道『日本の在華治外法権』，第4巻の大平善梧『支那の航行権問題』，第5巻の植田捷雄『大東亜共栄圏と支那』の計5巻のみである。刊行予定であった残りの7巻の著者及びタイトルは，「会報」（注197）112頁を参照。

[199]　戦後日本が大東亜国際法の拘束力から自由ではありえなかったとして，その戦後思想への影響を論じるものとして，佐藤太久磨「『大東亜国際法（学）』の構想力 —— その思想史的位置」『ヒストリア』第233号（2012年）49-78頁。大東亜国際法理論について，明石欽司「「大東亜国際法」理論 —— 日本における近代国際法受容の帰結」『法学研究（慶應義塾大学）』第82巻第1号（2009年）261-292頁；松井芳郎「グローバル化する世界における「普遍」と「地域」 ——「大東亜共栄圏」論における普遍主義批判の批判的検討」『国際法外交雑誌』第102巻第4号（2004年）1-22頁。ナチス国際法論については，田畑茂二郎「ナチス国際法学の展開とその問題的意義」『外交時報』第926号（1943年）5-17頁；松井「前掲論文」（注37）364-371頁を参照。また，大東亜国際法理論の国際政治史における位置づけについて，酒井哲哉「戦後外交論の形成」『近代日本の国際秩序論』（岩波書店，2007年）23-57頁；三谷太一郎「国際環境の変動と日本の知識人」細谷千博ほか編『日米関係史　開戦に至る10年（1931-41年）4　マス・メディアと知識人』（東京大学出版会，1972年）161-163頁を参照。

[200]　安井郁『欧州広域国際法の基礎理念（大東亜国際法叢書Ⅰ）』（有斐閣，1942年）19-

◆ 第Ⅲ部　異なる自衛権概念の混在

　大東亜国際法理論も，普遍主義を批判して地域的な国際法秩序である「広域国際法」を構築する試みであった[201]。大東亜国際法理論が目指したところが，従来の国際法に若干の変更を加えること，あるいは逆に従来の国際法を全く否定して無から新しい秩序を構築することであったかというと，国際法学者の意図としてはそうではなく，従来の国際法を分析した上で批判すべき点は批判し，そこから新たな秩序を構築しようとした試みであったと言える[202]。

　大東亜国際法叢書の巻頭に共通に付された山田三良国際法学会理事長による「大東亜国際法叢書の発刊に際して」が，国際法学会においては，「旧秩序を意識的乃至無意識的に前提して現行国際法の改訂及び新国際法の樹立に反対する」のでも「現行国際法の総てを無批判的に否定し去ろう」とするのでもなく，「真に歴史的現実を誤りなく把握し将来の動向を正しく指導し得る科学的理論の確立を期する」と述べていることも，これを裏付けている。

　この叢書の第1巻を担当した安井郁が，大東亜国際法に関する研究には二つの側面があり，一つは旧秩序における東亜国際法[204]の徹底的批判，もう一つは

　　　117頁を参照。
[201]　松下正寿『米州広域国際法の基礎理念（大東亜国際法叢書Ⅱ）』（有斐閣，1942年），本章第3節1を参照。
[202]　地域主義と広域秩序の相違については，田畑茂二郎「国際法秩序の多元的構成（一）」『法学論叢』第47巻第3号（1942年）91-100頁。
[203]　なお，従来の国際法の適用について，田畑は共栄圏内国家と共栄圏外国家との間では従来の国際法の諸原則が依然として妥当することを認める。また，共栄圏内においても，従来の国際法の若干部分が適用されることが考えられないことはないとする（田畑茂二郎「東亜共栄圏国際法への道」『外交評論』第23巻第12号（1943年）13頁）。
[204]　この意味は必ずしも明確であるとは言えないが，東亜国際法に関しては次のような記述がある。「従来の世界は欧州的世界であったと言われている。東亜はその世界の周辺ともいうべき地位にあった。旧秩序における東亜国際法もまたその観点より形成されている。それは不平等条約の諸相に最もよく現れている。我が国はこの意味における東亜国際法から先づ自己を解放したが，今や更に大東亜の全民族の解放に向って進もうとしている。そのためには旧秩序における東亜国際法を徹底的に批判せねばならぬ」（安井『前掲書』（注200）2-3頁）。このことから，東亜国際法とは，欧州中心主義に基づいて形成された国際法のうち，東亜諸国が当事国となっているものとして理解されていたと解しうる。

大東亜国際法を形成することであると述べている[205]のも，同様である。また，松下正寿[206]や，田畑茂二郎[207]も同様の主張をしている。

(b) 大東亜共栄圏の法的基礎と大東亜戦争

大東亜共栄圏は，経済的，文化的，歴史的，ないし地政学的法則によって発生し，発達しつつある有機的結合であり[208]，国際法学者以外で大東亜共栄圏の観念を論じた者の多くは，それを日本の伝統的な「家」の観念から類推している[209]。一方，大東亜国際法理論を唱えた国際法学者の多くは，大東亜共栄圏を「生存権」や「生存」に基礎づけられた「運命的」「必然的」結合[210]であるというように捉えている。

松下正寿は，大東亜共栄圏について次のように説明する。大東亜共栄圏は，独立主権国家の自由意思の合致である条約に基礎を置くものではなく，また，一種の連邦国家ないし帝国でもない[211]。その法的基礎は，「従来の国際法に於ける生存権の理論を発展」させることによって見出すことが可能であるとする。すなわち，「世界史の現段階に於て諸国家がその独立を維持し，生存を全うする最も実効的方法は諸国家が経済的，文化的，国防的，歴史的乃至地政学的紐帯を通じて結合し共栄圏又は広域圏を構成すること」であり，大東亜共栄圏とは，「一定地域に国をなす諸国家が各々の生存を全うするために構成した運命的結合」である。そして，この共栄圏は，自由意思に基づくものではないため

---

[205] 安井，同上。

[206] 松下正寿『大東亜国際法の諸問題』（日本法理研究会，1942年）3-11頁。

[207] 田畑「前掲論文」（注203）11頁。

[208] 松下『前掲書』（注206）15頁。

[209] 例えば川原次吉郎は，「端的に云ってしまえば，それ（大東亜共栄圏－筆者注）は『家』的結合関係りとなすことができる。ここに大東亜共栄圏の重大なる性格があるといってよい」と述べている（川原次吉郎「大東亜共栄圏の性格」『国際法外交雑誌』第43巻第6号（1944年）2-3頁）。

[210] 田畑は，大東亜共栄圏諸国家の法関係は，「運命的」つながりを自覚しながら，万邦共栄の大理想を実現するという共通の道義意識に基づいて形成して行くべきであるとする。ただし，田畑は，大東亜国際法ではなく「東亜共栄圏国際法」という呼称を用いる（田畑「前掲論文」（注203）22頁）。

[211] 松下『前掲書』（注206）11-21頁。

◆ 第Ⅲ部　異なる自衛権概念の混在

に離脱することは不可能なのであり，もし強いて離脱するのであれば「自らの生存を失う」ことになる[212]。

　前原光雄は，共栄圏の基礎づけは，「国家の生存」と結びつけなければならず，「従来の生存権」との関連が考究されなければならないとする[213]。大東亜共栄圏を建設する「必然性」があり，東亜諸国および諸民族が「生存を維持し，国家的・民族的栄誉を保持し発展するためには，共栄圏の結成以外の道は残されていない[214]」と述べる。大東亜共栄圏の基礎とされた「生存権」が，どのような概念であると考えられていたのかは必ずしも明確ではない。しかし，少なくとも，19世紀に唱えられていた自己保存権よりも広い概念として捉えられていたことは確かである[215]。

　前原は，国際法上の生存権の概念と共栄圏の基礎としての「生存権」との関係について次のように述べる。共栄圏の基礎付けとして生存権を援用しようとするなら，「更に拡張せられた意味での生存権でなければならない[216]」。すなわち，共栄圏の基礎付けとしての「生存権」を国際法上の生存権よりも拡大した概念として捉えているが，その詳細については述べられていない。

　松下は，「生存権」について，実定国際法上の権利としての生存権という一般的問題よりも，より具体的に，自己保存権，自衛権，緊急状態行為等の項目の下に若干の研究がなされたと述べる。このことから，「生存権」は，従来の国際法上の自己保存権，自衛権，緊急状態行為等に対応し，それらを包摂する

---

[212]　同上，21-26頁。共栄圏内諸国家の自由は，生存権と両立する限りにおいての自由であり，その意味では，従来の国際法学の「主権」および「独立権」の概念は再検討・再構成する必要がある（同上，28頁）。

[213]　前原光雄「大東亜共栄圏の法的構成における現段階」『国際経済研究』第3巻第2号（1942年）14頁。

[214]　同上，1頁。

[215]　戦間期にも国家の基本権として「生存権」を挙げる国際法学者は存在したが，その内容は異なる。ハーシーは，生存権が，自己保存権と防衛権を含むと論じた（Hershey, A. S., *The Essentials of International Public Law* (The Macmillan Company, 1921), at 144）。フェンウィックは，「生存権」を自己保存権と同義で用いている（Fenwick, C. G. *International Law* (The Century Co., 1924), at 142）。詳細は，第5章第1節1(1)を参照。

[216]　前原「前掲論文」（注213）15頁。

ような広い概念であると捉えられていることが分かる[217]。さらに,「生存権」の内容は複雑多岐であるとしながら,次の三点を挙げている。すなわち,第一に,従来の国際法学者が生存権としていた,国家としての形態を持続する権利,第二に,従来の国際法学者で広く生存権の範囲を捉える者がその内容としていた,国家として成長発達する権利,そして,第三に,松下が独自に加えた内容である,独自の価値を創造する権利,つまり「各々其の所を得る」権利である[218]。以上の第一と第二は,第2章で述べたように19世紀にも自己保存権の内容とされていたが,第三は19世紀の自己保存権の内容とはされていなかったものである。

以上のように,大東亜共栄圏の基礎とされた「生存権」は,観念されていた内容が明確ではないものの,従来の自己保存権や自衛権,緊急状態行為等に対応しそれらを包摂するような広い概念であったことは確かである。

大東亜国際法理論の構築に携わった国際法学者の中で,具体的に太平洋戦争に論及した国際法学者は少ない。しかし,上述の通り,大東亜共栄圏の建設の目的が諸国家の生存を全うすることにあり,大東亜共栄圏は「生存権」により基礎づけられ,それから離脱すると生存を失うと解すると,太平洋戦争の目的であった大東亜共栄圏の建設以外に生存,自己保存,自衛を達成する方法はない。松原は,端的に次のように述べる。大東亜共栄圏を建設する以外に自衛の目的を達することは出来ないのであって,両者は一体であるために,我が国の参戦の動機が自衛権の発動であるか,大東亜共栄圏の建設であるかという議論は無用である[219]。

第3節　アメリカ政府の主張とその評価

1　アメリカ政府の主張

(1) 国家政策

次に,欧州戦争開戦から太平洋戦争開戦までのアメリカの主張を検討する。その前提として,主張の基礎になったアメリカの伝統的国家政策とその変遷についてごく簡単に触れておきたい。

---

[217]　松下『前掲書』(注206) 22頁。
[218]　同上,32-34頁。
[219]　同上,24頁。

◆ 第Ⅲ部　異なる自衛権概念の混在

　1823年12月2日，モンロー大統領は年次教書において，後の米国外交に多大な影響を与えることになる外交方針を発表した。これは，翌年，モンロードクトリンと命名され，それ以来，アメリカの伝統的な国家政策となった。モンロードクトリンは，元来，ヨーロッパ列強による米州諸国の植民地化の排除，ヨーロッパ列強による米州諸国への不干渉，ヨーロッパに対する孤立政策を唱えたものであったが[220]，その性質や法的位置づけについては様々な議論があり，またその内容は一定のものではなく変遷した[221]。モンロードクトリンは，アメリカを取り巻くその時々の国際情勢と国内の政治・経済との関連のなかでその都度再解釈され，援用されてきた。すなわち，それぞれの時代に，アメリカ外交のさまざまな目的を追求するために用いられてきた[222]。

　19世紀末以降，モンロードクトリンは，アメリカによるラテンアメリカ諸国への内政干渉・軍事介入の根拠として援用された。1904年には，セオドア・ローズヴェルト大統領が，南北アメリカにおいて，文明国アメリカは非文明国に対して「国際警察権」を行使する義務があると宣言した（モンロードクトリンのローズヴェルト系論）。また，1907年，ある日本企業が南部カリフォルニア（メキシコ領）の港湾付近の土地を購入しようとした際，上院において，アメリカ政府は外国の私企業や団体が南北アメリカ大陸に軍事上の要地を所有することを憂慮する，というロッジが提出した決議案が可決された（モンロードク

---

[220]　中嶋啓雄「モンロー・ドクトリン，アジア・モンロー主義と日米の国際秩序観──戦前・戦中期における日本のモンロー・ドクトリン論を手掛かりに」『アメリカ研究』第49号（2015年）62頁。See also, Higgins, A. P., "The Monroe Doctrine," *The British Year Book of International Law*, Vol. 5（1924）, at 104.

[221]　西崎文子「モンロー・ドクトリンの系譜──『民主主義と安全』をめぐる一考察」『成蹊法学』第75号（2011年）1-15頁；草野大希「モンロー主義とアメリカの介入政策──単独主義と多角主義の淵源となった外交理念のダイナミクス」『アメリカ研究』第49号（2015年）41-59頁。モンロードクトリンの歴史については，Dexter, P., *A History of the Monroe Doctrine*（Longmans, Green & Co., 1960）；中嶋啓雄『モンロー・ドクトリンとアメリカ外交の基盤』（ミネルヴァ書房，2002年）も参照。1923年，ヒューズ国務長官は，モンロードクトリンはアメリカが定義，解釈，適用する権利を留保すると宣言していた（Hughes, C. E. "Observations on the Monroe Doctrine," *AJIL*, Vol. 17（1923）at 616）。

[222]　中嶋，同上，168頁。

第8章　第二次世界大戦

リンのロッジ系論)[223]。このようにモンロードクトリンは，その時の状況に応じて拡大解釈されていった。

　1933年3月に大統領に就任したフランクリン・ローズヴェルトの国家政策もまた，モンロードクトリンの伝統に基本的には則ったものであった。もっとも，ローズヴェルト政権によるモンロードクトリンの定義が公式に表明されることはなく，しかもその解釈は変遷した[224]。

　ローズヴェルトは，1933年からいわゆる「善隣外交政策（Good Neighbor Policy）」を採用し，ラテンアメリカ諸国への一方的介入を否定した。そして1930年代を通して，ヨーロッパの，とりわけドイツの脅威から，西半球を米州共同で防衛する体制を徐々に築いていった[225]。

---

[223] 中嶋，同上，176-177頁。

[224] ローズヴェルト政権のモンロードクトリンについては次の文献に詳しい。奥広啓太「宣言なき再定義──フランクリン・ローズヴェルト政権とモンロー・ドクトリン」『アメリカ研究』第49号（2015年）21-39頁。

[225] このように，とりわけドイツの脅威から，西半球を米州諸国共同で防衛しようとする体制は，1930年代の数々の会議で築かれていった。1936年の特別汎米平和会議（ブエノスアイレス），1938年の第8回汎米会議（リマ），1939年第1回外相会議（パナマ），1940年第2回外相会議（ハバナ），1942年第3回外相会議（リオデジャネイロ）などがそれである。その中でも，1940年のハバナにおける外相会議で採択された協定では，「米州国家の領土保全，領域不可侵，主権や政治的独立に対する非米州国家によるいかなる試みも，本協定の署名国に対する侵略行為とみなし」，侵略行為があった場合あるいはその準備がされていると信じる理由がある場合には，望ましい措置につき協議することとした。また，侵略発生の場合の，防衛のための協力や相互援助を組織するために，状況に応じて，必要な補完的協定についての交渉をすることが規定された（"Havana Meeting of the Ministers of Foreign Affairs, Final Act and Convention," *The Department of States Bulletin*, Vol. III (Government Printing Office, 1940) [hereinafter *DSB* III], at 136）。

　アメリカは，このような共同防衛政策を米州諸国共通の防衛政策にしようとしており，国務省は，このような共同防衛政策を「共同防衛（joint defense）」，「協力的平和（coöperative peace）」などと呼んだ。これは実質的にはモンロードクトリンであり，その内容（原則）を米州諸国が共同で確認したものであった（Lenoir, J. J., "The Monroe Doctrine and International Law: 1933-1941," *The Journal of Politics*, Vol. 4 (1942), at 51；草野「前掲論文」(注221) 49頁）。

◆ 第Ⅲ部　異なる自衛権概念の混在

　太平洋戦争開戦直前の時期のローズヴェルトの国家政策は，1941年5月27日の炉辺談話[226]に端的に表れている。これによると，ヒトラーによるヨーロッパ征服を抑えなければそれが西半球に及ぶため，我々自身の防衛のために必要な措置を採る必要があるとされ，その上で次のような政策が明らかにされた。第一に，ナチスが西半球に支配を広めることあるいは西半球を脅かすヒトラーの全ての試みに，必要ないかなる場所でも，自分たちの全ての資源をもって，積極的に対抗する。第二に，イギリスおよびイギリスとともに武力でヒトラー主義やそれと同等のものと対抗している全てのものに対して，あらゆる可能な支援をする。このようにローズヴェルトは，ドイツからの脅威を強調しながら，元来のモンロードクトリンが意図したヨーロッパに対する孤立ではなく，介入を選択していくことになった。モンローが，アメリカ的制度の維持という目的の手段として相互不干渉を提唱したのに対し，ローズヴェルトは同じ目的のもとに，欧州戦争の帰結に重要な役割を果たすことが必要だと国民に説き，モンロードクトリンの不干渉主義を克服しようとした[227]。

　こうして，ローズヴェルトは，ドイツに対抗するために自国が全力を注ぐことはもちろんのこと，イギリスを中心とした，ドイツに対抗する国家への支援も表明した。そして，実際に支援が可能な体制を整えていった。このような政策を可能にしたのが，アメリカの一連の国内法であった。1939年11月4日，従来の1937年中立法を改正した新たな中立法が成立した[228]。1939年中立法は，従来の中立法の武器禁輸条項を撤廃し，アメリカの私人がイギリスに向けて武器を輸出することが可能となった。また，1940年9月3日には米英間で駆逐艦・基地交換協定が結ばれた。この協定は，アメリカによる対英駆逐艦供与と引き換えに，アメリカがカリブ海英領諸島にある英国基地を借用することを軸とするものであった。さらに，1941年3月11日には武器貸与法が成立した。その第

[226] "Radio Address by the President," *The Department of States Bulletin*, Vol. IV (Government Printing Office, 1941) [hereinafter *DSB* IV], at 647-653.

[227] 奥広「前掲論文」(注224) 32, 36頁。

[228] "Neutrality Act of November 4, 1939," United States Department of States, *Peace and War : United States Foreign Policy, 1931-1941* (Government Printing Office, 1943), at 494-506.

第8章　第二次世界大戦

3節(a)[229]により，大統領は，陸軍長官，海軍長官または政府その他の省庁の長に対して，自国の防衛にとって不可欠であると認めるいかなる国の政府にも，武器，弾薬，航空機，艦船を含む防衛品目を売却，所有権移転，交換，賃貸，貸与，その他の方法で処分することを許可することができるようになった。このようにしてアメリカの国内法上，合法的に連合国を援助すること，すなわち交戦国を差別的に扱うことが可能になったのである。

(2) 国家政策と自衛権

当時アメリカが観念していた自衛権概念は，結論から述べると，上に述べたモンロードクトリンに基づく国家政策を実現するため，極めて広い行動の自由を許すものであった。モンロードクトリンを国際法上の原則とみなすか否かは，伝統的に激しい論争の対象となっていた。さらに，モンロードクトリンが国際法の原則であるとして，国際法上の根拠は何か――自衛権か自己保存権か――が問題とされていた[230]。この点に関して，太平洋戦争開戦直前の1940年，ハル国務長官はモンロードクトリンが自衛の政策であることを宣言していた[231]。ハルは，モンロードクトリンを自衛の「政策」と述べており，この宣言のみから

---

[229] "United States: An Act to Promote the Defense of the United States, Approved March 11, 1941," *AJIL Supplement: Official Documents*, Vol. 35 (1941), at 76-77.

[230] 議論状況は，以下の文献に詳しい。立作太郎『米国外交上の諸主義』（日本評論社，1942年）60-77頁；松下『前掲書』（注201）13-32頁；安井『前掲書』（注200）69-76頁。立作太郎は，1942年に次のように論じて，モンロードクトリンの広範な内容は自衛権を以て説明できないとしている。「厳正なる意義の国際法上の自衛権は，国内法上の正当防衛権と同じく，他国の急迫なる不法の攻撃に対する緊急権であって，不法なる攻撃に因る切迫せる自衛上の危険を存する場合に於て始めて援用し得る所の権利である」。モンロードクトリンに包含されるような「広汎なる範囲に亘る主張」が，厳正なる意味における国際法上の自衛権を以て説明できないことは言をまたない。「現在に於けるモンロー主義は，米国政府が勝手に其内容，解釈，適用を定め得ると為さるるのであって，是の如き主義の全部が上述の如き厳正なる意義の自衛権の観念中に包含され得ざることは明白である」。立，同上，62-63頁。

[231] "European Possessions in the Western Hemisphere: Statement by the Secretary of State on German Reply to Note of the United States," *DSB* III, at 4. ハルのモンロー主義観に対する批判として，神川彦松「コーデル・ハルのモンロー主義観」『国際法外交雑誌』第39巻第8号（1940年）65-75頁。

◆第Ⅲ部　異なる自衛権概念の混在

は，モンロードクトリンの根拠を「国際法上の自衛権」とみなしていたと断言することはできない。しかし，少なくとも対外的には[232]，対ドイツ政策の遂行を「自衛権」の行使として説明していたことを強調しなければならない。アメリカ政府は，ドイツに対する政策が自衛権に基づくことを度々明言していた[233]。

以上に述べたような国家政策を遂行するための当面の具体的な措置が，上述の連合国援助であったことは既に述べた。このような措置を「中立にとどまりながら」とることは，中立国の公平義務に抵触する可能性があるが，アメリカは，並列した二通りの方法で，この措置を正当化した。第一に，戦争の違法化が中立制度に変容をもたらしたことを前提に，不戦条約に違反して一国が開始した戦争については，その戦争の交戦国を差別的に扱うことができるというものである[234]。そして第二に，中立制度の存在を前提とした上で，自衛権に基づいて本来であれば公平義務に違反する連合国援助が可能だというものである。以下ではより具体的に，後者の自衛権に基づく正当化を検討する。

上述した駆逐艦・基地交換協定，そして武器貸与法という二つの法は，アメ

---

[232] 対内的には自己保存という語が使用されることもあった。例えば，"The United States and the World Situation : Address by the Secretary of State," *DSB* IV, at 492 ; *DSB* IV, *supra* note 226, at 651.

[233] "Oral Statement Handed by the American Ambassador in Japan (Grew) to the Japanese Vice Minister for Foreign Affairs (Ohashi) on July 16, 1941," *FRUS : Japan, supra* note 165, at 510. See also, "Memorandum by the Secretary of State," *Id.*, at 413 ; "Memorandum of a Conversation," *Id.*, at 440. 上述のローズヴェルトの談話と同様の政策は，1941年4月24日のアメリカ国際法学会におけるハルの演説でも表明された。このアメリカ国際法学会での演説においては，「自衛」に加えて「自己保存」という語も用いられていたが（*DSB* IV, *infra*, note 254, at 492），同じ内容が1941年春からの日米交渉では「自衛権」として説明されていた。この演説を引用した1941年5月31日の日米了解案（アメリカによる）の付属書には，アメリカの態度は，奪うことのできない自衛権の基本的考慮に基づくものであると記述されている（"American Draft Proposal Handed to the Japanese Ambassador (Nomura) on May 31, 1941," *FRUS : Japan, Id.*, at 449-450）。See also, "The Secretary of State to the Ambassador in Japan (Grew)," *FRUS, 1941, The Far East*, Vol. 4 (Government Printing Office, 1956), at 201-202 ; "Portuguese Islands in the Atlantic," *DSB* IV, at 719.

[234] この点については，拙稿「第二次世界大戦参戦前のアメリカの連合国援助とその国際法上の正当化根拠」『放送大学研究年報』第36号（2019年）189-192頁を参照。

第8章　第二次世界大戦

リカの連合国援助を可能とする画期となったものであった。ここでは，主としてアメリカ政府関係者（ハル国務長官とジャクソン司法長官）の議論を取り上げ，このような援助が自衛権の行使として可能だと主張されたことを明らかにする。

ハル国務長官は，ローズヴェルト大統領が進めようとする連合国援助政策について，初期から法的根拠づけを行った人物であった。中立国は，交戦国を公平に扱う義務を負うとされていたため，連合国援助は本来，中立国であるアメリカに課される公平義務に抵触するはずである。ハルは，この公平義務との関係で，連合国援助をどのように捉えていたのであろうか[235]。

この点について，ハルが見解を表明したのは，1941年1月15日，下院外交委員会での武器貸与法に関する公聴会の場であった[236]。この公聴会でハルは，武器貸与法に基づく措置が抵触しうる法の一つとして，伝統的中立制度を完成させた条約の一つとされる1907年海戦中立条約を取り上げた。具体的には同条約の，中立国による交戦国に対する軍用材料の交付を禁じた第6条，交戦国軍艦が中立の港や泊地で航海の安全に不可欠な程度以上に破損を修理しかつ戦闘力を増加することを禁じた第17条，交戦国軍艦が，軍需品や武装を更新または増加したり艦員を補充したりするために，中立の港，泊地や領水を使用することを禁じた第18条を挙げた。その上で，全ての交戦国が締約国でなければ本条約が適用されないことを定めた第28条を援用し，イタリアとイギリスが本条約の締約国ではないために，欧州戦争にはこの条約は適用されないと主張した[237]。

次に問題となるのは，これらの条文が慣習国際法であれば，連合国援助が国

---

[235] 不戦条約に違反して一国が開始した戦争について，その交戦国を差別的に扱うことはそもそも可能であるとの立場に立つと，公平義務は発生しないため，連合国援助の法的正当化は必要ない。前掲注234の文献も参照。

[236] その後，同年1月27日の上院外交委員会理事会の非公開審議（Executive session）では，国務長官が武器貸与法についての質疑に回答した。この記録は，以下のマイクロフィルムに収められている。*The Papers of Cordell Hull, 1908-1956* (Library of Congress, 1975), Reel 45 (hereinafter, *Hull Papers*).

[237] *Hearings before the Committee on Foreign Affairs, House of Representatives, Seventy-Seventh Congress, First Session on H. R. 1776, A Bill Further to Promote the Defense of the United States, and for Other Purposes,* January 15, 16, 17, 18, 21, 22, 23, 24, 25, 29, 1941 (Government Printing Office, 1941) (hereinafter, *House Hearings*), at 9.

209

◆ 第Ⅲ部　異なる自衛権概念の混在

際法違反となる可能性があることである[238]。この点につきハルは，海戦中立法規の上記条文が，通常の状況では国際法を宣言したものであり，武器貸与法案が意図する行為を行うことがアメリカを非中立 (unneutral) にしうると述べた[239]。しかし，アメリカが直面しているのは「異常な事態」だと主張し，遅すぎることになる前に，自衛を援用すべきことを訴えた[240]。

ハルが認めるように，海戦中立条約の上記条文が慣習国際法であるとすると，武器貸与法に基づく連合国に対する物質的援助は，通常の状況では慣習国際法に反することになる。このような慣習国際法違反の行動を正当化するために，ハルは自衛権を援用したのである[241]。以下では，彼の自衛権の主張を詳しく検討する。

1940年9月3日に駆逐艦・基地交換協定が締結された後の同年10月，ハルはワシントンの記者クラブにおいてアメリカの外交政策について演説した。この演説で，次のように自衛権を主張した[242]。

　　自国自体の防衛を強化し西半球のいかなる地域への攻撃も妨げる重要な手段として，この国は，野蛮な攻撃に抵抗しながら，暴力の拡大を阻止し，そのことで我々に対する危機を減少させている国々が必需品を入手できるための全ての適した手段を供給している。…この国がこのような行動をとるべきではないという主張は，それがどのような出所からのものであれ，現在の状況においては，不可譲の自衛権を否定するに等しい。

[238] 駆逐艦・基地交換協定についても，この点が一つの批判対象となった (Briggs, H. W., "Neglected Aspects of the Destroyer Deal," *AJIL*, Vol. 34 (1940), at 580-581)。

[239] 中立が交戦国の一方を援助することは，大統領，司法長官，陸軍長官が主張するような (*Congressional Records*, 77th Congress, 1st Session, Vol. 87, Part 1 (Government Printing Office, 1941), at 46 ; "Address of Robert H. Jackson, Attorney General of the United States, Inter-American Bar Association, Havana, Cuba, March 27, 1941," *AJIL*, Vol. 35 (1941), at 349)「戦争に至らない」援助ではなく，アメリカを中立の立場から離れさせる「戦争行為」であると解していると見ることができる。ただし，*Hull Papers*, at 37, 44-45.

[240] *House Hearings*, at 9-10（傍点著者）.

[241] スチムソン陸軍長官は，ハルが，「本来国際法に違反する行為」を正当化する権利として自衛権を主張したと捉えていると解しうる。注244に対応する本文を参照。

[242] "Our Foreign Policy : Address by the Secretary of State," *DSB* III, at 334-337.

第8章　第二次世界大戦

　また，1941年1月15日の上記公聴会においては，自衛権についての詳細な議論を展開した[243]。

　イギリスやそれ以外の攻撃の犠牲国に，できる限り短い期間内に最大の物質的援助をすることが，我々の最も死活的な利益にとって緊急に必要であるということほど，この国の人々がこのようにほぼ一致していて明確である公共政策の問題はない。これはなぜなら，攻撃に抵抗している者へのこのような援助が，我々の国家自衛の肝要な部分であることは現在明白であるからである。現在地球上を横断して進軍している征服軍を目の当たりにして，自衛は，賢明で慎重な国家政策を決定するにあたって必ず考慮すべきことであり，またそうでなければならない。

　この公聴会におけるハルの主張を，同年1月29日の武器貸与法に関する上院外交委員会公聴会において，スチムソン陸軍長官が取り上げた。スチムソンは，ハルの発言を次のようにまとめた。すなわち，ハルによると，現在の世界では，もし侵略国が無視している規則に法を遵守している国家が拘束されるのであれば，侵略国の違法行為から自国を守れない状況を侵略国が作っており，このような状況においては，侵略国の犠牲となっている国々による行動の自由を自衛の法が正当化する[244]。このように，スチムソンはハルの発言を取り上げる形で，自衛権の主張を支持した。

　その後，1月30日に採択された下院外交委員会報告書，2月13日に採択された上院外交委員会報告書も，武器貸与法に基づく措置を正当化するために自衛権を援用した。もっとも，これらの報告書には自衛権の内容について詳細な記述は見られない[245]。

　武器貸与法成立直後の同年3月27日，ハバナで開催された米州法曹協会会議での演説（以下ハバナ演説）において，ジャクソン司法長官は，連合国援助が

---

[243] *House Hearings*, at 6.

[244] *Hearings before the Committee on Foreign Relations, Unites States Senate, Seventy-Seventh Congress, First Session on S. 275, A Bill Further to Promote the Defense of the United States, and for Other Purposes*, Part 1, January 27 to February 3, 1941（Government Printing Office, 1941）(Hereinafter, *Senate Hearings*), at 89.

[245] 77th Congress 1st Session House of Representatives, Report No. 18, To Promote the Defense of the United States, January 30, 1941, at 5；77th Congress 1st Session Senate, Report No. 45, Promoting the Defense of the United States, February 13, 1941, at 4.

◆ 第Ⅲ部　異なる自衛権概念の混在

国際法に違反しないことを根拠づけようとした。ジャクソンは，ローズヴェルト大統領に対して法的意見を提出し，政府の政策決定において重要な役割を果たした人物である[246]。彼は，駆逐艦・基地交換協定を理論的に支えた中心人物でもあったが，この協定に関しては，もっぱら国内法上の議論を展開し，国際法にはほとんど言及しなかった[247]。しかし，武器貸与法の成立に際しては，この法に基づく連合国援助が国際法上合法であることを主張した。

ハバナ演説は，武器貸与法に基づく措置の国際法に照らした合法性を対外的に発信するという性質が強く，またローズヴェルトもジャクソンも，ドイツや日本の行動の違法性といった国際法上の重要問題について，アメリカの見解を世界に知らしめる適切な場だと捉えていた[248]。そのためジャクソンは，この演説の後半で自衛権に基づく正当化を試みた。

ジャクソンは，イギリスに対する援助が，戦争の交戦国でない国家に国際法が課す義務に矛盾しないのかという問題が生じるとし，これに対して次のような回答を与えた[249]。

　　…この半球の外で現在起こっている全体主義の活動によって，西半球の政治的・領域的・経済的・文化的保全が脅かされていることには疑いがない。この状況において，自衛原則は最も適切に援用しえるし，我々はアメリカ大陸（Americas）において，知っている事実との関係で，また我々の最善の判断において予見しうる将来の事実との関係で自衛原則を援用している。我々は現在，重要な先例をつくる具体的な適用をすることで，自衛原則に内容を与えている…

　　自衛原則の現在の適用は，武器貸与法に始まったのではない。それは，1939年

---

[246]　Martin, C. L., "The Life and Career of Justice Robert H. Jackson," *Journal of Supreme Court History*, Vol. 33 (2008), at 42-67 ; Gerhart, E. C., *Robert H. Jackson : Country Lawyer, Supreme Court Justice, America's Advocate* (William S. Hein and Robert H. Jackson Center, 2003), at 210-229. アメリカの司法長官と国際法との関係については次の文献に詳しい。Deener, D. R., *The United States Attorneys General and International Law* (Martinus Nijhoff, 1957).

[247]　"Opinion of the Attorney General, August 27, 1940," *DSB* III, at 201-207. 大沼保昭『戦争責任論序説──「平和に対する罪」の形成過程におけるイデオロギー性と拘束性』（東京大学出版会，1975年）130-132頁も参照。

[248]　Gerhart, *supra* note 246, at 223.

[249]　Jackson, *supra* note 239, at 357.

のパナマ会議で始まり，リオデジャネイロの米州中立委員会による中立法に関連して発達し，1940年，ここハバナにおける外相会議で是認された。その歴史的会議は，中立委員会の勧告を受け入れ，アメリカ大陸におけるヨーロッパの領地と植民地の暫定的統治についてのハバナ協定を採択した。この協定はさらに進んで，もしも大陸の安全が脅かされたら，防衛措置をとることが署名国の権利であり義務であることを宣言した。

以上のように，アメリカ政府関係者は，三国同盟国による侵略がアメリカと西半球に迫っていることを前提に，「アメリカと西半球を防衛するため」に，ドイツに対抗している国家に対して物質的援助ができると主張した。アメリカの行動は，連合国の防衛を直接の目的とするものではなく，「自国」および「西半球」の防衛を主眼としている。そして，自衛の措置として正当化されるのが，連合国に対する物質的援助であるとした。

アメリカのこのような主張に対しては，事実関係に照らして西半球に対する危険は急迫していないといった強い批判があり，当時の状況に照らしても自衛権行使の要件を満たしていたとは言い難かったものと考えうる。しかし，連合国援助のような措置が自衛権として正当化されることについては，「確かに正しく異論がない[250]」とされ，アメリカの主張した自衛権の内容自体を，英米の国際法学者は支持していた[251]。

以上のように，アメリカは連合国援助を正当化するためにも自衛権を援用した。しかしアメリカが当時主張した自衛権は，連合国援助にとどまらずドイツの侵攻に対抗するという国家政策遂行のための広い行動の自由を許す権利であった。このような主張は当時類例のないものであったため，以下では詳細に，自衛権の地理的範囲，保護法益，先行行為，正当化される措置をアメリカがどのように捉えていたのかを検討したい。

まずは，地理的範囲について検討する。野村駐米日本大使は国務長官に，アメリカ政府の自衛の解釈の下でアメリカは自国領土が攻撃されていない場合で

---

[250] Schwarzenberger, G., "The "Aid Britain" Bill and the Law of Neutrality," *The Transactions of the Grotius Society*, Vol. 27 (1941), at 24.

[251] Fenwick, C. G., "Neutrality on the Defensive," *AJIL*, Vol. 34 (1940), at 698 ; Hyde, C. C., *International Law Chiefly as Interpreted and Applied by the United States*, Second Revised Edition, Vol. 3 (Little Brown and Company, 1945), at 2235–2236.

◆ 第Ⅲ部　異なる自衛権概念の混在

も欧州戦争に参戦するということか，と尋ねた。その回答として，アメリカはドイツを念頭に置き，自国領土が攻撃されていなくても，「侵略国が他国を侵略中に無制限の征服という目的を明らかにするのであれば，他国は自己保護（self-protection）と自衛（self-defense）の適切な措置をとる必要がある[252]」と主張した。このように，自衛権は，自国領土が攻撃された場合に自国を防衛する権利にとどまらないというのがアメリカの解釈であった。これは，第4章第2節1(2)で述べた不戦条約締結時のアメリカの認識と一致する。もっとも，ローズヴェルトの国家政策が基本的にはモンロードクトリンに則っており，西半球に対する危機を強調していることから考慮しても，許容される行動範囲は西半球を限界とするようにも考えうる。しかし，当時，大統領も国務長官も，侵略者の軍隊が西半球の境界線を越えるのを待っていては遅すぎることを繰り返し強調していた[253]。ハルは1941年4月24日のアメリカ国際法学会での演説で，「西半球および我が国の安全保障は，対抗が最も効果的ないかなる場所でも対抗することを要請している[254]」と主張した。また，上述したローズヴェルトの炉辺談話で表された国家政策の中では，ヒトラーの試みに対して，必要ないかなる場所においても（wherever necessary）対抗する[255]とされた。このことは，自衛権を行使しうる地理的範囲は自国領土や西半球に限られないとみなされていたことを示唆している[256]。

次に，自衛権の保護法益について検討する。アメリカは，自国の措置は，他国の防衛ではなく，自国の安全を守る[257]ものと度々主張していた。このことか

---

[252]　"Memorandum of a Conversation," *FRUS : Japan, supra* note 165, at 427.

[253]　ローズヴェルトがモンロードクトリンの地理的前提に疑問を呈していたことにつき，奥広「前掲論文」（注224）31頁。

[254]　"The United States and the World Situation : Address by the Secretary of State," *DSB* IV, at 492.

[255]　*DSB* IV, *supra* note 226, at 652.

[256]　上記5月の炉辺談話の段階で，モンロードクトリンが許容する行動範囲が地理的意味における西半球にとどまらないと解釈されていたことにつき，奥広「前掲論文」（注224）34頁。

[257]　例えば，"Oral Statement Handed by the American Ambassador in Japan (Grew) to the Japanese Vice Minister for Foreign Affairs (Ohashi) on July 16, 1941," *FRUS :*

第8章　第二次世界大戦

ら，自衛権の保護法益として，主としてアメリカの安全が想定されていたことが分かる。しかし，それにとどまらず，ローズヴェルトは，1941年1月21日「ヨーロッパ，アフリカ，アジアにおける戦闘は，一つの世界的紛争の一部に過ぎない。したがって，我々の利益はヨーロッパでも極東でも脅威にさらされているということを認識しなければならない。我々は，我々の生活様式，死活的国家利益が深刻に危険にさらされているいかなる場所においても，それらを守る任務に従事している。われわれの自衛の戦略は，我々の総合的安全保障に貢献するため，全ての戦線（front）を考慮にいれ，全ての機会を利用するような，世界的戦略でなければならない[258]」と述べ，自衛として，生活様式，死活的国家利益も守りうると明言している[259]。さらに，1941年5月7日の野村大使と国務長官の非公式会談において，アメリカ政府は自衛の必要性のためだけに，そして自国の権益および自国民の権益を守るためだけに行動していると主張された[260]。もちろん，この発言のみからは，自国の権益および自国民の権益も自衛権の保護法益に含めているとは明言できない。しかし，本章第2節2で検討した発言も総合すると，自国や自国民の権益も自衛権の保護法益とみなしていた可能性が高い。

　続いて先行行為であるが，ドイツの侵攻が既に開始した後であるために当然であるとも言えるが，ドイツの「武力による世界征服の動き」や「侵略行為」などが挙げられていた[261]。先行行為は，自国領土に対する攻撃やその恐れに限定されるものではなく，上述の通り，自国の「生活様式」・「死活的国家利益」・

Japan, supra note 165, at 510 ; *DSB* IV, *supra* note 254, at 492.

[258] "President Roosevelt to the Ambassador in Japan (Grew)," *FRUS* IV, *supra* note 233, at 7.

[259] なお，モンロードクトリンが，政治体制の話（共和制の擁護）とアメリカ合衆国および西半球の安全保障の話を切り離していないため，モンロードクトリンを西半球全体に拡張すると，それによって守られるのがアメリカ合衆国の安全なのか，共和制なのか，西半球全体の利益なのかが不明確であると指摘されている（西崎「前掲論文」（注221）9-10頁）。

[260] "Memorandum by the Secretary of State," *FRUS : Japan, supra* note 165, at 413.

[261] "Oral Statement Handed by the American Ambassador in Japan (Grew) to the Japanese Vice Minister for Foreign Affairs (Ohashi) on July 16, 1941," *Id.*, at 510.

215

◆ 第Ⅲ部　異なる自衛権概念の混在

「権益」，西半球の安全を危険にさらす行為が，自衛権の行使を正当化するとみなされているのである。

　自衛のために正当化される行為については，侵略国のとる行動によって決定されるとし[262]，特定の状況で自国の防衛（our protection）と自衛のために必要だとアメリカ政府の軍当局が考えるものによるとされた[263]。その措置の中には，上述したイギリスやその他の国に対する援助に加え[264]，日本が南進政策を進める状況において日本と貿易を停止することなど，当時の国際法違反とは言えない措置も含まれていた[265]。そして，自衛として許される究極の措置が戦争（当時想定されていたのは主として対独参戦）であると捉えられていた。不戦条約前文第3文が「戦争に訴えて国家の利益を増進しようとする署名国は，本条約の供与する利益を拒否」されることを規定しており，すでに戦争に訴えているドイツと交戦することはできる。しかし，当時のアメリカ国内においては，孤立主義者たちを中心とした参戦反対の世論が根強く，また大統領も1940年の再選時に，参戦しないことを公約として当選したため，当初「中立国にとどまりながら」連合国援助を「戦争に至らない」措置として行うという政策をとった[266]。このような連合国援助を正当化しうる根拠で，かつ国内世論に訴える力の強い根拠として，自衛権が援用された[267]。このように，自衛の措置としていかなる行動をとるのかは，状況に応じて決定しうると考えられており，その中には国際法上合法なものから戦争に至るまで，ドイツに対抗するために必要なあらゆ

---

[262]　*Id.*

[263]　"Memorandum of a Conversation," *Id.*, at 427 ; "Statement by the Secretary of State before the House Foreign Affairs Committee," *DSB* IV, at 88-89.

[264]　"Informal and Unofficial Oral Statement Handed by the Secretary of State to the Japanese Ambassador (Nomura) on May 16, 1941," *FRUS : Japan, Id.*, at 429 ; "Cooperation for National Defense : Address by Assistant Secretary Long," *DSB* IV, at 763.

[265]　"Memorandum Prepared in the Department of State," *FRUS : Japan, Id.*, at 342.

[266]　*Congressional Records, supra* note 239, at 46 ; *Hull Papers*, at 37, 44-45.

[267]　このように，連合国に対する物質的援助を，中立国にとどまりながら「戦争に至らない」措置として合法的に実施しているというアメリカの主張には批判もあった（Fenwick, *supra* note 251, at 697-699 ; Briggs, *supra* note 238, at 579-587 ; Borchard, E., "War, Neutrality and Non-Belligerency," *AJIL*, Vol. 35 (1941), at 625）。

第 8 章　第二次世界大戦

る措置が含まれていたと言える。

　以上から，アメリカは，ドイツの侵攻に対抗するという自国の国家政策を実施するためには，いつでも，自国領土や西半球という地理的限界を超えても，いかなる措置をも取りえたと言っても過言ではないほどに広く自衛権を解していたと言える。第4章2節1(2)で検討したように，不戦条約締結当時からアメリカはモンロードクトリンが自衛権に含まれると解釈しており，モンロードクトリンの内容次第で自衛権はいかようにも伸縮しうるものであった。

2　日本の評価

　日本においては，アメリカの主張する自衛権が，本来国際法で認められる範囲よりも広いとして，それに対する懸念が度々表明されていた。太平洋戦争直前の日米交渉においては，日米了解案が日米双方から複数回出されたが，当初交渉のたたき台にされた私人の手による日米了解案（1941年4月）において，アメリカの欧州における戦争への態度は，「専ら自国の福祉と安全とを防衛するの考慮に依りてのみ，決せられるへき[268]」と声明された。この一文について，日本国内において，アメリカによる自衛権の拡大解釈であり，アメリカが欧州戦争へ参戦する機会を増やすものと懸念された[269]。そこで，日米交渉において日本はアメリカの自衛権の解釈を追及することになった。

　この点について，当時日米了解案作成の日本側主任者であった岩畔大佐は，「米国側は自衛権の広義解釈を最初から堅持していた。米国が『自国並に自国民の権益並に福祉』を侵害するものに対する戦争を自衛権の発動と見る広い解釈は戦争加入の機会を多くするものに外ならない…自己の戦争準備完了次第本格的に戦争に加入し得る様にと，自衛権の広義解釈を採用したのは明らかである[270]」と述べている。「自国並に自国民の権益並に福祉」侵害を対象行為として自衛権を行使することが，「広義解釈」とされているものと考えられるが，これ以上詳しい説明は見られない。

---

[268]　防衛庁防衛研修所戦史室著『前掲書』（注174）513頁。
[269]　同上，518，534頁。モンロードクトリンの広範な内容は自衛権を以て説明できないとする立作太郎の指摘につき，前掲注230を参照。
[270]　同上，518頁。

217

◆ 第Ⅲ部　異なる自衛権概念の混在

　1941年11月10日に東郷外相は，アメリカ政府が当時，自衛の抗弁の下，国際法で一般的に認められる措置以上の行動に訴えようとしている印象を持つ旨，グルー在日米大使に伝えた。そして，自衛原則の解釈を自由にし過ぎないよう日本がアメリカに要請することは不適当ではないだろうと述べた[271]。このことから，東郷の観念していた自衛権概念がアメリカのものよりも狭いことは明らかであるものの，東郷の自衛権の捉え方や，アメリカの自衛権がどのように広いと認識しているかを示す内容をこの発言は含んでいない。
　この点については，1952年に東郷が記した手記において言及されている。本手記は，敗戦後に戦争主導者によって書かれたものであるという性質上，当時の自衛権の捉え方をどの程度正確に反映しているのか定かではないものの，当時の日本政府関係者の自衛権の捉え方について詳しく言及されている数少ない資料であるため，少し長いが引用する。「従来の国際法に於ては自衛は自国領域が攻撃せられた時とか，考慮を許さない程緊迫せる際とかの定義が諸学者及判決例等に確定せられて居たのであるが，米国は之に異る主張を為して来た…日米交渉中に於ても先方は米国の利益が侵害せらる虞がある場合には，自国の領域以外の如何なる場所に於ても，手遅れとならざる時期に於て対抗することが米国の自衛であると述べ，日本から度々注意したのであるが米国政府は頑として自説を固執した。外交には相手があるのであるから，自衛権に関する学説がどうあらうと相手国が斯る態度に出て来る以上日本も其主張を考慮に加へない訳に行かない。蓋し国際法は実質的には如斯き大国の恣意に依つて変更せられたと見るべき場合があるからである。…日本は自衛権の範囲に就ては少くとも米国を相手とする限り其解釈を参酌することが当然であつた。尚米国政府の解釈では何が自衛行為であるかとは自国のみが決定し得ると云ふのであつたから，此際の日本の決心が自衛の範囲を逸脱して居ると論ずる訳に行かない。凡そ一国に適用ある法則は他国にも適用せられなくてはならない。如斯き法律論は別とするも，当時日本の当局者が此儘では大国としては自滅の外ないと云ふ考慮を持つて居たことは事実である[272]」。東郷が，自衛権は「自国領域が攻撃」

---

[271]　"Memorandum by the Ambassador in Japan (Grew)," *FRUS: Japan, supra* note 165, at 714.

[272]　東郷茂徳『時代の一面　大戦外交の手記　東郷茂徳遺稿』（改造社，1952年）251-252頁．

された場合や攻撃が「考慮を許さない程緊迫」している際に行使しうるというのが諸学者および判例等により確定していたとした上で,「自国領土が攻撃」されていないにも関わらず,アメリカが主張するように自国の「利益」が侵害されるおそれがある場合に,「自国の領域以外の如何なる場所に於ても」対抗するというのは従来の国際法上は許されないと解していたことが推察される。ただし,上述の通り,本手記が戦後に書かれたものである以上,この記述に全幅の信頼を置くことはできない。しかし,少なくとも次のことは言えるであろう。アメリカが,自国の「利益が侵害」される恐れがある場合に自衛権を行使できるとした点についての大戦前の日本の評価は不明であるものの,日本が大東亜共栄圏を超える場所で自衛権を行使しうると捉えていたとは考え難い[273]。このことに照らすと,少なくとも,アメリカが「自国の領域以外の如何なる場所に於ても」自衛権を行使しうるとしたことについては,許容される自衛権の範囲を超えると認識していたと考えうる。

第4節　小　括

　太平洋戦争の戦争理由について,日本政府のレベルでは「自存自衛」と「大東亜共栄圏の建設」のいずれが前面にくるかは時期によって異なる。この「自存自衛」概念を分析すると,第一に,重要資源を確保するための自給体制を南進により確立することによって日本の生存を維持するという意味で用いられた。そして,第二に,とりわけ英米に対して将来なしうる武力行使を正当化するためにも使用された。この「自存自衛」は,少なくとも用語の上では自衛権とは区別されており,自国の行動を対外的に国際法に基づいて正当化する[274]場合には「自衛権」という語が用いられていた。この「自衛権」は,先行違法行為を必ずしも前提とせず,自国の「生存」や「存立」を守るために,自国領域を超えて違法行為をすることを正当化するもの,すなわち,19世紀の自己保存権と

---

[273]　拙稿「太平洋戦争開戦直前の自衛権――日米交渉期の日米を中心として」『法政研究』第83巻第3号（2016年）573頁。

[274]　国内向けに用いられる語は,「国民の理性および感情に訴えることで戦争目的を納得させて協力を得やすくする」ために適切なものが検討されていたことについて,前掲注163およびそれに対応する本文を参照。

◆第Ⅲ部　異なる自衛権概念の混在

同程度の広い行動の自由を許すような,極めて広義のものであった。

　長期戦となることを見据えて,大東亜共栄圏や大東亜新秩序の建設も太平洋戦争の戦争目的となっていったが,これを理論の側面から擁護したのが大東亜国際法理論であった。これによると,大東亜共栄圏は「生存権」に基礎づけられた運命的結合である。この「生存権」の意味は必ずしも明確であるとは言えないものの,自己保存権や自衛権や緊急状態行為等を包摂する広い概念として捉えられていた。大東亜共栄圏の建設の目的が諸国家の生存を全うすることにあり,大東亜共栄圏は「生存権」により基礎づけられると解すると,太平洋戦争の戦争目的とされた大東亜共栄圏の建設と「自衛権」とは,大東亜国際法理論によれば一体のものであった。

　1940年代になって,従来の国際法上の自衛権を援用して日本の開戦が合法であることを論証しようとしたのは,立作太郎であった。立は,自衛権と自己保存権が並立する可能性を示唆し,日本の開戦を自己保存権および自衛権に基づく行為として正当化できるか検討した。当時の状況は,国家生存に関わる重大利害がかかった切迫した危険があるものであったことは明白であるとし,「狭義の自己保存権の国際関係に於ける存在を認めるときは」という仮定のもとに,日本の開戦は自己保存権に基づくものであったとする。また,当時の包囲陣は,経済および軍事に関係し日本の死命を制そうとするものであって,「一種の攻撃又は攻撃の切迫せる脅威」として認めることができるとして,自衛権を行使できる場合として論じる余地があると述べる。立は,事実に照らして,自衛権の前提となる攻撃が存在するとみなす根拠が脆弱であると見ていた可能性が高い。少なくとも,彼の自衛権論自体は1930年代と同様であった。すなわち,自衛権は,他からの攻撃を受けた場合に,自ら権利または法益を守るために行使しうるものであって,必ずしも生存（またはこれにほぼ準じる程度の重大利益）の切迫した危険が存在する場合に限らず,はなはだしく些少ではない権利または利益に関する切迫した危険が存在するときにも行使しうるという,広義の解釈をとっていたということである。

　欧州戦争開始から太平洋戦争開始まで,アメリカ政府は,ドイツに対抗する政策が自衛権に基づくことを度々明言していた。このような政策を具体化した連合国援助についても,正当化根拠の一つが自衛権であった。太平洋戦争開戦

までにアメリカが主張した自衛権は，ドイツの侵攻から自国や西半球を防衛するという自国の国家政策を実施するためには，いつでも，自国領土や西半球という地理的限界を超えても，いかなる措置をも取りえたと言っても過言ではないほどに広い射程を持つものであった。

　米州諸国の共同防衛体制は，1930年代に徐々に築かれ強化されていったが，1945年2月から3月にかけて，「戦争と平和の問題に関する米州諸国会議」が開催され，チャプルテペック規約が採択された。この規約は，「アメリカ（米州）国家の一国の領土の保全および不可侵，ならびにその主権，政治的独立に対するいずれかの国家の全ての攻撃は，…この協定の他の署名国全てに対する侵略行為とみなされ」ること，また，このような侵略行為が発生しあるいは準備されつつあると信じるべき理由がある場合には，署名国はとるべき措置について合意するために協議することを規定する。そしてこの措置には，外交領事関係の断絶，通信手段や経済・通商・金融関係の断絶，武力の行使が含まれるものとされた[275]。

　このような共同防衛体制を，国連安保理の許可なく発動することができるように導入されたのが，国連憲章第51条に規定された集団的自衛権であった。当然ながら，このことは米州の共同防衛体制が想定していた内容と現在の集団的自衛権とが，同一の内容を持つことを意味するものでは決してない。現在の集団的自衛権の内容は，国連憲章制定過程，そしてその後の発展の検証により明らかにされるべきものである[276]。

---

[275] https://avalon.law.yale.edu/20th_century/chapul.asp（Last visited, December 15, 2024）

[276] 集団的自衛権を一般的に扱った最新の研究として，次のものがある。Green, J. A., *Collective Self-Defence in International Law*（Cambridge University Press, 2024）。また，集団的自衛権については，次の文献も参照。森肇志「集団的自衛権の誕生――秩序と無秩序の間に」『国際法外交雑誌』第102巻第1号（2003年）80-108頁；森肇志「集団的自衛権の法的構造――ニカラグア事件判決の再検討を中心に」『国際法外交雑誌』第115巻第4号（2017年）25-49頁。集団的自衛権とNATOの集団防衛については，三上正裕「集団的自衛権のジレンマ――NATOとウクライナ戦争」『国家と海洋の国際法（柳井俊二先生米寿記念）（上巻）』（信山社，2025年）699-724頁を参照。

終　章

　本書は，国連憲章制定前の自衛権概念を明らかにすることを目的とし，19世紀から第二次世界大戦までの国家実行と学説を分析した。その概要は以下の通りである。

1　19世紀〜20世紀初頭の自衛権

　19世紀の国家実行において，自衛権という用語で自国の行動を正当化する場合もあったが，多くのケースで，国家は自衛権と自己保存権を明確に区別することなく用いていたことが判明した。次いで，19世紀の国際法学者が，自己保存権をどのような権利として論じたのか，そしてそれと自衛権との関係をどのように捉えていたのかについて，19世紀前半と後半，さらには19世紀末から20世紀初頭にかけての時期で異なることを明らかにした。

　19世紀の前半には，マルテンス，クリューバー，ホウィートンらが自己保存権を論じ，自己保存のために，自国の安全や独立を維持することを目的として，徴兵，軍備増強，同盟条約などの条約の締結，要塞の構築，自国を拡大することといった国内的措置をとりうるとされていた。このような国内的措置に加えて，他国が異常なまでに軍備を増強している状況において，説明を求めてもそれが拒否されたり十分な説明が得られなかったりした場合には，暴力や戦争にすら訴えることができるとされた。あるいは，クリューバーのように，自己の保存が問題となるような緊急時に他国の権利を侵害する措置をとることができると述べる学者も見られた（緊急権の考え方）。また，19世紀前半には，自衛権という語が用いられる場合であっても，それは自己保存権の目的を達成するために不可欠な権利とされ，それに基づいて許される措置として列挙されたのは，国内的措置であった。

　19世紀の中葉から後半にかけても，自己保存権に基づいて，引き続き上記のような国内的措置をとることができるとされた。その一方で，19世紀の国家実

終 章

行の多くは領域外での措置を伴うものであったことから，この時期の国際法学者は，フィリモア，ホールに代表されるように，自己保存権に基づいて，国内的措置のみならず域外措置を実施することができる（「域外措置を正当化する自己保存権」）とする。このように，自己保存権に基づいてとりうる措置として，国内的措置に加えて域外措置を挙げる論者が一般的になっていった。「域外措置を正当化する自己保存権」は，19世紀に国家実行が積み重なる中で形成されていったが，これはカロライン号事件等の国家実行を抽象化した形で説明したものであった。「域外措置を正当化する自己保存権」は，権利侵害の対象となる国家自身からの危険が存在する場合，あるいは私人の行為による危険が存在する場合でその国家が危険の発生を防がない場合に，その国家への権利侵害を許す。このように，「域外措置を正当化する自己保存権」は，危険が当該権利行使の対象となる国家に由来する場合に発動要件を限定しているという意味で，危険が権利行使対象となる国家に由来する場合に限定していない従来の自己保存権や，緊急権と比較して，より厳格な発動要件を持つ権利として捉えられていたと言える。19世紀中葉から後半にかけての国際法の著作の中で，自衛権という語が用いられていることは多くはないが，用いられたものの内容を検討すると，他国の権利を侵害しない国内的措置をとることがその主たる内容として挙げられていた。

　19世紀末から20世紀の初頭には，国家の基本権理論，そしてその基本権の一つとして位置づけられていた自己保存権に対する，実証主義者の批判が高まっていった。それまで自己保存のために許される行為として列挙されていた国内的措置については，その措置をとることによって他国の権利を侵害することがない以上，国際法の許容する行為の自由に属するとして，自己保存のための措置とみなさない者が現れるようになっていく。そして，自己保存の中で，自衛の行為のみが許されると主張する者が見られるようになった。この文脈でウェストレークが主張した自衛権は，先行違法行為が存在する場合に，他国の権利を侵害する措置をとることを正当化する概念であった。この先行違法行為は，「権利一般の侵害」とされ，それには，領域内の私人の行為を抑制する能力が領域国にない場合も含まれていた。要するに，この自衛権は，自助も含むような広い概念であった。また，同じ時期に，国家責任法理論の発展に伴って緊急

避難と自衛権を先行行為の違法性の有無を基準として区別する者が見られるようになっていった。このように，19世紀末から20世紀初めに，自衛権はその行使の対象となる国家の違法行為を要件とすると主張する論者が現れたが，これは先行行為の違法性を要求しない，従来の自己保存権概念や緊急権概念とは全く異なる概念であった。

　次に，自己保存権や自衛権と戦争との関係について検討した。19世紀にも，クリューバーがそうであったように，戦争を正しい戦争と不正な戦争，あるいは合法な戦争と違法な戦争に区別して，戦争は一定の場合にのみ許されるとする説は依然として有力に唱えられていた。このような論者の中には，自己保存権の行使と戦争の遂行とを厳然と区別していたとは言い難いものも見られる。その一方で，ホール，オッペンハイム，ウェストレークのように，戦争は正当因とは無関係に開始しうる関係であるとか，戦争はその開始の局面では法とは切り離された出来事であると捉えると，自衛権は戦争を法的に正当化する概念としての意義を失う。そうすると，自衛権は，平時に本来違法な権利侵害を許容するものとして位置づけられることになる。

2　戦間期～戦中期の自衛権

　その後，第一次世界大戦後の戦争の違法化の進展に伴って，自衛権は，条約で禁止された違法な戦争，侵略，攻撃，侵入を自国になす国家に対して，禁止された戦争を例外的に許容するという新たな概念として重視されるようになっていく。1928年に締結された不戦条約は，戦間期の戦争の違法化の集大成とも言える条約である。この条約が制限も毀損もしないと認めた自衛権は，少なくとも，自国領土に攻撃や侵入を行う国家に対して，自国領土を攻撃や侵入から守るために，戦争に訴えることを許容するものであるという点で各国の見解は一致していた。このように，戦間期の戦争の違法化に伴って，自衛権は違法な攻撃や侵入に対して，禁止された戦争を例外的に許容する新しい権利として出現した（狭義の自衛権）。

　しかし，このような場合以外にも自衛権を行使しうるかについて，諸国の見解ははなはだ不明確であった。イギリスやフランスは，不戦条約に反する攻撃が自国領域外の地域に対してあった場合に，そうした攻撃からその地域を防衛

終　章

するために戦争をすることも許されると主張した．さらに，アメリカにおいては，自衛権に基づいて自国の利益や財産，自国民も擁護しうるとの発言が見られた．また，日本においては，「在支臣民保護」や満蒙における権益擁護，満蒙の治安維持も自衛権に基づいて行いうるとされた．このように，不戦条約締結当初から，自衛権を極めて広く解釈する見解が散見された（広義の自衛権）．

　戦間期の欧米の学説は多様である．一方で，自己保存権や自衛権の，19世紀からの連続性を重視する者が存在した．ハーシーのように，戦間期に依然として自己保存権を支持する者も見られた．あるいは，フェンウィックやブライアリーのように，自衛権という語を用いている論者であっても，その実体は「域外措置を正当化する自己保存権」とほとんど変わらない場合もあった．このカテゴリーの論者の中には，在外自国民保護や利益を守るための行動すら許されると主張する者も見られた．要するに，ここでの自衛権とは，自国領土に向けられた他国家による違法な侵略や攻撃を必ずしも前提とせず，自国の生存・独立・安全，論者によっては在外自国民や利益を守るために，領域外における措置をとること，場合によっては戦争を遂行することをも許容する広義の自衛権である．その一方で，戦間期の戦争の制限・禁止を重視し，それによって新たに自衛権概念が国際法の平面に登場する基盤が整ったと捉える者が存在した．これらの論者の中には，ジローのように，自衛権を，自国領域へ向けられた違法な侵略や攻撃がある場合に違法となった戦争を行うことを許容する概念（狭義の自衛権）と解する者や，アンチロッチのように，自衛権を，自国の権利を侵害する国家に対して，その権利保護のために行使しうる概念（広義の自衛権）と解する者が見られた．

　当時の日本の学説は，以下の通りである．立は，自衛権を19世紀から存続するものと解しているが，戦間期に戦争やその他の自助が禁止されたことによって，自衛権は自助行為を許すものとなったとする．その自衛権は，地理的範囲も自国領域に限定されず，また，自国の権益一般を擁護するために行使しうるというように，広い行動の自由を許すものであった（広義の自衛権）．横田は，自衛行為を「国家や国民に対する急迫・不正な危害を除去するために止むを得ない防衛の行為である」と定義した．彼は，権利侵害がある場合に自衛行為に訴えることができるとし，侵害される権利は重大なものに限らず，また領土内

外を問わず自衛の行為をとりうるというように，自衛を広く解釈していた（広義の自衛権）。さらに，松原の自衛権論は，自己保存権の影響を強く残していた。それは，先行違法行為を前提とする正当防衛とそれを前提としない危難防衛の双方を含むものであり（広義の自衛権），正当防衛は，領土のみならず権利一般を守るものとして広義に解されていた。また，危難防衛は「域外措置を正当化する自己保存権」にあたる概念であった。田岡は，戦争の制限・禁止によって自衛権の存立基盤が生まれたと説明し，自衛権は自助を例外的に許す概念と捉えながら，自衛権の内容は実定法の解釈により導かれるとする。その解釈によると，自衛権は，武力による攻撃，領土侵入，占領等に対して自国の領土または他国を守るために武力をもって反撃する権利である（狭義の自衛権）。

以上のように，戦間期においては，国家実行を見ても，学説を見ても，どのような場合に自衛権を行使しうるかについて，単一の解釈があったわけではなかった。広義の解釈をとるか，狭義の解釈をとるか，立場は割れていた。また，広義の解釈と一言でいっても，その中にまた様々な解釈があった。以上のことは，日本が自衛権を援用した事例を主に検討することで，より鮮明になる。

1931年の満州事変に際して日本政府は，自国の行動が自国民や自国の権益，そして極東における日本の地位を擁護するための自衛権（広義の自衛権）の行使であったと主張した。満州事変は「事変」であって法的意味での戦争ではないというのが日本政府の一貫した主張であり，日本政府が自衛権の行使として正当化を試みたのは，平時において本来違法な行為である。国際連盟理事会内での議論においては，諸国の態度は二分していた。日本の自衛権の主張自体は，国際連盟総会の場において明確に否定されたものの，日本が「領域外」において日本「権益」を擁護するため，あるいは「自国民の生命財産」保護のために自衛権を行使したという主張に対する大国の批判は見当たらない。その一方で，紛争当事国の中国や，小国の多くは，自国民の生命財産保護のために他国領土内で自衛権を行使することはできないと主張した。もっとも，自衛権について多くの国家の合意ができつつあった点もある。すなわち，必要性や均衡性を自衛権行使の要件とすること，そして，自衛権の行使についての「自己判断」は否定され，自衛権の合法性については事後的評価に服するということである。

1937年の日華事変に際しても，日本政府は自衛権を主張した。この自衛権は，

終　章

　狭義の自衛権ではなく，中国による武力抗日を始めとした不法行為や，日本軍に対する爆撃に対して，日本の領域外において，日本国民を保護し，治安を回復するといった広い行動を正当化するもの（広義の自衛権）であった。満州事変の際と同様に日本は宣戦布告をせず，日本が自衛権を援用して正当化しようとしたのは，平時において本来違法な行為である。国際連盟総会で採択された極東諮問委員会の報告書によって，結果的には日本の自衛権の主張は排斥されたが，この報告書には，領域外における自国の軍隊や国民を保護することもまた自衛権の内容に含まれるという立場が明記されている。すなわちこの報告書は，自衛権を，自国領域へ向けられた違法な侵略や攻撃がある場合に違法となった戦争を行うことを許容する概念（狭義の自衛権）よりも広く解釈する立場をとったことになる。国際機関が，自衛権についての広義の解釈をとったことを示しているという意味で，本報告書の持つ意味は大きいと言える。さらに，満州事変に引き続いて，日華事変においても，日本の自衛権の主張は国際連盟によって否定されている。このことは，自衛権の行使についての「自己判断」は否定され，その合法性については事後的判断に服するということを多くの国家が受け入れていたことを示していよう。また，自衛権の行使の合法性の判断にあたって，国際連盟や学者たちは均衡性の有無を検討しており，自衛権の行使は均衡性の要件を満たしていなければならないという見方もまた受け入れられていたことを示している。

　第二次世界大戦期になると，日本は対内的には「自存自衛」という用語で，また対外的には「自衛権」という用語で，自国の行動の法的根拠づけを試みた。ここで主張された「自衛権」は，狭義の自衛権ではなく，先行違法行為を必ずしも前提とせず，自国の「生存」や「存立」を守るために，国内的措置，そして域外措置を許容するものであった。すなわち，日本が主張した「自衛権」は，19世紀の自己保存権と同程度の広い行動の自由を許すような，極めて広義のもの（広義の自衛権）であった。アメリカが主張した自衛権もまた，ドイツの侵攻から自国や西半球を守るためのあらゆる行動を許可しうるほどに，極めて広い射程を持つものであった（広義の自衛権）。

　以上のように，1930年代前半から1940年代前半までに日本が自衛権を援用した事例を中心としつつ，アメリカ等の諸国家や国際法学者の自衛権解釈も検討

終　章

した結果，当時の国家や国際法学者は，自衛権を広義に解するものと狭義に解するものに大きく分かれており，また広義といっても，その解釈が一致しているわけでもなかったことが明らかになった。言い換えると，国連憲章制定前の国家実行や学説において，自衛権についての異なる見方が混在していた。ただ，自衛権は必要性や均衡性を要件とすること，自衛権の行使は事後的判断に服するということが徐々に受け入れられていき，戦間期を通して，自衛権を発動しうる場合が限定的に捉えられるようになっていったことは確かである。

3　結　論

　本書で検討してきたように，戦間期・戦中期の国家実行・学説の分析からは，当時，自衛権の狭義の解釈または広義の解釈のいずれかが圧倒的に有力に支持されていたとは結論づけられない。そうである以上，序章で示したように，国連憲章制定後の自衛権を説明するために，国連憲章制定前の慣習国際法上の自衛権として，狭義の自衛権のみを援用することも，また広義の自衛権のみを援用することも，国連憲章制定前の自衛権の一面を切り取っているにすぎず適切ではないという結論となる。

　以下でより具体的に述べたい。本書序章で述べた②説は，国連憲章制定前の慣習国際法上の自衛権は，武力攻撃に対してのみ行使しえるものであったと解した上で，国連憲章上も武力攻撃に対してのみ行使しうると解釈する。この説は，繰り返しになるが，次の二つの説に分かれた。第一に，ブラウンリーのように戦間期の戦争の違法化の過程で，特に不戦条約によって自助が制限されたとみなし，それに伴って自己保存権や自助と同視されていた自衛権は，権利一般の保護や紛争の解決のためには行使しえなくなり，武力攻撃のみを対象とするまでに制限されるようになったとするものである。第二に，アゴーに代表されるように，戦間期の戦争の違法化によって自助が制限されたことにより，国際社会にも自衛権の存立基盤が生まれたとする見方である。その場合の自衛権は，禁止された戦争や武力行使に対してのみ行使しうるものであった。

　これに対して，①説は，武力攻撃によらない法益侵害に対しても自衛権の行使を許容するような慣習国際法が戦間期以前から存在し，さらには国連憲章制定後も一貫して存在していると捉えるものであった。

229

終　章

　戦間期の国家実行や学説に照らすと，ブラウンリーが主張するように，自己保存権や自助と同視されていた自衛権は戦間期の戦争の制限・禁止の過程で制限された，と解釈するのは適切ではないことが分かる。彼の説とは逆に，戦争の制限・禁止の過程で自助が制限されたことによって，自衛権はその制限された自助を例外的に許すものとして，広く権益擁護のためにも行使しうるとの説も有力であったし，日本が主張した自衛権もそのような広義の自衛権であった。次に，アゴーのような説は戦間期にも見られ，何よりも彼自身が戦間期から主張していたものである。しかし，そもそも19世紀においても，自衛権は自己保存権とは明確には区別されていなかったとはいえ，平時に他国の権利侵害を許す概念として存立していたといえる。また戦間期には，領域外においても，また自国民や利益を守るためにも自衛権を行使しうるというように，自衛権についての広義の解釈も支持を集めていたことを考慮すると，②説が国連憲章制定前の自衛権を的確に捉えた説であるとは必ずしも言えない。また，戦間期にも広義の自衛権を支持する国家や学者は多かったものの，狭義の自衛権を支持する国家や学者も多数見られたことから，①説もまた国連憲章制定前の自衛権概念を正確に捉えたものとは言い難い。

　さらに，序章で述べた森の研究に，ここで再度簡単に言及しておきたい。この研究によると，19世紀の「治安措置型自衛権」は，領域侵害あるいは旗国管轄権の侵害という形で発現するが，先行行為の主体も自衛権行使の対象も私人であるのに対して，「防衛戦争型自衛権」は，戦争を正当化し，先行行為の主体も自衛権行使の対象も国家である。そして，戦間期には「治安措置型自衛権」と「防衛戦争型自衛権」という二つの異なる自衛権概念が並存していたとされる。

　本書は，これとは異なる結論に帰着した。

　19世紀より以前に起源を持つ自己保存権は，元来，私人の行為の有無に関わらず，緊急時に他国の権利侵害を許容する概念であった。19世紀に国家実行が積み重なると，これらの事例の大多数は，他国内の私人に由来する危険が存在する場合に，その私人の領域国の権利侵害をするものであったことから，ホールのように，自己保存権が私人に対して向けられる場合と，国家に対して向けられる場合というように区別する著作が少数ながら見られるようになった。し

終　章

かし，大多数の論者は権利行使の対象が国家か私人かを区別しておらず，何よりも，自己保存権行使の対象として国家が排除されたわけでもなかった。

　戦間期になって，戦争の制限・禁止が進展すると，上記の「防衛戦争型自衛権」が新たに出現したことは間違いない。しかし，「防衛戦争型自衛権」と「治安措置型自衛権」を区別し，それが並存していることの証拠となるような国家実行や学説が見られたとしても，当時の国家実行や学説を改めて検証すると，この二つの自衛権概念におさまらない，多様な自衛権が主張され，支持されていたことが分かる。例えば，19世紀の自己保存権のみを依然支持するものも見られたし，満州事変や日華事変で日本が主張したような，自国領土に対する違法な攻撃や侵入がなくても，自国領域外における権益や自国民の生命財産を守ることを内容とする自衛権は，少なからぬ支持を得ていた。

　以上のように，現在の自衛権の範囲を説明するために，国連憲章制定前の自衛権として，狭義の自衛権のみに依拠することも，広義の自衛権のみに依拠することも適切とは言えない。戦間期に「防衛戦争型自衛権」と「治安措置型自衛権」が並存していたという見方もまた，戦間期における自衛権解釈の一断面を捉えたものに過ぎず，この二つの自衛権概念のみの存在を前提とした議論は，戦間期の自衛権概念の複雑さを捨象したものと言わざるを得ない。

　国連憲章上の自衛権と慣習国際法上の自衛権を検討することは，本書の射程外である。ただ，本研究の結果，国連憲章制定前には，自衛権についての異なる見方が混在していたことが明らかになった以上，現在の自衛権が，狭義の意味で解釈されるべきなのか，それともより広い行動の自由を許すのかという点の検証は，第二次世界大戦後から現在までに累積した国家実行に照らしておこなうしか選択肢はないと解される。国連憲章の条文と異なる慣習国際法が並存すると主張されることに異を唱える論者の一人であるライスが指摘するように，多くの学者やごく稀に国家は，依然として国連憲章前の慣習国際法に依拠し続けるが，国連憲章制定後，現在までにかなりの数の慣習的実行(customary practice)が生まれたことに照らしても，自衛権の広い解釈に関する主張は，国連憲章の時代を通して発展した慣習的実行に照らして検証されなければならない[1]。

終　章

　以上の点と合わせて今後なされるべき作業として，自衛権と自助との関係についての検討がある。国連憲章が規定した武力不行使原則は，戦間期の戦争の違法化の欠陥を埋めるべく，国家による力の行使をさらに徹底的に禁止したものであった。強制的管轄権を一般的に持つ国際裁判所がいまだ整備されていないなど，紛争を平和的にのみ解決するための手段が十分に完備されていない現代国際社会において，戦間期の国家や国際法学者の一部が自衛権を，自助を許容するものと主張したように，現在も自衛権が自助を実現する手段になっていないかということを注視すべきである。このことを検証するためには，自衛権をめぐる国連憲章後の国家実行と学説を精査すべきことはもちろんである。しかしそれにとどまらず，国際司法裁判所が，武力攻撃以外の武力行使に対して行使しうると判断した，自助の一手段とも言える対抗措置と自衛権とがどのように区別されていくのか，いまだ明確であるとは必ずしも言えない対抗措置の概念が今後十分に明確にされていくのかにも着目していかなければならない。

---

(1)　Ruys, T., *'Armed Attack' and Article 51 of the UN Charter: Evolutions in Customary Law and Practice* (Cambridge University Press, 2010), at 11-19, 515. もっとも，戦間・戦中期の国家実行と学説によって，自衛権は必要性・均衡性の要件を満たすべきこと，自衛権の行使は事後的評価に服することなど，現在の自衛権の重要な部分が形作られていったという意味では，現在の自衛権概念を正確に把握するために当時の自衛権を参照する必要がある場合もあるであろう。

主要参考文献

I 一次資料

1 未公刊資料

JACAR（アジア歴史資料センター）Ref. A03021294200, 御署名原本・大正九年・条約第一号・同盟及聯合国ト独逸国トノ平和条約及附属議定書（国立公文書館）

JACAR（アジア歴史資料センター）Ref. B02032438600, 大東亜戦争関係一件／日, 仏印共同防衛協定及コレニ基ク帝国軍隊ノ仏印進駐関係第二巻（A-7-0-0-9_2_002）（外務省外交史料館）

JACAR（アジア歴史資料センター）Ref. B02032965600, 大東亜戦争関係一件／開戦関係重要事項集（A-7-0-0-9_51）（外務省外交史料館）「南方戦の性格, 戦争目的に関する一意見（南洋局）」

JACAR（アジア歴史資料センター）Ref. C12120363800, 重要国策決定の経緯概説（第2次近衛内閣より開戦まで）（防衛省防衛研究所）

JACAR（アジア歴史資料センター）Ref. B04011425300, B04011425400, 本邦ニ於ケル学会関係雑件／国際法学会（I-1-3-0-10_3）（外務省外交史料館）

The Papers of Cordell Hull, 1908-1956（Library of Congress, 1975）（マイクロフィルム）

2 公刊資料（細目は出現順あるいは日付順）

(1) 外国語文献

① 政府刊行資料（含復刻版）

Butler, R., et al (eds), *Documents on British Foreign Policy*, 1919-1939, Second Series, Vol. 8, Chinese Questions, 1929-1931（Her Majesty's Stationery Office, 1960）
　"Sir F. Lidley (Tokyo) to the Marquess of Reading"
　"Sir M. Lampson (Peking) to the Marquess of Reading"
　"Sir F. Lindley (Tokyo) to the Marquess of Reading"
　"Sir M. Lampson (Peking) to the Marquess of Reading"
　"Sir M. Lampson (Peking) to Sir R. Vansittart"

Foreign Relations of the United States Diplomatic Papers, 1932, *The Far East*, Vol. 4（United States Government Printing Office, 1948）
　"Speech Delivered by Dr. Lo Wen-Kan, Minister of Foreign Affairs at Nanking, At the Weekly Memorial Service of Dr. Sun Yat-Sen on August 29, 1932"

Moore, J. B., *A Digest of International Law*, Vol. 1（Government Printing Office, 1906）

Moore, J. B., *A Digest of International Law*, Vol. 2（Government Printing Office, 1906）

主要参考文献

Papers Relating to the Foreign Relations of the United States 1875, Vol. 2 (Government Printing Office, 1875)
  "Admiral Polo de Bernabé to Mr. Fish, February 2, 1874"
  "Mr. Fish to Admiral Polo de Bernabé, April 18, 1874"
Papers Relating to the Foreign Relations of the United States 1928, Vol. 1 (Government Printing Office, 1942)
  "The Secretary of State to the Ambassador in France (Herrick)"
Papers Relating to the Foreign Relations of the United States, Japan : 1931-1941, Vol. 1 (Kraus Reprint Co., 1972)
  "The Ambassador in Japan (Grew) to the Secretary of State"
  "The Minister in China (Johnson) to the Secretary of State"
  "The Secretary of State to the Ambassador in Japan (Forbes)"
Papers Relating to the Foreign Relations of the United States, Japan : 1931-1941, Vol. 2 (Kraus Reprint Co., 1972)
  "Oral Statement Made to the Counselor of the American Embassy in Japan (Dooman) by the Director of the American Bureau of the Japanese Foreign Office (Terasaki)"
  "Oral Statement Handed by the Japanese Ambassador (Nomura) to the Secretary of State on August 6, 1941"
  "Statement by the Japanese Government Handed by the Japanese Ambassador (Nomura) to President Roosevelt on August 28, 1941"
  "Memorandum by the Secretary of State"
  "Memorandum of a Conversation"
  "Memorandum by the Ambassador in Japan (Grew)"
  "Press Release Issued by the Department of State on July 24, 1941"
  "Memorandum by the Acting Secretary of State"
  "Oral Statement Handed by President Roosevelt to the Japanese Ambassador (Nomura) on August 17, 1941"
  "Oral Statement Handed by the American Ambassador in Japan (Grew) to the Japanese Vice Minister for Foreign Affairs (Ohashi) on July 16, 1941"
  "American Draft Proposal Handed to the Japanese Ambassador (Nomura) on May 31, 1941"
  "Informal and Unofficial Oral Statement Handed by the Secretary of State to the Japanese Ambassador (Nomura) on May 16, 1941"
  "Memorandum Prepared in the Department of State"
  "Memorandum by the Ambassador in Japan (Grew)"
Papers Relating to the Foreign Relations of the United States 1937, Vol. 4, The Far East

(Kraus Reprint Co., 1972)

"The Consul at Geneva (Bucknell) to the Secretary of State"

"The Secretary of State to the Minister in Switzerland (Harrison)"

Papers Relating to the Foreign Relations of the United States 1941, Vol. 4, The Far East (Government Printing Office, 1956)

"The Secretary of State to the Ambassador in Japan (Grew)"

"President Roosevelt to the Ambassador in Japan (Grew)"

The Conference of Brussels November 3-24, 1937 convened in virtue of article 7 of the Nine-power Treaty of Washington of 1922 (United States Government Printing Office, 1938)

"Reply of the Japanese Government, October 27, 1937, to the Invitation of the Belgian Government"

"Reply of the Japanese Government, November 12, 1937, to the Communication of November 7 from the Conference"

"Comments of the Chinese Ministry of Foreign Affairs, November 4, 1937, on the Japanese Reply to the Invitation to the Conference and the Statement of the Japanese Government of October 28, 1937"

The Department of States Bulletin, Vol. I (Government Printing Office, 1940)

"Proclamations of Neutrality of the United States"

The Department of States Bulletin, Vol. III (Government Printing Office, 1940)

"Havana Meeting of the Ministers of Foreign Affairs, Final Act and Convention"

"European Possessions in the Western Hemisphere: Statement of the Secretary of State on German Reply to Note of the United States"

"Our Foreign Policy: Address by the Secretary of State"

"Opinion of the Attorney General, August 27, 1940"

The Department of States Bulletin, Vol. IV (Government Printing Office, 1941)

"Radio Address by the President"

"The United States and the World Situation: Address by the Secretary of State"

"Portuguese Islands in the Atlantic"

"The United States and the World Situation: Address by the Secretary of State"

"Statement by the Secretary of State before the House Foreign Affairs Committee"

"Cooperation for National Defense: Address by Assistant Secretary Long"

United States Department of Commerce, Bureau of Foreign and Domestic Commerce, *Survey of Current Business* (Government Printing Office, 1946)

United States Department of States, *Peace and War: United States Foreign Policy, 1931-1941* (Government Printing Office, 1943)

"Neutrality Act of November 4, 1939"

Wharton, F., *A Digest of the International Law of the United States*, Vol. 1 (Government Printing Office, 1886)

Woodword E. L. and Rohan Butler (eds), *Documents on British Foreign Policy, 1919−1939*, Second Series, Vol. 10, Far Eastern Affairs March-October 1932 (Her Majesty's Stationery Office, 1969)

"Sir F. Lindley (Chuzenji) to Sir J. Simon (Received October I)"

② 国際連盟刊行資料

League of Nations Official Journal Special Supplement, No. 16 (1923)

"Draft Treaty of Mutual Assistance"

League of Nations Official Journal, No. 5 (1924)

"Interpretation of Certain Articles of the Covenant and Other Questions of International Law : Report of the Special Commission of Jurists"

League of Nations Official Journal Special Supplement, No. 23 (1924)

"Protocol for the Pacific Settlement of International Disputes"

League of Nations Official Journal Special Supplement, No. 24 (1924)

"Arbitration, Security and Reduction of Armaments : General Report submitted to the Fifth Assembly on behalf of the First and Third Committees by M. Politis (Greece), Rapporteur for the First Committee, and M. Beneš (Czechoslovakia), Rapporteur for the Third Committee"

League of Nations Official Journal Special Supplement, No. 26 (1924)

"Treaty of Mutual Assistance : Replies from Governments"

League of Nations Official Journal, 12th Year, No. 12 (1931)

"Reply dated October 12th, 1931, from the Japanese Government to the Appeal from the President of the Council, dated October 9th, 1931"

League of Nations Official Journal Special Supplement, No. 94 (1931)

"Amendment of the Covenant of the League of Nations in Order to Bring It into the Harmony with the Pact of Paris (Report Submitted by the Sub-Committee)"

League of Nations Official Journal, 13th Year, No. 13, Part. 1 (1932)

"Appeal, dated February 16th, 1932, Addressed to the Japanese Government by the President of the Council in the Name of the Members of the Council other than the Representatives of China and Japan"

League of Nations Official Journal Special Supplement, No. 101 (1932)

League of Nations Official Journal Special Supplement, No. 111 (1933)

"Observations of the Japanese Government on the Report of the Commission of Enquiry constituted under the Council's Resolution of December 10th, 1931"

League of Nations Official Journal Special Supplement, No. 112（1933）
　"Report provided for in Article 15, Paragraph 4, of the Covenant, submitted by the Special Committee of the Assembly in execution of Part Ⅲ（Paragraph 5）of the Resolution of March 11th, 1932, and adopted by the Aseembly on February 24th, 1933"

League of Nations Official Journal, 18th year, Nos. 8–9（1937）
　"Communication, dated August 30th, 1937, from the Chinese Government to the Secretary-General"

League of Nations Official Journal Special Supplement, No. 169（1937）
　"Resolution, adopted by the Assembly at its Fourteenth Meeting, Wednesday, October 6th, 1937, at 5 P. M."

League of Nations Official Journal Special Supplement, No. 177（1937）
　"Report of the Far-East Advisory Committee and Resolution adopted by the Assembly on October 6th, 1937"
　"Minutes of the Third Session of the Far-East Advisory Committee, set up by the Assembly Resolution of February 24th, 1933, held at Geneva from September 21st to October 5th, 1937"
　"First Report of the Sub-Committee of the Far-East Advisory Committee adopted by the Committee on October 5th and by the Assembly on October 6th, 1937"
　"Second Report of the Sub-Committee of the Far-East Advisory Committee adopted by the Committee on October 5th and by the Assembly on October 6th, 1937"

League of Nations Treaty Series, Vol. 54（1926–1927）
　"Treaty of Mutual Guarantee between Germany, Belgium, France, Great Britain and Italy, Done at Locarno, October 16, 1925"

③ 議 会 資 料

Congressional Record, Vol. 70（Government Printing Office, 1929）

Congressional Records, Vol. 87, Part 1（Government Printing Office, 1941）
　"Address of Robert H. Jackson, Attorney General of the United States, Inter-American Bar Association, Havana, Cuba, March 27, 1941, " *American Journal of International Law*, Vol. 35（1941）

Hearings before the Committee on Foreign Affairs, House of Representatives, Seventy-Seventh Congress, First Session on H. R. 1776, A Bill Further to Promote the Defense of the United States, and for Other Purposes, January 15, 16, 17, 18, 21, 22, 23, 24, 25, 29, 1941（Government Printing Office, 1941）

Hearings before the Committee on Foreign Relations, Unites States Senate, Seventy-Seventh Congress, First Session on S. 275, A Bill Further to Promote the Defense of the United States, and for Other Purposes, Part 1, January 27 to February 3, 1941（Government

主要参考文献

Printing Office, 1941)

Official Report, Parliamentary Debates, House of Commons, Fifth Series Vol. 220, (H. M. S. O., 1928)

Rapport fait au nom de la Commission des affaires étrangères chargée d'examiner le projet de loi tendant à autoriser le Président de la République à ratifier le Pacte géneral de renonciation à la guerre comme instrument de politique nationale, par M. Pierre COT Chambre des députés quatorzième législature, Session 1929, Annexe au procès-verval de la séance du 15 février 1929

④ 一般刊行資料

Adams D. K., et al., (eds.), *British Documents on Foreign Affairs : Reports and Papers from the Foreign Office Confidential Print, Part II, Series C, North America, 1919–1939*, Vol. 18 (University Publications of America, 1995)

Manning, W. R., (ed.), *Diplomatic Correspondence of the United States : Inter-American Affairs 1831–1860*, Vol. 8 (Mexico 1831–1848 (Mid-Year)) (Carnegie Endowment for World Peace, 1937)

"Asbury Dickins, Acting Secretary of State of the United States, to Manuel Eduardo de Gorostiza, Mexican Minister to the United States, October 13, 1836"

"Forsyth to Ellis, December 10, 1836"

"Manuel Eduardo de Gorostiza, Mexican Minister to the United States, to Asbury Dickens, Acting Secretary of State of the United States"

Miller, D. H., *The Peace Pact of Paris : A Study of the Briand-Kellogg Treaty* (G. P. Putnam, 1928)

"French Draft, April 20, 1928"

"German Note, April 27, 1928"

"British Note, May 19, 1928"

"Japanese Note, May 26, 1928"

"Note of South Africa, June 15, 1928"

"American Note, June 23, 1928"

"The Second American Draft, June 23, 1928"

"Note of Irish Free State, July 14, 1928"

"French Note, July 14, 1928"

"Note of Poland, July 17, 1928"

"Note of Australia, July 18, 1928"

"British Note, July 18, 1928"

"Note of Czechoslovakia, July 20, 1928"

"Russian Note, August 31, 1928"

(2) 日本語文献

外務省条約局第二課編『支那事変関係国際法律問題』第1巻（外務省条約局第二課，1938年）

外務省条約局第二課編『支那事変関係国際法律問題』第4巻（外務省条約局第二課，1938年）

外務省編『日本外交年表竝主要文書・上』（原書房，1965年）

　「露国に対する宣戦の詔勅」

外務省編『日本外交年表竝主要文書・下』（原書房，1972年）

　「満州事変に関する政府第一次声明」

　「満州の事態に関する国際連盟理事会通牒及回答」

　「満州事変に関する政府第二次声明」

　「満州の事態に関する米大使通牒並に我回答」

　「盧溝橋事件処理に関する閣議決定」

　「盧溝橋事件に関する政府声明」

　「華北派兵に関する声明」

　「宣戦の詔書」

　「日独伊枢軸強化に関する件」

　「対仏印，泰施策要綱」

　「情勢の推移に伴ふ帝国国策要綱」

　「対南方施策要綱」

　「基本国策要綱」

　「大東亜共同宣言」

外務省編『日本外交文書　満州事変』第1巻第1冊（外務省，1981年）

　「今次事件は軍部の計画的行動との判断について」

外務大臣官房人事課編『外務省年鑑』第1巻（外務省，1942年）

　1941年12月9日朝日新聞東京夕刊

国際連盟事務局東京支局編纂『国際連盟に於ける日支問題議事録』（国際連盟記録刊行会，1932年）

参謀本部編『杉山メモ（上）』（原書房，2005年）

　「陸海軍首脳部会談ノ際ニ於ケル『時局処理要綱』ニ関連スル質疑応答資料」

　「内閣総理大臣所要事項説明」

　「現情勢下に於て帝国海軍の執るべき態度　昭和十六年六月五日」

　「泰に関する対英交渉要綱　昭和十六，八，十三連絡会議決定」

　「『帝国国策遂行要領』に関する御前会議　昭和十六年九月六日内閣総理大臣口述」

　「『帝国国策遂行要領』に関する御前会議　昭和十六年九月六日企画院総裁説明事項」

情報局記者会編『日本の動きと政府声明』（新興亜社，1942年）

東京裁判資料刊行会編『東京裁判却下未提出弁護側資料　第7巻』（国書刊行会，1995年）

防衛庁防衛研修所戦史室著『大本営陸軍部大東亜戦争開戦経緯〈3〉』（朝雲新聞社，1973年）

主要参考文献

防衛庁防衛研修所戦史室著『大本営陸軍部大東亜戦争開戦経緯〈4〉』(朝雲新聞社, 1974年)
防衛庁防衛研修所戦史室著『大本営陸軍部大東亜戦争開戦経緯〈5〉』(朝雲新聞社, 1974年)
柳原正治編著『国際法先例資料集(1)不戦条約(上)』(信山社, 1996年)
 「擬問擬答(枢密院説明案)」
 「不戦条約対米回答案(1928(昭和3)年5月25日閣議決定案)」
 "Text of Identic Notes to the Governments of Australia, Belgium, Canada, Czechoslovakia, France, Gernamy, Great Britain, India, The Irish Free State, Italy, Japan, New Zealand, Poland, South Africa, and Accompanying Draft Multilateral Treaty for the Renunciation of War, delivered at the Respective Foreign Offices, June 23rd, 1928"
 "Text of Note, dated May 19, 1928, from the Secretary for Foreign Affairs of Great Britain, Sir Austen Chamberlain, to the American Ambassador in London, Mr. Alanson B. Houghton"
 「英国回答要綱」
 「不戦条約に関する対米回答案中に帝国の対支行動の自由を留保するの得失(1928(昭和3)年5月25日の閣議における森政務次官の説明)」
 「自衛権に付いて(1929(昭和4)年5月亜細亜局第一課)」
 「第56議会擬問疑答欧米局主管事務関係 ── 戦争放棄条約(欧米局第二課議会用調書)」
 「第56議会擬問擬答案(欧米第二課)」
 「戦争放棄に関する条約説明書案(枢密院配布用原稿)」
柳原正治編著『国際法先例資料集(2)不戦条約(下)』(信山社, 1997年)
 "Hearings before the Committee on Foreign Relations, United States Senate (1928(昭和3)年12月7日)"
 "Hearings before the Committee on Foreign Relations, United States Senate (1928(昭和3)年12月11日)"
 「第56回帝国議会貴族院議事速記録第6号(1929(昭和4)年1月30日)」
 「戦争放棄に関する条約精査委員会議事概要(1929(昭和4)年6月17日)」
 「1929(昭和4)年7月19日ペック極東部副部長の覚書」
 "Rapport de M. Pierre Cot, présenté à la Chambre des Députés (1929)"

3 同時代著作物
(1) 外国語文献

Ago, R., "Le délit international," *Recueil des cours*, t. 68 (1939)
Anzilotti, D., *Cours de droit international* (traduction française d'après la troisième édition italienne, revue et mise en courant par l'auteur, par Gilbert GIDEL, R. Sirey, 1929)
Basdevant, J., "Règles générales du droit de la paix," *Recueil des cours*, t. 58 (1936)
Baty, T., *The Canons of International Law* (John Murray, 1930)

Bonfils, H., *Manuel de droit international public（droit des gens）: destiné aux étudiants des facultés de droit et aux aspirants aux fonctions diplomatiques et consulaires*（2ème éd., A. Rousseau, 1898）

Borchard, E. M., *The diplomatic protection of citizens abroad or the law of international claims*（Banks Law Publishing Co., 1915）

Borchard, E. M., "War and Peace,"*American Journal of International Law*, Vol. 27（1933）

Borchard, E., "War, Neutrality and Non-Belligerency," *American Journal of International Law*, Vol. 35（1941）

Brierly, J. L., *The Law of Nations ; An Introduction to the International Law of Peace*（Clarendon Press, 1928）

Brierly, J. L., "International Law and Resort to Armed Force," *The Cambridge Law Journal*, Vol. 4（1932）

Brierly, J. L., "Régles genérales du droit de la paix," *Recueil des cours*, t. 58（1936）

Brierly, J. L., *The Law of Nations : An Introduction to the International Law of Peace*（2nd ed., Oxford University Press, 1936）

Brierly, J. L., *The Law of Nations : An Introduction to the International Law of Peace*（3rd ed., Oxford University Press, 1942）

Briggs, H. W., "Neglected Aspects of the Destroyer Deal," *American Journal of International Law*, Vol. 34（1940）

Brown, P. M., "Japanese Interpretation of the Kellogg Pact,"*American Journal of International Law*, Vol. 27（1933）

Brown, P. M., "Undeclared Wars,"*American Journal of International Law*, Vol. 33（1939）

Burlamaqui, J. J., *Principes du droit de la nature et des gens : avec la suite du droit de la nature, qui n'avait point encore paru*, t. 5（Nouvelle éd, B. Warée, 1821）

Calvo, C., *Le droit international théorique et pratique, précédé d'un exposé historique des progrès de la science du droit des gens*, t. 1（2ème ed., A. Durand et Pedone-Lauriel, 1870）

Calvo, C., *Le droit international théorique et pratique*, t. 2（2ème éd, A. Durand et Pedone-Lauriel : Guillaumin, 1872）

Calvo, C., *Le droit international théorique et pratique*, t. 4（4ème éd., Guillaumin, 1888）

Cavaglieri, A., "Règles générales du droit de la paix," *Recueil des cours*, t. 26（1929）

Chrétien, M., "La«guerre totale»du Japon en Chine," *Revue générale de droit international public*, t. 46（1939）

Curtis, G. T., *The Case of Virginius, Considered with Reference to the Law of Self-Defence*（Baker, Voorhis & Co., 1874）

Descamps, M., "Le droit international nouveau : l'influence de la condamnation de la guerre sur l'évolution juridique internationale," *Recueil des cours*, t. 31（1930）

主要参考文献

Despagnet, F., *Cours de droit international public* (L. Larose, 1894)
Diamandesco, J., *Le problème de l'agression dans le droit international public actuel* (A. Pedone, 1936)
Eagleton, C., "Faut-il proscrire seulement les guerres d'agression ou toutes les guerres?," *Revue générale de droit international public*, t. 39 (1932)
Eagleton, C., *Proceedings of American Society of International Law at Its Annual Meetings (1921-1969), APRIL 28-30, 1932,*, Vol. 26 (1932)
von Elbe, J., "The Evolution of the Concept of the Just War in International Law," *American Journal of International Law*, Vol. 33 (1939)
Fauchille, P., *Traité de droit international public*, t. 1-1 (8ème éd., entièrement refondue, complétée et mise au courant, du Manuel de droit internationale public de M. Henry Bonfils, Rousseau, 1922)
Fenwick, C. G., *International Law* (The Century Co., 1924)
Fenwick, C. G., *International Law* (2nd ed., Revised and Enlarged, D. Appleton-Century Co., 1934)
Fenwick, C. G., "The Nine Power Treaty and the Present Crisis in China," *American Journal of International Law*, Vol. 31 (1937)
Fenwick, C. G., "War without a Declaration," *American Journal of International Law*, Vol. 31 (1937)
Fenwick, C. G., "Neutrality on the Defensive," *American Journal of International Law*, Vol. 34 (1940)
Fiore, P., *Nouveau droit international public : suivant les besoins de la civilisation moderne*, t. 1 (2ème éd, A. Durand et Pedone-Lauriel, 1885)
Gareis, K., *Institutionen des Völkerrecht* (2. Aufl., Giessen : E. Roth, 1901)
Giraud, E., "La théorie de la légitime défense," *Recueil des cours*, t. 49 (1934)
Grob, F., *The Relativity of War and Peace : A Study in Law, History, and Politics* (Yale University Press, 1949)
Grotius, H., *De jure belli et Pacis*, Vol. 2, The Translation by Kelsey, F. W. with the Collaboration of Boak, A. E. R., Sanders, H. A., Reeves, J. S., and Wright, H. F. (Clarendon Press, 1925)
Hall, W. E., *A Treatise on International Law* (2nd ed., Clarendon Press, 1884)
Hall, W. E., *A Treatise on International Law* (8th ed., Clarendon Press, 1924)
Halleck, H. W., *International Law, or, Rules Regulating the Intercourse of States in Peace and War* (H. H. Bancroft & Co., 1861)
Heilborn, P., *Das System des Völkerrechts entwickelt aus den völkerrechtlichen Begriffen* (Verlag von Jurius Springer, 1896)

Hershey, A. S., *The Essentials of International Public Law* (The Macmillan Company, 1921)

Hershey, A. S., *The Essentials of International Public Law* (Revised edition, The Macmillan Company, 1927)

Higgins, A. P., "The Monroe Doctrine," *The British Year Book of International Law*, Vol. 5 (1924)

von Holtzendorff, F., *Handbuch des Völkerrechts*, Bd. 2. (J. F. Richter, 1887)

Hudson, M. O., "The Report of the Assembly of the League of Nations on the Sino-Japanese Dispute," *American Journal of International Law*, Vol. 27 (1933)

Hughes, C. E. "Observations on the Monroe Doctrine," *American Journal of International Law*, Vol. 17 (1923)

Hyde, C. C., *International Law ; Chiefly as Interpreted and Applied by the United States*, Vol. 1 (Little, Brown, and Company, 1922)

Hyde, C. C., "Law in War,"*American Journal of International Law*, Vol. 36 (1942)

Hyde, C. C., *International Law Chiefly as Interpreted and Applied by the United States*, Second Revised Edition, Vol. 3 (Little Brown and Company, 1945)

Jellinek, G., *System der subjektiven öffentlichen rechte* (J. C. B. Mohr, 1892)

Jennings R. Y., "The Caroline & McLeod Cases," *American Journal of International Law*, Vol. 32 (1938)

Kaufmann, E., "Règles générales du droit de la paix," *Recueil des cours*, t. 54 (1935)

Kelsen, H., "Unrecht und Unrechtsfolge im Völkerrecht," *Zeitschrift für öffentliches Recht*, Bd. 12 (1932)

Klüber, J. L., *Droit des gens moderne de l'Europe*, t. 1 (J. G. Cotta, 1819)

Klüber, J. L., *Droit des gens moderne de l'Europe*, t. 2 (J. G. Cotta, 1819)

Klüber, J. L., *Droit des gens moderne de l'Europe : avec un supplément, contenant une bibliothèque choisie du droit des gens* (Guillaumin et Cie, 1861)

Kuhn, A. K., "The Lytton Report on the Manchurian Crisis," *American Journal of International Law*, Vol. 27 (1933)

Kulsrud, C. J., "The Seizure of the Danish Fleet, 1807 : Background," *American Journal of International Law*, Vol. 32 (1938)

Lauterpacht, H., *Function of Law in the International Community* (Clarendon Press, 1933)

Lauterpacht, H., "The Pact of Paris and the Budapest Articles of Interpretation," *Transactions of the Grotius Society*, Vol. 20 (1934)

Lawrence, T. J., *The Principles of International Law* (D. C. Heath & Co., 1895)

Lawrence, T. J., *The Principles of International Law* (4th ed., D. C. Heath & Co., 1911)

Lawrence, T. J., *The Principles of International Law* (7th ed.,Macmillan & Co., 1925)

Lenoir, J. J., "The Monroe Doctrine and International Law : 1933-1941," *The Journal of*

主要参考文献

Politics, Vol. 4（1942）
von Liszt, F., *Das Völkerrecht*（O. Haering, 1898）
von Liszt, F., *Das Völkerrecht*（J. Springer, 1925）
MacMurray, J. V. A., "Round Table Conference on the Treaty Situation in the Far East," *Proceedings of American Society of International Law*, Vol. 26（1932）
Mandelstam, A. N., *L'interprétation du pacte Briand-Kellogg par les gouvernments et les parlements des Etats signataires*（A. Pedone, 1934）
de Martens, F., *Traité de droit international : traduit du russe par Alfred Léo*（A. Chevalier-Marescq, 1883）
de Martens, G. F., *Précis du droit des gens moderne de l'Europe fondé sur les traités et l'usage*（2ème éd., Dieterich, 1801）
McNair, A. D., "Collective Security," *The British Year Book of International Law*, Vol. 17（1936）
Mérignhac, A., *Traité de droit public international*（F. Pichon & Durand-Auzias, 1905）
Moore, J. B., *History and Digest of the International Arbitration to Which the United States Has Been a Party*, Vol. 1（Government Printing Office, 1898）
Oppenheim, L., *International Law : A Treatise : Peace*, Vol. 1（3rd ed., Longmans, Green and Co., 1920）
Oppenheim, L., *International Law : A Treatise : Peace*, Vol. 1（5th ed., Longmans, Green and Co., 1937）
Oppenheim, L., *International Law : A Treatise : War and Neutrality*, Vol. 2（Longman, Green and Co., 1906）
Oppenheim, L., *International Law : A Treatise : Disputes, War and Neutrality*, Vol. 2（5th ed., Longmans, Green and Co., 1935）
Oppenheim, L.（ed.）, *The Collected Papers of John Westlake on Public International Law*（Cambridge University Press, 1914）
Phillimore, R., *Commentaries upon International Law*, Vol. 1（T. & J. W. Johnson, 1854）
Piédelièvre, R., *Précis de droit international public ou droit des gens*, t. 1（Cotillon, F. Pichon, Successeur, 1894）
Potter, P. B., "L' intervention en droit international moderne," *Recueil des cours*, t. 32（1930）
Pradier-Fodéré, P., *Traité de droit international public européen et américain, suivant les progrès de la science et de la pratique contemporaines*, t. 1（A. Pedone, 1885）
Pradier-Fodéré, P., *Traité de droit international public européen et américain, suivant les progrès de la science et de la pratique contemporaines*, t. 6（A. Pedone-Lauriel, 1894）
Rivier, A., *Principes du droit des gens*, t. 1（Librairie nouvelle de droit et de jurisprudence Arthur Rousseau, 1896）

Rodick, B. C., *The Doctrine of Necessity in International Law* (Columbia University Press, 1928)

Schwarzenberger, G., "The "Aid Britain" Bill and the Law of Neutrality," *The Transactions of the Grotius Society*, Vol. 27 (1941)

Shotwell, J. T., *War as an Instrument of National Policy and Its Renunciation in the Pact of Paris* (Constable, 1929)

Stowell, E. C., *Intervention in International law* (John Byrne & Co., 1921)

Stowell, E. C., "Japan Attacks the United States," *American Journal of International Law*, Vol. 36 (1942)

Strupp, K., *Das Völkerrecht Delikt* (W. Kohlhammer, 1920)

Twiss, T., *The Law of Nations Considered as Independent Political Communities : on the Rights and Duties in Time of Peace* (Longman, Green, Longman, and Roberts, 1861)

Twiss, T., *The Law of Nations Considered as Independent Political Communities : on the Rights and Duties in Time of War* (Longman, Green, Longman, and Roberts, 1863)

de Vattel, E., *Le droit des gens, ou, principes de la loi naturelle : appliqués à la conduite et aux affaires des nations et des souverains* Vol. 1 (Reproduction of Books I and II of Edition of 1758, The Carnegie Institution of Washington, 1916)

de Vattel, E., *Le droit des gens, ou, principes de la loi naturelle : appliqués à la conduite et aux affaires des nations et des souverains*, Vol. 2 (Reproduction of Books III and IV of Edition of 1758, The Carnegie Institution of Washington, 1916)

Verdross, A., "Règles générales du droit international de la paix," *Recueil des cours*, t. 30 (1929)

Walker, T. A., *A Manual of Public International Law* (Cambridge University Press, 1895)

Wehberg, H., "Le problème de la mise de la guerre hors la loi," *Recueil des cours*, t. 24 (1928)

Wehberg, H., *The Outlawry of War* (Carnegie Endowment for International Peace, 1931)

Westlake, J., *Chapters on the Principles of International Law* (Cambridge University Press, 1894)

Westlake, J., *International Law*, Part I (Cambridge University Press, 1904)

Westlake, J., *International Law*, Part II (Cambridge University Press, 1907)

Wheaton, H., *Elements of International Law : With a Sketch of the History of the Science* (Carey, Lea & Blanchard, 1836)

Wilson, G. G., *International Law* (8th ed., Silver, Burdett and Company, 1922)

Woolsey, L. H., "Peaceful War in China," *American Journal of International Law*, Vol. 32 (1938)

Woolsey, T. D., *Introduction to the Study of International Law* (James Munroe and Company, 1860)

Woolsey, T. D., *Introduction to the Study of International Law* (3rd ed., Scribner, Armstrong & Co, 1874)

Woolsey, T. S. (ed.), *Lectures on International Law in Time of Peace by John Norton Pomeroy* (Houghton, Mifflin and Company, 1886)

Wright, Q., "Changes in the Conception of War," *American Journal of International Law*, Vol. 18 (1924)

Wright, Q., "The Outlawry of War," *American Journal of International Law*, Vol. 19 (1925)

Wright, Q., "Collective Rights and Duties for the Enforcement of Treaty Obligations," *Proceedings of the American Society of International Law*, Vol. 26 (1932)

Wright, Q., "The Meaning of the Pact of Paris," *American Journal of International Law*, Vol. 27 (1933)

(2) 日本語文献

秋山雅之介『国際公法』（東京専門学校，1893年）
秋山雅之介『国際公法講義　平時』（講法会，1900年）
秋山雅之介『国際公法』（和仏法律学校，1902年）
秋山雅之介『国際公法（戦時）』（法政大学，1903年）
秋山雅之介『戦時国際法』（明治大学出版部，1910年）
有賀長雄『国際法』（東京専門学校出版部，1901年）
有賀長雄『戦時国際公法』（早稲田大学出版部，1903年）
ウエストレーキ教授原著（深井英五訳）『国際法要論』（民友社，1901年）
大沢章「国際紛争と中立の概念」刑部荘編『公法政治論集（野村教授還暦祝賀）』（有斐閣，1938年）
大沢章「国際法秩序における制裁と中立（三）」『国際法外交雑誌』第37巻第7号（1938年）
大淵仁右衛門「中立義務に就いて」『外交時報』第834号（1939年）
神川彦松「コーデル・ハルのモンロー主義観」『国際法外交雑誌』第39巻第8号（1940年）
川原次吉郎「大東亜共栄圏の性格」『国際法外交雑誌』第43巻第6号（1944年）
倉知鉄吉『国際公法』（日本法律学校，1899年）
信夫淳平「不戦条約と国際連盟の関係」『外交時報』第566号（1928年）
信夫淳平「不戦条約に対する世評」『外交時報』第573号（1928年）
信夫淳平「不戦条約と満蒙自衛権」『外交時報』第591号（1929年）
信夫淳平「満蒙特殊権益と国家自衛権」『外交時報』第634号（1931年）
信夫淳平『上海戦と国際法』（信夫淳平，1932年）
信夫淳平『満蒙特殊権益論』（日本評論社，1932年）
千賀鶴太郎『国際公法　全』（京都法政大学，1903年）
田岡良一「疑ふべき不戦条約の実効」『外交時報』第654号（1932年）

主要参考文献

田岡良一「不戦条約の意義」『法学（東北大学）』第1巻第2号（1932年）
高橋作衛『平時国際法論』（日本法律学校，1903年）
高橋作衛『戦時国際法要論』（清水書店，1905年）
高橋作衛『国際法』（清水書店，1914年）
立作太郎『平時国際公法』（東京帝国大学法科大学講義，講義年不詳，非売品）
立作太郎『日本大学明治45年度法律科第2学年講義録 戦時国際公法』（日本大学，1912年）
立作太郎『戦時国際法』（中央大学，1913年）
立作太郎『平時国際公法講義 上巻』（大正二年度東京帝国大学講義，非売品）
立作太郎「戦時国際法の現在」『国際法外交雑誌』第21巻第5号（1922年）
立作太郎『平時国際公法』（大正九年度中大講義，石田正七編輯兼発行，非売品，1923年）
立作太郎『平時国際公法』（大正十二年度中大講義，石田正七編輯兼発行，非売品，1923年）
立作太郎『平時国際公法』（国文社出版部，1928年）
立作太郎「平時国際公法（一）」『現代法学全集』第16巻（日本評論社，1929年）
立作太郎『平時国際法論』（日本評論社，1930年）
立作太郎「最近満州事件に関係して不戦条約を読む」『外交時報』第649号（1931年）
立作太郎「国際紛争と自衛権」『日本国民』5月創刊号（1932年）
立作太郎「最近満州事件と国際連盟規約」『国家学会雑誌』第46巻第1号（1932年）
立作太郎「自衛権概説」『国際法外交雑誌』第31巻第4号（1932年）
立作太郎『平時国際法論』（日本評論社，1932年）
立作太郎「満州事件と兵力の行使」『国際法外交雑誌』第32巻第1号（1933年）
立作太郎『時局国際法論』（日本評論社，1934年）
立作太郎『支那事変国際法論』（松華堂書店，1938年）
立作太郎「日支事変と国際法上の戦争」『国際知識及評論』第18巻第1号（1938年）
立作太郎「大東亜戦争の開始」『外交評論』第22巻第1号（1942年）
立作太郎『米国外交上の諸主義』（日本評論社，1942年）
立作太郎・鹿島守之助「戦争開始の際の敵対行為に関する研究報告」外務省条約局第二課編『大東亜戦争関係国際法問題論叢』（外務省条約局第二課，1942年）
田畑茂二郎「国際法秩序の多元的構成（一）」『法学論叢』第47巻第3号（1942年）
田畑茂二郎「東亜共栄圏国際法への道」『外交評論』第23巻第12号（1943年）
田畑茂二郎「ナチス国際法学の展開とその問題的意義」『外交時報』第926号（1943年）
寺尾亨『国際公法 上』（出版社・出版年不詳，九州大学附属図書館中央図書館準貴重書室所蔵）
寺尾亨『国際公法（戦時の部）』（日本法律学校，1901年）
中村進午『国際公法論』（東華堂，1897年）
中村進午『国際公法論』（清水書店，1916年）
前原光雄「大東亜共栄圏の法的構成における現段階」『国際経済研究』第3巻第2号（1942

主要参考文献

年）

松岡洋右『興亜の大業』（教学局，1940年）
松下正寿『大東亜国際法の諸問題』（日本法理研究会，1942年）
松下正寿『米州広域国際法の基礎理念（大東亜国際法叢書Ⅱ）』（有斐閣，1942年）
松原一雄『最近国際公法原論』（東京法学院大学，1904年）
松原一雄『現行国際法上』（有斐閣，1926年）
松原一雄『国際問題：全』（雄風館書房，1931年）
松原一雄『国際法概論』（厳松堂書店，1934年）
松原一雄「中立法規の再検討」『法学新報』第47巻第4号（1937年）
松原一雄「日支事変と国際法」『国家試験』第9巻第23号（1937年）
松原一雄「自衛権の発動又は主張についての若干の先例」『法学新報』第48巻第4号（1938年）
松本俊一「序」外務省条約局第二課編『大東亜戦争関係国際法問題論叢』（外務省条約局第二課，1942年）
三崎亀之助『国際公法』（東京法学院，1892年）
安井郁『欧州広域国際法の基礎理念（大東亜国際法叢書Ⅰ）』（有斐閣，1942年）
安井郁『欧州広域国際法の基礎理念（大東亜国際法叢書Ⅰ）』（有斐閣，1942年）
横田喜三郎「満州事変と国際連盟 —— 寧ろ当然の干渉」『帝国大学新聞』第400号（1931年10月5日）
横田喜三郎「満州事件と国際法」『国際法外交雑誌』第31巻第4号（1932年）
横田喜三郎『国際法 下巻』（有斐閣，1934年）
横田喜三郎「アメリカ中立法の研究」一又正雄・大平善梧編『時局関係国際法外交論文集（中村進午博士追悼記念）』（厳松堂書店，1940年）
横田喜三郎『安全保障の問題』（勁草書房，1949年）

Ⅱ 二次資料

1 外国語文献

Ago, R., "The internationally wrongful act of the State, source of international responsibility (part 1) (concluded), " *Yearbook of the International Law Commission*, (1980) Vol. 2, Part One, State Responsibility Document A/CN. 4/318/ADD. 5-7, Addendum to the eighth report on State responsibility

Bethlehem, D., "Self-Defense Against an Imminent or Actual Armed Attack by Nonstate Actors," *American Journal of International Law*, Vol. 106 (2012)

Bowett, D. W., *Self-Defence in International Law* (Manchester University Press, 1958)

Brown, W. A. Jr. and Opie, R., *American Foreign Assistance* (The Brookings Institution,

1953)

Brownlie, I., "Use of Force in Self-Defence," *The British Year Book of International Law*, Vol. 37 (1961)

Brownlie, I., *International Law and the Use of Force by States* (Oxford University Press, 1963)

Corten, O., *Le droit contre la guerre : L'interdiction du recours à la force en droit international contemporain, Troisième édition revue et augmentée* (Pedone, 2020)

Deeks, A. S., ""Unwilling or Unable": Toward a Normative Framework for Extraterritorial Self-Defense," *Virginia Journal of International Law*, Vol. 52 (2012)

Deener, D. R., *The United States Attorneys General and International Law* (Martinus Nijhoff, 1957)

Dexter, P., *A History of the Monroe Doctrine* (Longmans, Green & Co., 1960)

Dinstein, Y., *War, Aggression and Self-Defense* (6th ed., Cambridge University Press, 2017)

Franck, T. M., *Recourse to Force* (Cambridge University Press, 2002)

Gerhart, E. C., Robert H. Jackson : Country Lawyer, Supreme Court justice, America's Advocate (William S. Hein and Robert H. Jackson Center, 2003)

Gray, C., *International Law and the Use of Force* (4th ed., Oxford University Press, 2018)

Green, J. A., "Destroying the Caroline : the Frontier Raid that Reshaped the Right to War," *Journal on the Use of Force and International Law*, Vol. 6 (2019)

Green, J. A., *Collective Self-Defence in International Law* (Cambridge University Press, 2024)

Haggenmacher, P., "Self-defence as a General Principle of Law and its Relation to War," Eyffinger, A., Stephens, A., Muller, M. (eds.), *Self-defence as a Fundamental Principle* (Hague Academic Press, 2009)

Henderson, C., *The Use of Force and International Law* (Cambridge University Press, 2018)

Higgins, R., *The Development of International Law through the Political Organs of the United Nations* (Oxford University Press, 1963)

Higgins, R., *Problems and Process : International Law and How We Use It* (Oxford University Press, 1994)

Hmoud, M., "Are New Principles Really Needed? The Potential of the Established Distinction Between Responsibility for Attacks by Nonstate Actors and the Law of Self-Defense," *American Journal of International Law*, Vol. 107 (2013)

Hyde, C. C., *International Law ; Chiefly as Interpreted and Applied by the United States*, Vol. 3 (2nd Rev. ed., Little, Brown and Company, 1951)

Kearly, T., "Raising the Caroline," *Wisconsin International Law Journal*, Vol. 17 (1999)

Kimball, W. F., *The Most Unsordid Act : Lend-Lease, 1939–1941* (The Johns Hopkins Press,

主要参考文献

1969)

Kolb, R., "La légitime défense des états au XIXe siècle et pendant l'époque de la Société des Nations, Kherad, R. (édit.), *Légitimes défenses* (L. G. D. J., 2007)

Martin, C., "Challenging and Refining the Unwilling or Unable Doctrine," *Vanderbilt Journal of Transnational Law*, Vol. 52 (2019)

Martin, C. L., "The Life and Career of Justice Robert H. Jackson," *Journal of Supreme Court History*, Vol. 33 (2008)

McNair, A. D. (ed.), *International Law Opinions*, Vol. 2 (Cambridge University Press, 1956)

Nolte, G., Randelzhofer, A., "Article 51, " Simma B. et al eds., *The Charter of the United Nations : A Commentary*, Vol. 2 (3rd ed., Oxford University Press, 2012)

O'Connell, M. E., et al., *Self-Defence against Non-State Actors* (Cambridge University Press, 2019)

O'Meara, C., *Necessity and Proportionality and the Right of Self-Defence in International Law* (Oxford University Press, 2021)

Oppenheim, L., *International Law : A Treatise*, Vol. 1 (Longmans, Green and Co., 1905)

Paddeu, F., *Justification and Excuse in International Law : Concept and Theory of General Defences* (Cambridge University Press, 2018)

Ruys, T., *'Armed Attack' and Article* 51 *of the UN Charter : Evolutions in Customary Law and Practice* (Cambridge University Press, 2010)

Sofaer, A. D., "Terrorism, the Law, and the National Defense," *Military Law Review*, Vol. 126 (1989)

Van Steenberghe, R., "The Law of Self-Defence and the New Argumentative Landscape on the Expansionists' Side," *Leiden Journal of International Law*, Vol. 29 (2016)

Vec, M., "Sources of International Law in the Nineteenth-Century European Tradition : The Myth of Positivism," Besson S. and d'Aspremont, J. (ed.) *The Oxford Handbook of the Sources of International Law* (Oxford University Press, 2017)

Waldock, C. H. M., "The Regulation of the Use of Force by Individual States in International Law," *Recueil des cours*, t. 81 (1952)

Wehberg, H., Institut de Droit international, *Tableau general des resolutions* (1873-1956) (Editions juridiques et sociologiques, 1957)

Yanagihara, M., "Japan's Engagement with and Use of International Law : 1853-1945, " Marauhn, T. and Steiger, H. (eds.), *Universality and Continuity in International Law* (Eleven International Publishing, 2011)

Yusuf, A. A., "The Notion of 'Armed Attack' in the Nicaragua Judgment and Its Influence on Subsequent Case Law," *Leiden Journal of International Law*, Vol. 25 (2012)

Žourek, J., "La notion de légitime défense en droit international," *Annuaire de l' Institut de*

Droit International, Vol. 56（1975）

2　日本語文献

明石欽司「立作太郎の国際法理論とその実践性 ── 日本の国際法受容とその一つの帰結」『東アジアにおける近代ヨーロッパ国際法の受容と伝統的華夷秩序の相克に関する研究　平成16年度〜平成18年度科学研究費補助金（基礎研究（B））研究成果報告書』

明石欽司「「大東亜国際法」理論 ── 日本における近代国際法受容の帰結」『法学研究（慶應義塾大学）』第82巻第1号（2009年）

明石欽司「立作太郎の国際法理論とその現実的意義 ── 日本における国際法受容の一断面」『法学研究（慶應義塾大学）』第85巻第2号（2012年）

浅田正彦「国際法における先制的自衛権の位相 ── ブッシュ・ドクトリンを契機として」『21世紀国際法の課題（安藤仁介先生古稀記念）』（有信堂，2006年）

浅田正彦「憲法上の自衛権と国際法上の自衛権」村瀬信也編『自衛権の現代的展開』（東信堂，2007年）

浅田正彦「非国家主体と自衛権 ──「侵略の定義」決議第3条(g)を中心に」『普遍的国際社会への法の挑戦（芹田健太郎先生古稀記念）』（信山社，2013年）

浅田正彦「国際司法裁判所と自衛権 ── 武力攻撃要件を中心に」浅田正彦・加藤信行・酒井啓亘編『国際裁判と現代国際法の展開』（三省堂，2014年）

安保公人「ヴァージニアス号事件」国際法学会編『国際関係法辞典』（三省堂，1995年）

アンチロッチ（一又正雄訳）『アンチロッチ　国際法の基礎理論』（巌松堂書店，1942年）

伊香俊哉『満州事変から日中全面戦争へ』（吉川弘文館，2007年）

石本泰雄「国際法の構造転換」『国際法の構造転換』（有信堂，1998年）

位田隆一「デンマーク艦隊引渡要求事件」国際法学会編『国際関係法辞典（第2版）』（三省堂，2005年）

一又正雄『日本の国際法学を築いた人々』（日本国際問題研究所，1973年）

伊藤不二男「自衛権の法史」『国際法外交雑誌』第59巻第1・2合併号（1960年）

易平『戦争と平和の間 ── 発足期日本国際法学における「正しい戦争」の観念とその帰結』（Torkel Opsahl Academic EPublisher, 2013年）

岩谷將『盧溝橋事件から日中戦争へ』（東京大学出版会，2023年）

臼井勝美『満州事変 ── 戦争と外交と』（中公新書，1974年）

臼井勝美『満洲国と国際連盟』（吉川弘文館，1995年）

海野芳郎『国際連盟と日本』（原書房，1972年）

栄沢幸二『「大東亜共栄圏」の思想』（講談社，1995年）

大沼保昭『戦争責任論序説 ──「平和に対する罪」の形成過程におけるイデオロギー性と拘束性』（東京大学出版会，1975年）

大沼保昭『人権，国家，文明 ── 普遍主義的人権観から文際的人権観へ』（筑摩書房，1998

主要参考文献

年）

奥広啓太「宣言なき再定義 —— フランクリン・ローズヴェルト政権とモンロー・ドクトリン」『アメリカ研究』第49号（2015年）

小栗寛史「オッペンハイムの慣習国際法理論 —— 黙示の同意と国際法の普遍性」『法政研究』第83巻第3号（2016年）

加瀬俊一『日本外交史 第23巻 日米交渉』（鹿島平和研究所出版会、1970年）

加藤陽子『満州事変から日中戦争へ』（岩波新書、2007年）

加藤陽子『模索する1930年代（新装版）』（山川出版社、2012年）

川岸伸「非国家主体と国際法上の自衛権（一）〜（三・完）—— 九・一一同時多発テロ事件を契機として」『法学論叢』第167巻第4号・第168巻第2号・4号（2010〜2011年）

川岸伸「イスラエルによるガザ侵攻と Jus ad Bellum」『国際問題』第722号（2024年）

木戸幸一（木戸日記研究会編集校訂）『木戸幸一日記 下巻』（東京大学出版会、1966年）

木戸日記研究会編『木戸幸一関係文書』（東京大学出版会、1966年）

草野大希「モンロー主義とアメリカの介入政策 —— 単独主義と多角主義の淵源となった外交理念のダイナミクス」『アメリカ研究』第49号（2015年）

酒井哲哉「戦後外交論の形成」『近代日本の国際秩序論』（岩波書店、2007年）

佐藤太久磨「『大東亜国際法（学）』の構想力 —— その思想史的位置」『ヒストリア』第233号（2012年）

篠原初枝『戦争の法から平和の法へ —— 戦間期のアメリカ国際法学者』（東京大学出版会、2003年）

祖川武夫「集団的自衛 —— いわゆる US Formula の論理的構造と現実的機能」小田滋・石本泰雄編集委員代表『祖川武夫論文集 国際法と戦争違法化 —— その論理構造と歴史性』（信山社、2004年）

田岡良一「選択条項の過去と現在 —— 大戦後の平和主義と国際法学の任務」『法学論叢』第63巻第6号（1958年）

田岡良一『国際法上の自衛権（初版）』（勁草書房、1964年）

高島忠義「ベーリング海オットセイ事件」国際法学会編『国際関係法辞典（第2版）』（三省堂、2005年）

高野雄一『集団安保と自衛権』（東信堂、1999年）

高橋力也『国際法を編む —— 国際連盟の法典化事業と日本』（名古屋大学出版会、2023年）

竹中佳彦「国際法学者の"戦後構想" ——「大東亜国際法」から"国連信仰"へ」『国際政治』第1995巻第109号（1995年）

田中佐代子「非国家行為体に対する越境軍事行動の法的正当化をめぐる一考察 ——『領域国の意思・能力の欠如』理論（'unwilling or unable' doctrine）の位置づけ」『法學志林』第116巻第2・3合併号（2019年）

田中忠「武力規制法の基本構造」『現代国際法の指標』（有斐閣、1994年）

田畑茂二郎「私人行為に依る国家の国際責任（一）」『法学論叢』第39巻第5号（1938年）

田畑茂二郎『国際法（第2版）』（岩波書店，2008年）

土田哲夫「日中戦争と中国宣戦問題」西村成雄・石島紀之・田嶋信雄編『日中戦争の国際共同研究4 国際関係のなかの日中戦争』（慶應義塾大学出版会，2011年）

筒井若水『自衛権――新世紀への視点』（有斐閣，1983年）

東郷茂徳『時代の一面 大戦外交の手記 東郷茂徳遺稿』（改造社，1952年）

中嶋啓雄『モンロー・ドクトリンとアメリカ外交の基盤』（ミネルヴァ書房，2002年）

中嶋啓雄「モンロー・ドクトリン，アジア・モンロー主義と日米の国際秩序観――戦前・戦中期における日本のモンロー・ドクトリン論を手掛かりに」『アメリカ研究』第49号（2015年）

中西寛「国際秩序をめぐる法と政治に関する一考察」京都大学法学部百周年記念論文集刊行委員会編『京都大学法学部百周年記念論文集』第1巻（有斐閣，1999年）

西崎文子「モンロー・ドクトリンの系譜――『民主主義と安全』をめぐる一考察」『成蹊法学』第75号（2011年）

西嶋美智子「太平洋戦争開戦直前の自衛権――日米交渉期の日米を中心として」『法政研究』第83巻第3号（2016年）

西嶋美智子「第二次世界大戦参戦前のアメリカの連合国援助とその国際法上の正当化根拠」『放送大学研究年報』第36号（2019年）

西嶋美智子「トマス・ベイティが果たした役割――不戦条約や戦争に対する見解の変化に着目して」明石欽司・韓相熙編『近代国際秩序形成と法――普遍化と地域化のはざまで』（慶應義塾大学出版会，2023年）

西平等「戦争概念の転換とは何か――20世紀の欧州国際法理論家たちの戦争と平和の法」『国際法外交雑誌』第104巻第4号（2006年）

根本和幸「自衛権行使における必要性・均衡性原則」村瀬信也編『自衛権の現代的展開』（東信堂，2007年）

野村吉三郎『米国に使して 日米交渉の回顧』（岩波書店，1946年）

波多野澄雄「日本の『新秩序』理念と戦争目的」『新防衛論集』第8巻第3号（1980年）

波多野澄雄『太平洋戦争とアジア外交』（東京大学出版会，1996年）

波多野澄雄・戸部良一・松元崇・庄司潤一郎・川島真『決定版日中戦争』（新潮新書，2018年）

原四郎『大戦略なき開戦――旧大本営陸軍部一幕僚の回想』（原書房，1987年）

広見正行「自衛権行使における必要性原則の規範内容と法的機能」『上智法学論集』第67巻第4号（2024年）

藤井祐介「統治の秘宝――文化建設とは何か？」池田浩士編『大東亜共栄圏の文化建設』（人文書院，2007年）

藤田久一『国連法』（東京大学出版会，1998年）

主要参考文献

藤田久一「戦争観念の転換 ── 不戦条約の光と影」桐山孝信・杉島正秋・船尾章子編『転換期国際法の構造と機能（石本泰雄先生古稀記念論文集）』（国際書院，2000年）
牧野雅彦『不戦条約 ── 戦後日本の原点』（東京大学出版会，2020年）
松井芳郎「日本軍国主義の国際法論 ──『満州事変』におけるその形成」東京大学社会科学研究所「ファシズムと民主主義」研究会編『戦時日本の法体制［ファシズム期の国家と社会四］』（東京大学出版会，1979年）
松井芳郎「グローバル化する世界における「普遍」と「地域」──「大東亜共栄圏」論における普遍主義批判の批判的検討」『国際法外交雑誌』第102巻第4号（2004年）
松井芳郎『武力行使禁止原則の歴史と現状』（日本評論社，2018年）
三上正裕「集団的自衛権のジレンマ ── NATOとウクライナ戦争」『国家と海洋の国際法（柳井俊二先生米寿記念）（上巻）』（信山社，2025年）
三谷太一郎「国際環境の変動と日本の知識人」細谷千博・斎藤真・今井清一・蠟山道雄編『日米関係史 開戦に至る10年（1931-41年）4 マス・メディアと知識人』（東京大学出版会，1972年）
三牧聖子『戦争違法化運動の時代 ──「危機の20年」のアメリカ国際関係思想』（名古屋大学出版会，2014年）
本吉祐樹「'Unwilling or Unable' 理論をめぐる議論の現状 ── その起源，歴史的展開を中心に」『横浜法学』第26巻第1号（2017年）
森茂樹「国策決定過程の変容 ── 第二次・第三次近衛内閣の国策決定をめぐる『国務』と『統帥』」『日本史研究』第395号（1995年）
森肇志「集団的自衛権の誕生 ── 秩序と無秩序の間に」『国際法外交雑誌』第102巻第1号（2003年）
森肇志「カロライン号事件」国際法学会編『国際関係法辞典（第2版）』（三省堂，2005年）
森肇志「集団的自衛権の法的構造 ── ニカラグア事件判決の再検討を中心に」『国際法外交雑誌』第115巻第4号（2017年）
森肇志『自衛権の基層 ── 国連憲章に至る歴史的展開（増補新装版）』（東京大学出版会，2023年）
森松俊夫「大東亜戦争の戦争目的」『近代日本戦争史 第四編 大東亜戦争』（同台経済懇話会，1995年）
柳原正治「第1部 解説」柳原正治編著『国際法先例資料集(1)不戦条約（上）』（信山社，1996年）
柳原正治「いわゆる『無差別戦争観』と戦争の違法化」『世界法年報』第20号（2001年）
柳原正治「戦争の違法化と日本」『日本と国際法の100年 第10巻 安全保障』（三省堂，2001年）
柳原正治「紛争解決方式の1つとしての国際裁判 ── 戦争との対比において」『世界法年報』第35号（2016年）

柳原正治「安達峰一郎と国家間紛争の解決方式」柳原正治・篠原初枝編『安達峰一郎 —— 日本の外交官から世界の裁判官へ』（東京大学出版会，2017年）
柳原正治・森川幸一・兼原敦子編『プラクティス国際法講義（第4版）』（信山社，2022年）
山本草二『国際漁業紛争と法』（玉川大学出版部，1976年）
山本草二『国際法における危険責任主義』（東京大学出版会，1982年）
山本有造『「大東亜共栄圏」経済史研究』（名古屋大学出版会，2011年）
横田喜三郎『自衛権』（有斐閣，1951年）
吉田裕『アジア・太平洋戦争』（岩波新書，2007年）
和仁健太郎「『戦争状態』理論の再検討 —— 伝統的国際法は平時・戦時の二元的構造の国際法だったのか？」岩沢雄司・森川幸一・森肇志・西村弓編『国際法のダイナミズム（小寺彰先生追悼論文集）』（有斐閣，2019年）
和仁健太郎『伝統的中立制度の法的性格 —— 戦争に巻き込まれない権利とその条件』（東京大学出版会，2010年）

索　引

あ行

秋山雅之介　51, 53-54, 64-65, 67
アゴー（Ago）　8-9, 111-112, 229-230
アメリア島事件　15, **20-21**, 27, 48, 62
有賀長雄　51-52, 64, 67
アンチロッチ（Anzilotti）　51, 110-111, 113-114, 226
イーグルトン（Eagleton）　142, 153-154
ヴァージニアス号事件　**24-25**, 50, 62, 67, 106, 109, 118
ヴァッテル（Vattel）　29, 31, 35-37, 40, 42, 45, 68
ウェストレーク（Westlake）　45-51, 54, 60-62, 69, 113-114, 121, 225
ウェブスター・フォーミュラ　129-131
ウォーカー（Walker）　47, 113
ウォルドック（Waldock）　6
ウールジー（Woolsey, L. H.）　171
オッペンハイム（Oppenheim）　28, 46-48, 61-62, 225

か行

カヴァリエリ（Cavaglieri）　110-111
カウフマン（Kaufmann）　107, 121, 125, 130-131
カルボ（Calvo）　35, 38-40
カロライン号事件　21-**23**, 32, 42, 50, 62, 67, 106, 108-109, 122, 126, 128-129, 131, 224
9ヵ国条約　143, 165-172
極東諮問委員会　**166**, 170
──（の）報告書　161, **167**-170, 176, 228

居留民保護　164
緊急権　10, 15, 20, **30-32**, 35-38, 42, 44-45, 51, 68-70, 107, 223-235
均衡性　**128-131**, 146, 148-149, 151-153, 155, 158, 160, 168-172, 177, 227-229, 232
倉知鉄吉　52-53
クリューバー（Klüber）　29-31, 34-36, 42, 58, 68, 223, 225
クレチアン（Chrétien）　172
グロティウス（Grotius）　31, 37, 40
ケルゼン（Kelsen）　111
国際紛争平和的処理に関する議定書　77-78
国際連盟規約　**73-75**, 76-79, 83-84, 88, 90, 110, 116, 122, 142-144, 150-151, 156, 163, 167, 173
国家の基本権　28, **44-46**, 69, 105-106, 202, 224

さ行

在外自国民（の）保護　91, 95-96, 98, 108-110, 112, 115, 118, 131, 148-149, 171, 226
自衛権
　新たな──　81, 82-85, 102, 141
　狭義の──　80, 84-85, 102, 104, 112, 132, 153, 159-160, 174, 176, 225, 227-231
　広義の──　80, 103-104, 110, 112, 131-133, 174, 176, 191, 226-231
自己判断　**99-102**, 103, 140-141, 147, 151-155, 160, 170, 177, 227-228
自己保存権　8, 10-15, 20-21, 25, 27, **28-**70, 104-109, 113-115, 120, 122, 125, 131, 186, 191, 194-197, 202-203, 207, 219-220, 223-231

索引

域外措置を正当化する——14, 34, **35-43**, 60-61, 68, 105, 107, 109, 118, 224
自助　8-10, 51, 110, 112, 114-119, 121, 132, 224, 226, 229-230, 232
自存自衛　179-180, **181-191**, 193, 196, 198, 219, 228
19人委員会　145, 147, 159
集団的自衛権　88-89, 221
ジロー（Giraud）　110, 226
スチムソン通牒　**143**, 154
ズーレック（Žourek）　112
正戦論　**56-57**, 61, 69
生存権　**106-107**, 117, 183, 187-189, 197, 201-203, 220
千賀鶴太郎　52, 63
宣戦布告　58, 137, 161-163, 178-179, 190, 228
戦争観　**56-58**, 61-63, 67, 69
　無差別——　57, 63
戦争に至らない武力行使　74, 80, 122-124, 142-144, 162-163, 172
相互援助条約　**75-76**, 88

た　行

大東亜共栄圏　180, **182-184**, 188, 197-203, 220
大東亜国際法　188, 193, **197-203**, 220
大東亜新秩序　180, 182, 220
第二次世界大戦　12-13, **178-221**, 228, 231
田岡良一　8-9, 12, 87-88, 112, 118-121, 123-124, 132, 156, 158, 160, 227
高橋作衛　48, 52-54, 64, 66-67
立作太郎　48, 52-55, 64, 66-67, 75, 95, 112-116, 121, 123, 127, 132, 156-158, 160, 172-174, 193-197, 207, 220, 226
田畑茂二郎　40, 57, 198, 200-201
デカン（Decamps）　88, 112
寺尾亨　51-52, 63-64
デンマーク艦隊事件　**19-20**, 27, 37-38, 48, 50, 62, 106
トウィス（Twiss）　34, 36-38, 43

な　行

中村進午　51-53, 64-67
ニカラグア事件判決　4-6
日華事変　12-13, **161-177**, 179, 181, 184, 227-228, 231

は　行

ハイド（Hyde）　107, 113-114, 121, 125
バウエット（Bowett）　6
ハーシー（Hershey）　37, 105-106, 125, 202, 226
バドヴァン（Basdevant）　109, 122, 125
ハレック（Halleck）　34-36, 38-39, 60
必要性　22-24, 26, 31, 47, **128-131**, 151-153, 158, 160, 170-172, 215, 227, 232
フィリモア（Phillimore）　35-37, 40, 43, 224
フェアドロス（Verdross）　130
フェンウイック（Fenwick）　107, 113-114, 121, 126, 202, 226
不完全戦争　34, 60
武器貸与法　179, **206-207**, 208-212
不戦条約　8, 10, 73, 75, 81, **82-103**, 105-106, 109-110, 116, 118-120, 122-126, 139, 141-144, 149-151, 153-156, 159-160, 163, 165-168, 170-177, 190, 193, 208-209, 214, 216-217, 225-226, 229
復仇　51, 107, 109, 116-117, 121, 123-124, 165, 175-176
ブライアリー（Brierly）　108, 113-114, 121, 125, 129, 152
ブラウン（Brown）　153, 155
ブラウンリー（Brownlie）　8-10, 149, 229-230
ブリティッシュ（イギリスの）モンロードクトリン　86-89, 93, 96, 120

257

索 引

ベイティ（Baty）　106, 109, 122, 127
米墨国境事件　21-22
ベーリング海漁業事件　25-27
ホウィートン（Wheaton）　29-30, 223
法的意味での戦争　74, 83, 122-124, 137, 142, 144, 161, 227
ボーチャード（Borchard）　40, 95, 153-154
ホール（Hall）　36, 40-41, 43, 60-61, 224-225

ま 行

マクマリー（McMarray）　152
松下正寿　199-203
松原一雄　75, 88, 112, 117-118, 121, 128-129, 132, 156, 175, 203, 227
マルテンス（de Martens, F）　37, 43
マルテンス（de Martens, G. F.）　29-30, 59, 223
満州事変　12-13, 83, **137-160**, 161, 165-166, 169-170, 177, 188, 227, 231

満蒙　94-98, 102, 139, 141, 226
三崎亀之介　52-54
森肇志　11-12, 20, 126, 230
モンロードクトリン　86-87, 90-93, 96, 100, 120, 178, 199, **204-208**, 214-215, 217

や 行

安井郁　198-201
横田喜三郎　8, 12, 112, 116-117, 121, 123, 127, 132, 156-158, 160, 226

ら 行

ライト（Wright）　153
リヴィエ（Rivier）　44-45
リットン調査団　**145-146**, 154
――（の）報告書（リットン報告書）　129, 140, **145-147**, 151, 154, 159
ロカルノ条約　**78-80**, 88
ローターパクト（Lauterpacht）　62, 108, 124, 126

〈著者紹介〉
西嶋美智子（にしじま・みちこ）

2004年	九州大学法学部卒業
2005年	ボルドー第4大学第2課程修了（Maîtrise en Droit et Science Politique, Mention Droit International）
2007年	九州大学大学院法学府修士課程修了
2010年	九州大学大学院法学府博士課程修了（博士（法学））
2010年	ワシントン大学ロースクール訪問研究員（2011年まで）
2011年	福岡女学院大学非常勤講師（2020年まで）
2012年	久留米大学非常勤講師（2020年まで）
2015年	日本学術振興会特別研究員（RPD）（2018年まで）
2020年	九州国際大学法学部准教授（2023年まで）
2023年	久留米大学法学部准教授（現在に至る）

自衛権の系譜 —— 戦間期の多様化と軌跡（増訂版）
2022年（令和4年）3月30日　初版第1刷発行
2025年（令和7年）3月31日　増訂版第1刷発行

著　者　　西　嶋　美　智　子
発行者　　今　井　　貴

発行所　信山社出版株式会社
〒113-0033 東京都文京区本郷6-2-9-102
TEL 03 (3818) 1019／FAX 03 (3818) 0344

Printed in Japan

印刷・製本／亜細亜印刷・牧製本

Ⓒ西嶋美智子，2025．　ISBN978-4-7972-8809-4 C3332

JCOPY〈出版者著作権管理機構　委託出版物〉
本書の無断複製は著作権法上での例外を除き禁じられています。複製される場合は、そのつど事前に、出版者著作権管理機構（電話 03-5244-5088、FAX 03-5244-5089、e-mail:info@jcopy.or.jp）の許諾を得てください。

国際法先例資料集（1・2）不戦条約（上・下）
日本立法資料全集
柳原正治編著

国際法先例資料集（3）犯罪人引渡条約・条例
日本立法資料全集
柳原正治編著

プラクティス国際法講義（第4版）
柳原正治ほか編

演習プラクティス国際法
柳原正治ほか編

―――― 信山社 ――――

国際社会の組織化と法
内田久司先生古稀記念
柳原正治編

変転する国際社会と国際法の機能
内田久司先生追悼
柳原正治編

国際法秩序とグローバル経済
間宮勇先生追悼
柳原正治ほか編

信山社

国際法と戦争違法化—その論理構造と歴史性
祖川武夫著／小田滋・石本泰雄編集委員代表

国際法の実践
小松一郎大使追悼
柳井俊二・村瀬信也編

国際法学の諸相—到達点と展望
村瀬信也先生古稀記念
江藤淳一編

日露戦争以後の日本外交
パワー・ポリティクスの中の満韓問題
寺本康俊

信山社